Just L BUSINESS SPANISH

Pili Batley Matías

General editor, Brian Hill

PASSPORT BOOKS
a division of NTC/Contemporary Publishing Company
Lincolnwood, Illinois USA

Acknowledgments

I must express my most sincere gratitude to: Anthony David, Tania, Natasha, Karina and Juan-Antonio Batley for all their support and encouragement. To Patrick Grenham and Gordon Barr for their constructive comments. To Juan Carlos Palencia Velasco and Mercedes Molina de Palencia, Yolanda Palencia Velasco, Mari Iglesias de Palencia and Juan Antonio Palencia for their friendship, assistance, and warmest hospitality. Also to José María Francino and José Antonio Alvarez, Javier Hernández Hernández, Ana García de Hernández and Ofelia Cano de Molina for their help and participation.

The author and publishers would like to thank the following companies for the use of their premises in making the recordings and for their co-operation: Casa Seseña, Cruz, 23, Madrid and Antonio, Fini, Mª Luisa, Florencio. Cambio 16, Hnos. Noblejas, 41, Madrid and Ana López del Arco, Directora Comercial de INREVISA. Casa Luis García, Ave. Portugal, 177, Edificio Lisboa, Madrid and Luis García, Angustias González. Casa Tenorio, Pl. de la Provincia, 1, Madrid and Félix García Tenorio. Hotel Los Condes, Los Libreros, 7, Madrid.

The author and publishers would like to thank the following for photographic material: Krammer, page 7; the Spanish National Tourist Office, pages 16, 104.

Actors: Clyde Gatell, Carmen Gomez, Luís Pinilla
Audio producer: Gerald Ramshaw, MAX II

First edition published by Passport Books
An imprint of NTC/Contemporary Publishing Company
4255 West Touhy Avenue, Lincolnwood (Chicago), Illinois 60646-1975 U.S.A.
Originally published by the Macmillan Press Ltd.
Copyright © 1992 by Pili Bately Matías and Brian Hill
All rights reserved. No part of this book may be reproduced, stored in a retrieval system, or transmitted in any form or by any means, electronic, mechanical, photocopying, recording, or otherwise, without the prior permission of NTC/Contemporary Publishing Company.
Printed in the United States of America
International Standard Book Number: 0-8442-4618-2

7 8 9 0 ML 9 8 7 6 5 4 3

Contents

How to work through a unit   4

1 **Talking about yourself**   7
   Making casual conversation and checking into hotels
2 **Asking for and understanding directions**   25
   Finding your way around
3 **Talking about yourself and others**   41
   Describing your work and finding out about company structure
4 **At the hotel**   59
   Finding out about hotel facilities and how to rent them for a business conference
5 **Ordering drinks and snacks**   75
   Eating and drinking in hotels, cafés and bars, and paying the bill
6 **Understanding and asking about time**   91
   Finding out about train timetables, arranging meetings and making appointments
7 **On the telephone**   107
   Getting through to the right department, leaving messages, using answering machines and public telephones
8 **Welcoming a visitor**   123
   Meeting a sales director, presenting a product and showing visitors around
9 **Selling your product**   141
   Making use of advertising, describing your products and obtaining information from trade fairs and exhibitions
10 **Getting what you want**   157
   Responding to an advertisement by telephone, making wholesale purchases, finding out how to transport goods
11 **Talking about the past**   173
   Complaining about faulty goods, finding out about insurance and being interviewed for a job
12 **Talking about the future**   189
   Discussing the financial markets, methods of payment, personal projects and how to keep up your spoken Spanish!

Grammar summary   205
Vocabulary Spanish–English   211
Vocabulary English–Spanish   223
Index   235

HOW TO WORK THROUGH A UNIT

Just Listen 'n Learn Business Spanish is the ideal course for business people who have little or no previous knowledge of Spanish. Here are some of its main features:

- The key recordings have been made on location with Spanish companies. All the units start with conversations and interviews with Spanish people employed in a range of jobs.
- The language and the situations are authentic – you are taken from boardrooms to the factory floor, from commercial exhibitions to insurance and financial matters.
- Business people have lives outside their jobs and care is taken to provide training in the language which will help you to survive in hotels, restaurants and when travelling in Spain and Spanish-speaking Latin America.
- The main emphasis throughout is on listening, speaking and reading; the skills you will find most useful in your dealings with the Spanish and Latin American business world.
- Before producing the course, we talked to hundreds of people about *how* they learn languages. The result is that great care has been taken with the Just Listen 'n Learn Business series to ensure that you get enough opportunities to practice the language. We have included in each unit a variety of activities that get you involved in using the Spanish that has been introduced to you in the authentic dialogues.
- This is not a grammar course. You first understand and then you use the language; only then are the main grammar features introduced to explain how the language works.
- Included in each unit is up-to-date information to ensure you are familiar with key features of the Spanish business scene.

Important hints on how to use the course

- Have confidence in us. Real language is complex and there are certain things in each unit which are not explained in detail and which you will find difficult to understand, particularly on the first hearing. We will build up your knowledge slowly, emphasizing only what you really need to remember at each stage and making a distinction between language where you only need to understand the gist.
- Try to practice little but often. Half an hour a day is usually better than three to four hours once a week.
- To develop your speaking skills, say the words and phrases out loud. This articulation of the language is important in building up a degree of confidence and fluency.
- If you don't understand something, don't panic. Leave it for a while. Learning a language is a bit like doing a jigsaw; it all eventually falls into place.
- Don't be afraid to write in the book and add your own notes.
- Review and go back over previous units. You'll often surprise yourself at how much you understand and it will remind you of the vocabulary.
- If you can't attend a class, try to team up with somebody else.
- Learning Spanish may take more time than you thought. Just be patient and, above all, don't get angry with yourself.

How the course is organized and how to make the most of it

There are twelve units, each one focusing on a particular aspect of Spanish. Each unit is divided in the same way. In the first section, you get a number of authentic recordings with transcripts of what is said together with notes and vocabulary. Each recording is followed by three or four exercises, some practicing comprehension, some practicing speaking. When the new location recordings have been introduced, explained and practiced, all the main words and phrases are brought together in a list called Key Words and Phrases. Then come short sections, focusing on grammar, reading, background information and some 'open-ended' practice. The book contains step-by-step instructions for working through the course: when to use the book or audio on their own, when to use them together. As the course progresses you may well evolve your own pattern of study and that's fine. As a starting point, here's how we suggest you approach the course.

Dialogues

First, listen through each of the key dialogues without stopping the recording, just to get a feel for the task ahead, then go over the dialogue bit by bit in conjunction with the explanatory notes and vocabulary. Play the recordings repeatedly to give yourself time to think. When you feel confident that you have at least understood what the dialogue is about and you have become familiar with the most important phrases, move on and do the associated exercises.

The exercises

These have been carefully chosen to practice key vocabulary and structures. You will come across many different types of exercises but Clyde, our presenter, will guide you and there are clear instructions in the book.

Key words and phrases

No magic tips here. By the time you get to this section you should be reasonably familiar with most of the words and phrases listed. Use the section for review, covering up first the English and then the Spanish column, to check what you know.

Read and understand and *Did you know?*

In these sections you will be able to read the kinds of signs, faxes, publicity, brochures, etc you may come across in Spain and you are given some up-to-date information about business and commerce.

Your turn to speak

This final activity is open-ended with no right or wrong answers. It provides an opportunity for you to adapt the language of the unit to your own particular circumstances. When you've had a try at the guided speaking activity, you hear a model version on the recording to show you what somebody else said and, perhaps, to give you a few extra ideas.

Answers

The answers to all the exercises (except where the answers are given on the recording) can be found at the end of each unit.

Vocabulary

At the back of the book is a Spanish–English and English–Spanish vocabulary. This does not replace a dictionary, of course, but you should be able to use the section as an alphabetical reference for most of the words you need.

If you haven't learned languages before by means of a recording, just spend five minutes at the beginning of Unit One getting used to the mechanics.

For cassette players:
Practice pausing and seeing how long the rewind button needs to be pressed to recap different phrases and sections. You'll notice a headphone symbol by the side of each dialogue. It's helpful to zero the counter on your tape recorder at the beginning of each unit and then to write in the appropriate counter number at the beginning of each dialogue.

All of us involved in producing *Just Listen 'n Learn Business Spanish* hope you will enjoy the course and find it useful.

¡Buena suerte!

1 TALKING ABOUT YOURSELF

You will learn
- how to check into a hotel without a reservation
- how to check in with a reservation
- how to make yourself known at a company's reception area
- casual conversation while waiting

Study guide

| Dialogue 1 + Practice what you have learned |
| Dialogue 2 + Practice what you have learned |
| Dialogue 3 + Practice what you have learned |
| Dialogue 4 + Practice what you have learned |
| Key words and phrases |
| Grammar |
| Read and understand |
| Did you know? |
| Your turn to speak |

Before you start, make sure you have read the introduction on pages 4-6. This gives you valuable information about how to make the most of *Just Listen 'n Learn Business Spanish*.

The dialogues introduce the new material in the Unit. Work on them with the help of the *notes*, giving special attention to all the words and phrases marked ♦ in the explanations.

A hotel in Jerez de la Frontera, Cádiz, Costa de la Luz

UNIT 1 7

Dialogues

1 *Elia has just arrived at a hotel. She wants a single room with breakfast only.*

recepcionista	Buenos días.
Elia	Hola, buenos días, quisiera una habitación, por favor.
recepcionista	¿Tiene ya reserva?
Elia	No, no tengo reserva.
recepcionista	¿Es, habitación doble o sencilla?
Elia	Individual, por favor.
recepcionista	Y, ¿media pensión, o pensión completa?
Elia	Solamente desayuno.
recepcionista	De acuerdo. ¿El carnet de identidad, por favor, o el pasaporte?
Elia	Aquí lo tiene.
recepcionista	Gracias. Firma aquí, por favor, muy bien, aquí tiene las llaves. Bienvenida al hotel.
Elia	Gracias, adiós, buenas tardes.
recepcionista	Hasta luego...

- **buenos días** good morning (lit. good days). Greetings are always given in the plural.
- **hola, buenos días** hello – good morning. This is a more friendly form.
- **quisiera una habitación** I would like a room. **Quisiera** is a polite and very useful way of asking for something; it comes from **querer**, to want.
- **por favor** please. This expression can be used either at the beginning or at the end of phrases. In some Latin American countries you may hear the shortened form, **favor**.
- **¿tiene ya reserva?** do you have a reservation? (lit. do you have already reservation?) **Tiene** is from the verb **tener**, to have. *Notice* the question marks here.
- **no, no tengo** no, I haven't. The negative **no** is always placed in front of verbs.

  ¿es, habitación doble o sencilla? is it (for) a double or single room?
- **doble o sencilla** double or single. **Es** comes from the verb **ser**, to be. **individual** this is another way of saying 'single'.

  y, ¿media pensión o pensión completa? and half board or full board?
  solamente desayuno breakfast only

  ¿el carnet de identidad, por favor, o el pasaporte? identity card or passport, please?
- **aquí lo tiene** here it is (lit. here it you have).
- **gracias** thank you. In parts of Latin America and in Southern Spain you may not hear the 's' at the end.
- **firma aquí** sign here. **Firma** comes from the verb **firmar**, to sign.

  aquí tiene las llaves here are the keys (lit. here you have the keys).
- **bienvenida al hotel** welcome to the hotel.
- **adiós, buenas tardes** goodbye, good afternoon. When used on its own the expression **adiós** (goodbye) tends to be more final.
- **hasta luego** until later, see you soon.

Practice what you have learned

1 Listen to Elia and the receptionist again and fill in the squares with **sí** or **no** as appropriate. (Answers p. 24)

		sí	no
(a)	Elia quisiera una habitación		
(b)	Elia tiene reserva		
(c)	la habitación es individual		
(d)	la habitación es con media pensión		
(e)	la habitación es solamente con desayuno		
(f)	Elia firma		

2 Now listen to the spoken details and fill in the hotel form below for Elia. (Answers p. 24)

HOTEL EL MEJOR
Personas número

[   ]

Nombre _____

habitación sencilla/doble _____

pensión completa/media/desayuno _____

_____

Firma Cliente, _____

Now for the first speaking activity. You will find one with each dialogue for you to practice the key words and phrases. Before you start, read the instructions on page 5.

3 You are going to practice some greetings. Remember that in Spanish you normally answer with the same greeting as you are met with, e.g:
buenas tardes ... buenas tardes
hasta luego ... hasta luego.

You will be prompted with what to say, and then you say it in Spanish.

Dialogues

2 *Juan Carlos does have a reservation. His company has already reserved a room for him.*

recepcionista	Buenos días.
Juan Carlos	Buenos días, quisiera una habitación.
recepcionista	¿Tiene reserva?
Juan Carlos	Sí, ya está reservada por la compañía
recepcionista	¿A nombre de...?
Juan Carlos	A mi nombre.
recepcionista	¿El pasaporte, por favor?
Juan Carlos	Sí, ¡cómo no!, aquí está.
recepcionista	Muchas gracias. ¡Ah, es usted inglés!
Juan Carlos	No, no, ¡soy galés!
recepcionista	¡Ah, perdón!
	Sí, es correcto, hay una habitación reservada para usted.
Juan Carlos	Eh, ¿dónde está el ascensor?
recepcionista	Ah, aquí mismo, y el botones tiene las llaves y el equipaje.
Juan Carlos	Muy bien, gracias.
recepcionista	De nada.
Juan Carlos	Adiós.
recepcionista	Adiós.

> **¿tiene reserva?** do you have a reservation?
>
> **está reservada por la compañía** it has been reserved by the company (lit. it is reserved by the company).
>
> **¿a nombre de...?** in whose name?
>
> **a mi nombre** in my name (lit. at my name).
>
> **¡cómo no!** but of course!/why not!
>
> **aquí está** here it is.
>
> **muchas gracias** many thanks
>
> **¡es usted inglés!** you are English! **inglés**, English, masculine. You normally find: **usted es inglés**, but in this case the receptionist is making it more emphatic by putting the verb first. Nationalities, as adjectives, are not written with a capital letter.
>
> **soy galés** I am Welsh. **Soy** comes from the verb **ser**, to be.
>
> **¡perdón!** sorry!
>
> **es correcto** it is correct.
> **hay una habitación reservada para usted** there is a room reserved for you.
>
> **¿dónde está el ascensor?** where is the elevator? In some parts of Latin America you may hear **elevador de personas/pasajeros** (elevator), instead of **ascensor**. **Está**, is, comes from the verb **estar**, to be (somewhere).
>
> **aquí mismo** right here.
>
> **el botones tiene las llaves y el equipaje** the porter has the keys and the luggage. Instead of the word **botones** (lit. buttons), you may also hear **conserje de equipaje**, or in parts of Latin America, **maletero**.
>
> **de nada** you're welcome/not at all. This is the normal response to
>
> **gracias ... de nada.**

Practice what you have learned

4 Listen to the dialogue again and mark with a ✓ which of these phrases are true (**verdadero**) or false (**falso**). (Answers p. 24)

	verdadero	falso
(a) Juan Carlos tiene una habitación reservada.		
Juan Carlos no tiene una habitación reservada.		
(b) La habitación está reservada por la compañía.		
La habitación no está reservada por la compañía.		
(c) La habitación está a nombre de Juan Carlos.		
La habitación está a nombre de la compañía		
(d) El botones tiene las llaves.		
El botones tiene el equipaje.		

5 Here are a few more nationalities. Note down the feminine versions from the list in the box below. Then you will hear the masculine noun on the recording. Listen to its pronunciation, then *you* pronounce the feminine version. (Answers p. 24)

inglés	.... (English)	mejicano	.... (Mexican)
danés	.... (Danish)	alemán	.... (German)
francés	.... (French)	japonés	.... (Japanese)
irlandés	.... (Irish)	australiano	.... (Australian)
español	.... (Spanish)	peruano	.... (Peruvian)
norteamericano	.... (North American)	panameño	.... (Panamanian)

peruana	**alemana**	**francesa**	**danesa**
inglesa	**australiana**	**irlandesa**	**española**
norteamericana	**mejicana**	**panameña**	**japonesa**

6 To practice these key words, you are going to be asked the questions in your book. You will be prompted with what to say. First work out the answers in Spanish, then say them out loud. (Answers p. 24)

aquí here; **ahí** there; **allí** over there
acá and **allá** are more commonly used in Latin America.

(a) ¿Dónde está el hotel?
(b) ¿Dónde está la recepción?
(c) ¿Dónde está la cafetería?
(d) ¿Dónde está el ascensor?
(e) ¿Están las llaves aquí?

Dialogues

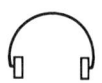

3 *Elia is now at a company's reception desk. She has an appointment with the Publicity Director.*

Elia	Hola, buenas tardes.
recepcionista	Buenas tardes, ¿qué desea?
Elia	Quisiera ver a la Directora de Promociones, por favor.
recepcionista	¿Tiene una cita concertada?
Elia	Sí, estoy citada con ella para esta tarde.
recepcionista	¿A qué compañía pertenece?
Elia	Represento a una compañía angloamericana.
recepcionista	¿Su nombre, por favor?
Elia	Elia Blanco.
recepcionista	Un momento, señorita Blanco. Sí, sí es correcto; enseguida la recibe.
Elia	Muchas gracias.
recepcionista	De nada.

- **buenas tardes** good afternoon/evening (lit. good afternoons). The noun **tarde**, referring to a part of the day, is feminine, so the adjective **buenas** has to agree with it in gender. The adverb **tarde** means 'late'.

- **¿qué desea?** can I help you? (lit. what do you wish?).

- **quisiera ver a la Directora de Promociones** I would like to see the Director of Publicity. The word **a** is used after verbs when referring to people and corporate bodies, i.e. firms, organizations, colleges.

- **¿tiene cita concertada?** do you have an appointment? (lit. do you have appointment arranged?) **Tiene** comes from the verb **tener**, to have.

- **estoy citada** I have an appointment (lit. I am appointed/dated).

- **estoy citada para esta tarde** I have an appointment for this afternoon. **Estoy**, I am, is from **estar**, to be (somewhere).

- **¿a qué compañía pertenece?** from which company? (lit. to which company do you belong?)

  represento a una compañía angloamericana I represent an Anglo-American company.

- **¿su nombre?** your name?

  enseguida la recibe she will see you right away (lit. she receives you right away). **Recibe** comes from the verb **recibir**, to receive. **Enseguida** is sometimes given as two words: **en seguida**.

Practice what you have learned

7 Listen to the dialogue again and fill in who says the following: (Answers p. 24)

(a) .... -Hola, buenas tardes.

(b) .... -¿qué desea?

(c) .... -estoy citada para esta tarde.

(d) .... -¿su nombre por favor?

(e) .... -un momento.

(f) .... -muchas gracias.

8 Listen to this new conversation at a company's reception desk. Mark with a ✓ which of the statements below you hear on the recording. (Answers on p. 24)

buenos días	
buenas tardes	
la Directora de Promociones	
el Director de Personal	
por favor	
no tiene una cita	
¿tiene una cita?	
estoy citada	
no estoy citada	
no represento	
represento a una compañía	
¿su nombre?	
¿su nombre, por favor?	
gracias	
muchas gracias	

9 You are now going to take the part of Elia in the dialogue. The dialogue has been recorded for you to play her role. You'll be prompted with what to say, then you say it in Spanish. Remember to check your responses later. (Answers p. 24)

Dialogues

4 *Elia is at the airport. She has to go to London, but as the flight is delayed she decides to take some refreshment.*

camarero	Hola, buenas tardes ¿qué desea?
Elia	Por favor, una copita de jerez.
señorita b	¿Está esperando su vuelo también?
Elia	Sí, pero está retrasado...
señorita b	Hasta ahora mi vuelo está bien. ¿Adónde va usted?
Elia	Voy a Londres
señorita b	¡Ay!, yo deseo ir a Londres... pero siempre estoy ocupada.
Elia	¿Dónde va usted?
señorita b	Yo voy a Suiza.
Elia	Oh, Suiza es un país ¡muy bonito!
señorita b	Sí, sí, si voy muy a menudo.
Elia	¿Va en viaje de negocios?
señorita b	¡Claro, como siempre!, ¿y usted?
Elia	Sí, en Londres se encuentra la central de mi empresa.
señorita b	Muy interesante; ¡ah!, mi vuelo tiene ya puerta de embarque.
Elia	Yo espero, todavía...
señorita b	Bueno, pues, ¡suerte!
Elia	Adiós, ¡buen viaje!
señorita b	Adiós.

- **una copita de jerez** a glass of sherry (lit. a little glass of sherry). **Copita** is a diminutive of **copa** (**copa** refers only to glasses with stems).
- **¿está esperando su vuelo?** are you waiting for your flight?
- **pero está retrasado** but it is delayed.
- **hasta ahora mi vuelo va bien** so far my flight is all right (lit. until now my flight goes well).
- **¿adónde va usted?** where are you going? (lit. to where go you?) **adónde** is used when your destination is precise. **Va** is from the verb **ir**, to go, an irregular verb. **Usted** is the polite form for 'you', singular.
- **voy a...** I am going to... (lit. I go to...) **Voy** is from the verb **ir**, to go.
- **yo deseo ir a...** I want to go to...
- **pero siempre estoy ocupada** but I am always busy.
- **es un país ¡muy bonito!** it is a very pretty country (lit. is a country very pretty!)
- **voy muy a menudo** I go very often.
- **¿va en viaje de negocios?** are you going on business? (lit. do you go on a trip of business?)
- **¡claro, como siempre!** of course, as always!
- **en Londres se encuentra la central de mi empresa** my firm's Head Office is in London (lit. in London is located the Head Office of my firm).
- **mi vuelo ya tiene puerta de embarque** my flight now has a departure gate (lit. my flight already has a gate/door of embarkation).
- **yo espero todavía...** I am still waiting. **Espero** is from the verb **esperar**, to wait/to hope.
- **bueno, pues, ¡suerte!** well, then, good luck! **Buena suerte** is the more usual form for 'good luck'. In colloquial Spanish, the adjective is sometimes dropped.
- **¡buen viaje!** have a good journey! (lit. good journey!)

Practice what you have learned

10 Based on the information from the dialogue, try to answer the following questions. (Answers p. 24)

ejemplo ¿Qué desea la señorita?
La señorita desea una copita de jerez.

(a) ¿Qué está esperando la señorita? La señorita ....

(b) ¿Qué está retrasado? Su vuelo ....

(c) ¿Va a Londres la señorita? Sí, ...

(d) ¿Va la señorita en viaje de negocios? Sí, ...

11 You will find in this **sopa de letras** (word puzzle), vertically and horizontally, the names of 20 countries. See how many you can match with the English names below. (Answers on p. 24)
Then listen to how they are pronounced, and repeat them afterwards.

	A		A	C	I	G	L	E	B		E	
	C	M	F	R	A	N	C	I	A		C	
J	H	A			G	R	E	C	I	A	C	U
A	I	N	A	M	E	L	A			H	A	H
P	N	A	E	S	T	A	D	O	S	U	N	I	D	O	S
O	A	P	A	U	S	T	R	A	L	I	A	L	O	L
N	Z			M	E	J	I	C	O		E	R	A
A	I	S	U	R	U	R	E	P				N	
U				I	R	L	A	N	D	A		D	
	S		E	S	P	A	Ñ	A	D	A	N	A	C	A

Australia .... Belgium .... Canada ....
Chile .... China .... Ecuador ....
England .... France .... Germany ....
Greece .... Holland .... Ireland ....
Japan .... Mexico .... Panama ....
Peru .... Russia .... Spain ....
Switzerland .... United States ....

12 For this speaking activity, you are going to be asked the questions set out below. With the help of the notes and vocabulary, answer first in the affirmative and then in the negative form, as in the example.
You will be prompted with what to say, then you say it in Spanish, after which you can check your responses. (Answers on p. 24)

ejemplo ¿Está esperando su vuelo la señorita?
Sí, la señorita está esperando su vuelo.
No, la señorita no está esperando su vuelo.

(a) ¿Está retrasado su vuelo?
(b) ¿Va usted a Londres?
(c) ¿Va en viaje de negocios?
(d) ¿Está en Londres la central de la empresa?

Key words and phrases

Here is a summary of the most important words and phrases in this Unit. You should try to learn them by heart. Cover the English and translate into Spanish. Then cover the Spanish and translate into English.

buenos días	good morning
por favor	please
quisiera una habitación	I would like a room
no se preocupe	don't worry
aquí tiene/aquí lo tiene	here is/here it is
gracias	thank you
firma aquí	sign here
bienvenida	welcome
adiós, buenas tardes	goodbye, good afternoon
hasta luego	until later, see you
está reservada	it is reserved
a mi nombre	in my name
¡cómo no!	but of course!/why not!
aquí está/aquí mismo	here it is/just here
perdón	pardon
es correcto	it is correct
de nada	not at all
¿tiene una cita concertada?	do you have an appointment?
¿a qué compañía pertenece?	which company are you from?
¿su nombre...?	your name...?
un momento	one moment
¿adónde va usted?	where are you going?
voy a	I am going to
voy muy a menudo	I go frequently
yo deseo ir a...	I want to go to...
estoy ocupada	I am busy (fem.)
en viaje de negocios	on a business trip
¡claro!	of course!
como siempre	as always
¡(buena) suerte!	good luck!
¡buen viaje!	have a good journey!

Madrid. The arch was built in honor of Charles III

Grammar

The written accent

The acute accent is the only accent used in Spanish and has an important function, both in writing and pronunciation. The written accent is used to make a distinction between two words which are spelt alike but whose grammatical function is different, such as:
el = the (masc.)/**él** = he, **si** = if/**sí** = yes, **solo** = alone/**sólo** = only, etc.

Capital letters are no longer accentuated.

Capital letters

Capitals are only used with proper nouns:
Pedro Martín Ríos, Compañía Nacional de Industria, Colegio Ruiz.

They are never used with the days of the week:
lunes, martes, miércoles, jueves, viernes, sábado, domingo

nor with the months:
enero, febrero, marzo, abril, mayo, junio, julio, agosto, septiembre, octubre, noviembre, diciembre

or qualifying words:
**el partido republicano / demócrata / laborista / conservador;
la religión cristiana / judea / anglicana / protestante / musulmana** etc.

The article

	DEFINITE the		INDEFINITE a an	
	singular	plural	singular	plural
masculine	el	los	un	unos
feminine	la	las	una	unas

de + **el** becomes **del** (of + the); **a** + **el** becomes **al** (to + the)

The names of countries do not require the article and it is advisable to omit it, but it is often used with these:
el Brasil, el Canadá, el Ecuador, el Japón, el Paraguay, el Perú, el Uruguay, la India.

Gender of nouns

The following endings mean that the noun is masculine:
-o, as in **el zapato, el plato**, etc.
-r, as in **el mar, el armador**, etc.
-s, as in **el país, el autobús, el mes**, etc.
-z, as in **el lápiz, el barniz**, etc.

There are also masculine words of Greek origin ending in **-ma**, such as:
el dilema, el problema, el tema, el diploma, el sistema, etc.

The following endings mean that the noun is feminine:
-a,   as in **la sandalia, la medalla, la ropa**, etc.
-d,   as in **la verdad, la sinceridad**, etc.
-ción, as in **la promoción, la demostración, la negociación**, etc.
-sión, as in **la profesión, la ocasión, la discusión**, etc.

But, words ending in **-e**, could be masculine or feminine.

Note: Eventually you will come across exceptions to some of these rules.

Plurals

To form the plural of words ending in vowels add:
-s: programa...programas, diseño...diseños, oficina...oficinas, etc.

words ending in consonants add:
-es: plan...planes, almacén...almacenes, avión...aviones, etc.

words ending in **-s** or **-x**, remain the same: **crisis, fénix**, etc.

those ending in: **-z**, change it to **-c**, and add: **-es: feliz ... felices**, but when words end with an accentuated vowel, add:
-es: rubí...rubíes, hindú...hindúes, etc.

Adjectives

As a rule the adjective should follow the noun, and it must agree with it whether masculine or feminine, singular or plural:
un delegado español, el plan moderno, las compañías extranjeras, etc.

However, sometimes it is placed in front of the noun to give more emphasis:
la nueva crisis, el último recibo, etc.

When using two or more adjectives, the one requiring most emphasis will be placed in front of the noun:
la nueva línea aérea internacional.

Some personal pronouns

yo		I	**nosotros**		we
tú	(singular, familiar)	you	**vosotros**	(plural, familiar)	you
él		he	**ellos**		they
ella		she	**ellas**		they
usted	(singular, polite)	you	**ustedes**	(plural, polite)	you
ello	(neuter)	it	**ellos**	(neuter)	they

The subject pronouns, such as: **yo, tú, él**, etc., are usually omitted in Spanish, except when they are needed for emphasis.

The verb

The majority of verbs in Spanish follow a regular pattern, but there are some which have root (radical) changes, and some which are irregular.

They are divided into three types (conjugations), ending in:
-ar   -er   -ir

REGULAR FORM

(model)	desear	beber	recibir
Present Tense			
(yo)	deseo	bebo	recibo
(tú)	deseas	bebes	recibes
(él, ella, usted)	desea	bebe	recibe
(nosotros)	deseamos	bebemos	recibimos
(vosotros)	deseáis	bebéis	recibís
(ellos, ellas, ustedes)	desean	beben	reciben

Note: You will be learning about other forms and tenses in the following Units.

The present continuous (-ing)

Verbs ending in:
-ar will change to **-ando**: **desear** (to wish) ... **deseando** (wishing)

-er and **-ir** will change to **-iendo**:
beber (to drink) ... **bebiendo** (drinking)
recibir (to receive) ... **recibiendo** (receiving)

Numbers

1.	uno	11.	once
2.	dos	12.	doce
3.	tres	13.	trece
4.	cuatro	14.	catorce
5.	cinco	15.	quince
6.	seis	16.	dieciséis
7.	siete	17.	diecisiete
8.	ocho	18.	dieciocho
9.	nueve	19.	diecinueve
10.	diez		

Only number 1 = **uno** changes to **una**, when used with a feminine subject: **una llava**.

♦ In Spanish the period is used instead of the comma, to indicate thousands, millions, etc:
100.500; 5.712.047; 382.624.002

On the other hand, a comma is used to indicate a decimal point:
5,7; 2,5%; 8,2 por ciento.

In parts of Latin America you may find both the English and the Spanish form, together or separated. In some parts a comma is used at the top when indicating millions: **1'875.234**. These are just local practices.

Read and understand

With this section you will gain practice at reading in Spanish. Aim to get the gist of the passage even if you do not understand some of the words. Use the vocabulary and exercises in this Unit to help you.

Los paradores españoles

La palabra parador deriva de parada, significando lugar dónde parar, y hoy es el nombre de una cadena de hoteles estatales. La idea es de ofrecer al viajero facilidades en puntos de especial interés.

Es posible que los principios de los paradores en la península es de los tiempos de las legiones romanas, desde antes de la era cristiana. Pero, ¡claro!, las facilidades de hoy son muy diferentes. Los paradores actuales están establecidos en castillos, palacios, mansiones, casas ancestrales, y también hay otros más modernos, ofreciendo comodidad, buena comida y vistas excepcionales, todo rodeado de estilo, historia y costumbres de la región dónde están situados.

La cadena de paradores está administrada por el Estado, con un administrador a cargo en cada uno. Hay ahora unos 70 en existencia, con categorías de tres a cinco estrellas; tal como son clasificados los hoteles en la hostelería española.

parada (f)	stop	**casas** (f)	houses
cadena (f)	chain	**comodidad** (f)	comfort
estatales	of the State	**buena comida** (f)	good food
principios (m)	beginnings	**rodeado**	surrounded
castillos (m)	castles	**a cargo**	in charge
tal como	such as		

Parador español, Bayona, Galicia

Did you know?

Nombres y apellidos (names and last names)

It is customary in Spain and parts of Latin America for a person to bear both the father's and the mother's last names, in that order, e.g:
José Rodríguez Martín, Miranda López Bas

On some official Spanish documents four last names are included, two from the father and two from the mother, e.g:
José's parents are: **Félix Rodríguez Pérez** and **Luisa Martín Díaz**
José's four last names are: **Rodríiguez Martín Pérez Díaz.**

In Spain women have always retained their maiden name, using their husband's by choice, with a **de**:
Pilar Moreno de Martín or **Señora de Martín** - Mrs Martin.

Note: The correct way to introduce a married woman is first by her maiden name, then by her married name:
Doña Pilar Moreno, señora de Martín.

Señor/a/ita and Don/doña

Señor, señora, señorita, are normally used in front of last names. Their abbreviations are:
Sr., Sra., Srta.

Don and **doña**, are normally used in front of the first name(s) which may or may not be followed by the last name(s):
Don Juan Carlos; Doña María López.

Whenever a married woman uses her maiden name, she should be addressed as **señorita** but when using her married name, she should be addressed as **señora**. As a matter of courtesy, an older single woman should be addressed as **señora** unless she wishes otherwise.

In Latin America, particularly in Mexico, the scholastic term: **licenciado/a**, graduate, is sometimes used in front of the full name.

El tuteo

The rules which have previously dictated the use of **usted** and **tú** seem to be dying out. Nevertheless it is advisable to tread carefully.

The norm is to use **usted** with people you do not know, with those to whom you have just been introduced, and with those whose social or professional rank deserves respect.

If in doubt it is better to start by using **usted**. Most people will invite you to use **tú** at once; this is referred to as **tutear/el tuteo**. So you may hear them say:
¿por qué no nos tuteamos? why don't we use **tú**?
llámame de tú call me **tú**
de tú, por favor please use **tú**
¿me permite que le trate de tú? do you mind if I talk to you using **tú**?

El tuteo is quite widely used, but unless you are among people whom you know extremely well, it is better to start off using the polite form.

El saludo (greeting)

When meeting people in Spain and in Latin America, a handshake and a smile together with some polite verbal expression is the norm. Here are some examples:

¿cómo está usted? (polite)	how are you?
¿cómo estás tú? (familiar)	how are you?
encantado/a de saludarle (polite)	I am delighted to meet you.
encantado/a de saludarte (familiar)	I am delighted to meet you.

And in a more informal way:

encantado/a delighted **¿qué tal?** how are things?

Las presentaciones (introductions)

The conventional order for introducing one person to another in Spain should be:
- men are introduced to women;
- the younger person is introduced to the older one;
- when there is some kind of social or professional ranking, the person with lower status is introduced to the person of higher rank.

Your turn to speak

This section will help you to apply the language you have learned in this Unit to your real life. What's most important is to find out how to communicate. Don't worry about making mistakes. Just say what you want to say. There are no 'correct' answers to this kind of exercise, but if you need help, listen to the model on the recording. Before you start, read the instructions on page 5.

13 Imagine you are on a business trip and you want to take the opportunity to see an old colleague. As the colleague is not there, you leave some details with the receptionist.

dejar un recado to leave a message

You might, for instance, tell the receptionist your name, company, that you are on a business trip, how many days you are staying, that you are not busy on Friday afternoon or Saturday morning, and when you are leaving.

Don't be too ambitious at this stage. Five or six simple statements will do. When you have prepared what you want to say, say it aloud and then check the model version on the recording and on p. 24.

You could begin:
Por favor, quisiera dejar un recado...

Answers

Practice what you have learned

p. 9 Exercise **1** (**a**) sí (**b**) no (**c**) sí (**d**) no (**e**) sí (**f**) sí

p. 9 Exercise **2** 1 persona; Elia Blanco; sencilla; desayuno; Elia Blanco

p. 11 Exercise **4** (**a**) verdadero (**b**) verdadero (**c**) verdadero (**d**) verdadero

p. 11 Exercise **5** inglesa; danesa; francesa; irlandesa; española; norteamericana; mejicana; alemana; japonesa; australiana; peruana; panameña

p. 11 Exercise **6** (**a**) El hotel está aquí (**b**) la recepción está ahí (**c**) la cafetería está allí (**d**) el ascensor está aquí (**e**) no, las llaves están allí

p. 13 Exercise **7** (**a**) Elia (**b**) recepcionista (**c**) Elia (**d**) recepcionista (**e**) recepcionista (**f**) Elia

p. 13 Exercise **8** Buenas tardes; el Director de Personal; ¿tiene una cita?; estoy citada; ¿su nombre, por favor?; muchas gracias

p. 13 Exercise **9** Hola, buenas tardes; quisiera ver a la Directora de Promociones, por favor; sí, estoy citada con ella para esta tarde; represento a una compañía angloamericana; (your own name) or, Elia Blanco; muchas gracias

p. 15 Exercise **10** (**a**) la señorita está esperando su vuelo (**b**) su vuelo está retrasado (**c**) sí, la señorita va a Londres (**d**) sí, la señorita va en viaje de negocios

p. 15 Exercise **11** Australia; Chile; Inglaterra; Grecia; Japón; Perú; Suiza; Bélgica; China; Francia; Holanda; Méjico; Rusia; Estados Unidos; Canadá; Ecuador; Alemania; Irlanda; Panamá; España

p. 15 Exercise **12** (**a**) sí, el vuelo está retrasado; no, el vuelo no está retrasado (**b**) sí, voy a Londres; no, no voy a Londres (**c**) sí, voy en viaje de negocios; no, no voy en viaje de negocios (**d**) sí, en Londres está la central de la empresa; no, en Londres no está la central de la empresa

Your turn to speak

p. 23 Exercise **13** (model text) Por favor, quisiera dejar un recado. Soy Teresa Moreno Domínguez de la Compañía AT, estoy de viaje de negocios en España, y voy a estar aquí, en Madrid, cuatro días.
No estoy ocupada el viernes por la tarde, o el sábado por la mañana; el sábado por la noche voy en avión a Barcelona.

2 ASKING FOR AND UNDERSTANDING DIRECTIONS

You will learn
- how to make inquiries
- how to ask for directions
- to understand directions
- to find your way around

Study guide

Dialogue 1 + Practice what you have learned
Dialogue 2 + Practice what you have learned
Dialogue 3 + Practice what you have learned
Dialogue 4 + Practice what you have learned
Key words and phrases
Grammar
Read and understand
Did you know?
Your turn to speak

UNIT 2

Dialogues

1 *In this Unit we will be listening to various people asking for directions. First we hear someone who has just arrived at Barajas, Madrid airport, making inquiries at the Tourist Office about where to find a taxi, how far it is to downtown, and how to rent a car for the next few days.*

viajero	Buenos días, señorita.
oficial	Buenos días, ¿qué desea?
viajero	Eh, por favor, ¿dónde puedo tomar un taxi?
oficial	Pues sí, aquí enfrente, a mano derecha hay una parada.
viajero	¿Tienen algún plano de la ciudad?
oficial	Sí, aquí hay uno.
viajero	Gracias. Eh, ¿a qué distancia estamos del centro de la ciudad?
oficial	A quince kilómetros, una media hora, más o menos, dependiendo del tráfico.
viajero	Ah, estupendo, gracias. ¿Eh...?
oficial	Si desea consultar algo hay más oficinas de turismo en el centro.
viajero	Estupendo. Los próximos días voy a necesitar un coche, ¿dónde puedo contratarlo?
oficial	Pues, tiene varias posibilidades, aquí en el aeropuerto hay varias oficinas de alquiler, o, en el propio hotel le informan.
viajero	Ah, entonces estupendo, lo hago en el propio hotel, gracias.
oficial	De nada, adiós.

- **¿dónde puedo tomar un taxi?** where can I find a taxi? (lit. where can I take a taxi?) **Puedo** is from the verb **poder**, to be able, a radical (root)-changing verb.
- **aquí enfrente** opposite here (lit. here in front).
- **a mano derecha** to the right (lit. to hand right). Despite its masculine 'o' ending, **mano** is feminine (**la mano**), an exception to the rule.
  hay una parada there is a stop.
  ¿tienen algún plano de la ciudad? do you have a map of the city? (lit. do you have any/some map of the city?)
- **aquí hay uno** there is one here (lit. here there is one).
  ¿a qué distancia estamos del centro de la cuidad? how far are we from downtown? **a quince kilómetros** 15 kilometers away (about 9 miles away).
- **una media hora** about half an hour. **más o menos** more or less.
  dependiendo del tráfico depending on the traffic (lit. depending of the traffic). In some parts of Latin America, instead of **tráfico**, you may hear the word **tránsito**.
- **si desea consultar algo** if you wish to consult (about) anything.
  hay más oficinas de turismo en el centro there are more tourist offices downtown.
- **los próximos días voy a necesitar un coche** for the next few days I am going to need a car. In parts of Latin America instead of **coche**, you may hear **carro**.
- **¿dónde puedo contratarlo?** where can I rent it? (lit. where can I contract it?)
- **oficinas de alquiler** rental offices. In parts of Latin America instead of **de alquiler** or **alquilar** (to hire/rent), you may hear **rentar**.
  en el propio hotel le informan your hotel will inform you (lit. in the own hotel to you they inform).
  lo hago en el propio hotel I'll find out in my hotel (lit. it I do in the own hotel).

Practice what you have learned

1 Based on the dialogue you have just heard, answer the following. (Answers p. 40)

 (a) ¿dónde hay una parada de taxis? ....

 (b) ¿a qué distancia está el centro? ....

 (c) ¿dónde hay más oficinas de turismo? ....

 (d) ¿qué va a necesitar en los próximos días? ....

 (e) ¿dónde hay varias oficinas de alquiler? ....

 (f) ¿dónde puede contratar un coche? ....

2 Listen to this new dialogue and select the responses given from those below. (Answers p. 40)

 a (i) están, pasada la Plaza Colón ☐
   (ii) están, después de la Plaza Colón ☐
 b (i) está a un kilómetro más o menos ☐
   (ii) a un kilómetro de distancia ☐
 c (i) sí, hay una en calle Velázquez ☐
   (ii) en la calle Velázquez hay una ☐
 d (i) calle Velázquez está aquí enfrente ☐
   (ii) calle Velázquez es la calle de enfrente ☐

3 Now you are at the airport's information office asking for details.

You will be prompted with what to say in English. Work out what it is in Spanish, then say it out loud. Don't forget to check your responses later.

Dialogues

2 *We now hear someone else asking for directions. She wants to find the Chamber of Commerce, and the directions she receives are very specific. You may want to follow the directions with the street guide provided for the next exercise.*

señora   Oiga, por favor, ¿sabe usted dónde está la Cámara de Comercio?
señor   Sí, ¡por supuesto!, es muy fácil. Nos encontramos en la Plaza de la Cibeles.
     Tenemos que atravesar todo el Paseo del Prado, hasta encontrarnos a la izquierda con la fuente de Neptuno; aquí giramos a la derecha.
     Subimos hasta la Plaza de las Cortes, y nos encontramos con dos calles, a mano derecha la calle de la Carrera de San Jerónimo, a mano izquierda la calle del Prado, por la que tenemos que subir.
     Una vez pasadas tres calles a la izquierda, nos encontraremos con la Cámara de Comercio; es muy fácil.
señorita   Y, ¿a qué distancia está?
señor   Aproximadamente, nos encontramos a un kilómetro y medio.

◆ **¿sabe usted dónde está la Cámara de Comercio?** do you know where the Chamber of Commerce is? **Sabe** is from the verb **saber**, to know (something).

◆ **¡por supuesto!** but of course!/naturally! **Supuesto** derives from another radical-changing verb (c.f. **poner**, to put) **suponer**, to suppose.

◆ **es muy fácil** it is very easy.

nos encontramos en la Plaza de la Cibeles we are in Cibeles Square (lit. ourselves we find in the Square of Cibeles). **Encontramos** comes from the verb **encontrar**, to find/encounter.

tenemos que atravesar todo el Paseo del Prado we have to cross the Prado Promenade. This is where the famous art gallery, **Museo del Prado**, is situated.

hasta encontrarnos until we find ourselves.

◆ **a la izquierda con la fuente de Neptuno** to the left of the fountain of Neptune.

◆ **aquí giramos a la derecha** here we turn to the right. **Giramos** comes from the verb **girar**, to turn (on one's heels).

subimos hasta la Plaza de las Cortes we go up as far as Cortes Square. **Subimos** comes from the verb **subir**, to go up/climb.

Plaza de las Cortes Square of the Courts is named after the Spanish Parliament situated there.

con dos calles with two streets.

por la que tenemos que subir along which we have to go up.

una vez pasadas tres calles once you have passed three streets (lit. one time passed three streets).

nos encontraremos* con we will find (lit. we will find/encounter ourselves with).

◆ **¿a qué distancia está?** how far is it? (lit. at what distance is it?)

a un kilómetro y medio one and a half kilometers away (almost a mile away).

* *Note.* We will be dealing with the future tense in Unit 12.

Practice what you have learned

4 Listen to the dialogue again and mark the route on the map from the directions given. (Answers p. 40)

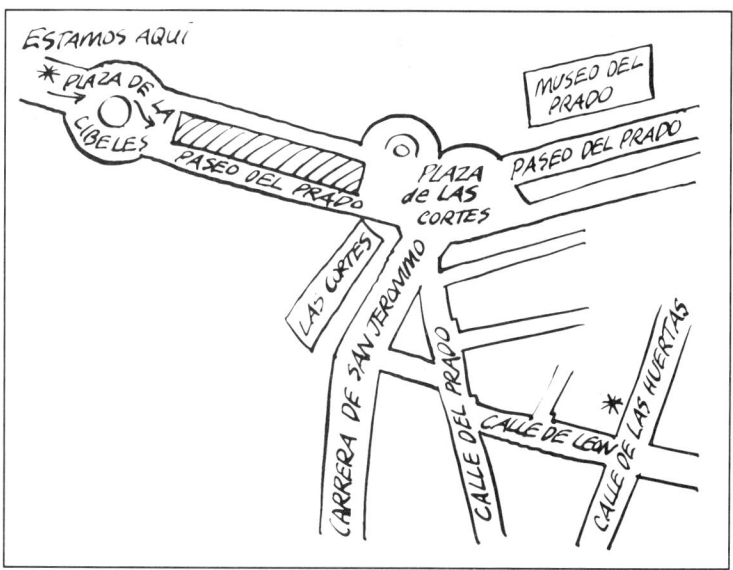

5 Here are some useful opposites:
larga/o ... corta/o;   grande ... pequeña/o;   ancha/o ... estrecha/o
(long ... short)   (large ... small)   (wide ... narrow)

Listen to the sentences spoken in the recording, and write down the opposites to complete the sentences below. (Answers p. 40)

(a) la calle es muy ....

(b) la plaza es muy ....

(c) el paseo es bastante ....

(d) la glorieta es demasiado ....

6 You are walking along a street in Madrid when a passer-by asks you for directions. Use the photograph as guidance.

You'll be prompted with what to say, then you say it in Spanish. Remember to check your responses later.

Dialogues

3 *In this dialogue you will hear someone asking for information to be repeated.*

señorita   Oiga, por favor, ¿para ir a la Puerta del Sol?
señor   Vamos a ver. Tiene usted que seguir esta calle recta, hasta el final, entonces torcer a mano izquierda, y una vez que llega usted a la Plaza del Callao, hay tres calles, debe usted coger la del medio y seguir recto hasta el final.
señorita   Oiga, por favor, no comprendo...
señor   Vamos a ver, se lo explico otra vez.
           Sigue usted esta calle hasta el final, entonces llega a la Gran Vía, tiene que torcer a mano izquierda, subir hasta la Plaza del Callao, y una vez allí, hay tres calles, tiene usted que seguir la calle de en medio, hasta el final, y ya llega usted a la Puerta del Sol.
señorita   Muy bien, muchas gracias.
señor   De nada.

> - **¿para ir a la Puerta del Sol?**   please can you tell me the way to Puerta del Sol? (lit. in order to go to Puerta del Sol?).
>
> - **vamos a ver**   let's see (lit. we are going to see).
>
>   **tiene usted que seguir esta calle recta**   straight on down this street (lit. you have to follow this street straight ahead). **Tiene que** comes from **tener que**, to have to (lit. to have that). **Tener** to have, is another radical-changing verb.
>
> - **hasta el final**   until the end.
>
>   **entonces torcer a mano izquierda**   then turn to your left (lit. then turn at hand left).
>
>   **una vez que llega a la Plaza del Callao**   once you arrive at Callao Square.
>
>   **debe usted coger la del medio**   you must take the middle one (lit. must you take the one of the middle). In this case **la** refers to **la calle**.
>   *Note.* Although **coger** to take/pick up/catch, is used quite frequently in Spain, it is advisable *not* to use it in Latin America because of its crude connotations there.
>
> - **seguir recto**   to go straight on (lit. to follow straight).
>
> - **no comprendo**   I do not understand. **Comprendo** comes from the verb **comprender**, to comprehend.
>
>   **se lo explico otra vez**   I'll explain it to you again (lit. to you it I explain another time).
>
>   **entonces llega a la Gran Vía**   then you arrive at the Gran Vía. This is one of the main streets in the financial district.
>
>   **subir hasta la Plaza del Callao**   to go up as far as Callao Square.
>
>   **y ya llega usted a la Puerta del Sol**   and you arrive at Puerta del Sol.

Practice what you have learned

7 Listen to the dialogue again and, after the directions have been repeated, put the following expressions in the order you heard them. (Answers p. 40)

(a) Seguir la calle de en medio ....
(b) subir hasta la plaza ....
(c) hasta el final ....
(d) torcer a mano izquierda ....
(e) sigue usted esta calle hasta el final ....
(f) una vez allí ....

8 Listen to the three sets of directions given on the recording, and, using the map as a guide, mark the route and write down which street the pedestrians are going to. (Answers on p. 40)

Primera ruta (a)   va a la calle   ....
Segunda ruta (b)   va a la calle   ....
Tercera ruta (c)   va a la calle   ....

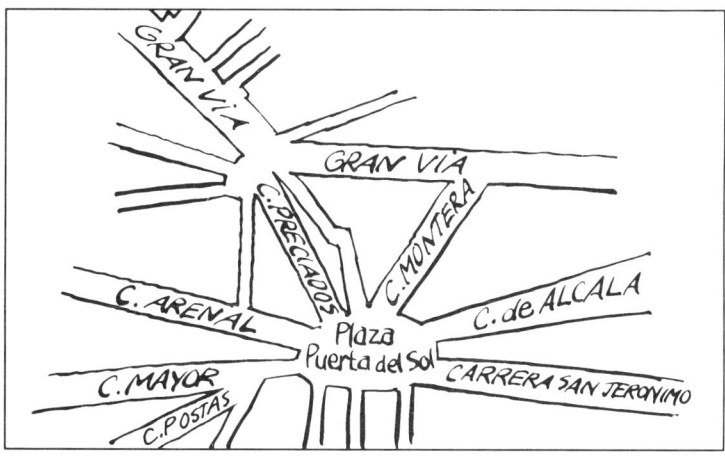

9 You want to go to **la Gran Vía**, an important commercial street downtown, but you are uncertain how far it is, and how to get there. You stop a passer-by to ask for directions.

You will be prompted with what to say, then you say it in Spanish. Remember to check your responses later.

UNIT 2   31

Dialogues

4 *Juan Carlos is obtaining a visitor's pass and receiving instructions from the receptionist on how to find Sra. Blanco's office.*

Juan Carlos	Buenas tardes.
recepcionista	Buenas tardes.
Juan Carlos	¿La señora Blanco, por favor?
recepcionista	¿Tiene cita previa?
Juan Carlos	Sí, claro, desde la semana pasada, es tan dificil...
recepcionista	Comprendo, un momento, tengo que consultar el libro de citas. Sí, es correcto. Aquí tiene su pase, con él puede circular sin problemas dentro del edificio.
Juan Carlos	Muy bien, gracias.
recepcionista	Para llegar hasta el despacho de la Sra. Blanco, hay que seguir el pasillo hasta el final, allí está el ascensor, y, tiene que subir a la sexta planta, al salir, a la izquierda, está la oficina, y una secretaria que recibe las visitas de la señora Blanco.
Juan Carlos	Muy bien gracias, pero, ¿dónde está el ascensor?
recepcionista	Al final del pasillo.
Juan Carlos	Muy bien, gracias.
recepcionista	De nada.

- **¿tiene cita previa?** do you have an appointment?
- **desde la semana pasada** since last week (lit. since/from the week passed).

  es tan dificil... it is so difficult...
- **comprendo** I understand.

  tengo que consultar el libro de citas I'll have to check the appointment book.
- **es correcto** it is correct.
- **aquí tiene su pase** here is your pass (lit. here you have your pass).

  con él puede circular sin problemas dentro del edificio with it you can move around within the building without any problems. In this case **él** refers to the pass.
- **dentro de** inside.

  para llegar hasta el despacho to get to the private office (lit. in order to arrive as far as the private office).

  hay que seguir el pasillo you have to go along the corridor (lit. there is to follow the corridor). **Hay que** is a useful expression meaning 'it is necessary to' – see the Grammar section of this unit.
- **la sexta planta** the sixth floor. Ordinal numbers are generally used and have to agree with their subject. Another word widely used for floor in the sense of story is **piso** (m.).

  una secretaria que recibe las visitas a secretary who receives the visitors.

  al final del pasillo at the end of the corridor/passage.

Practice what you have learned

10 In the light of the dialogue you have just heard, answer the following questions. (Answers p. 40)

(a) ¿Con quién tiene una cita Juan Carlos?
....

(b) ¿Desde cuándo tiene una cita?
....

(c) ¿Es fácil obtener una cita con la Sra. Blanco?
....

(d) ¿Hasta qué planta tiene que subir?
....

(e) ¿Dónde, en la sexta planta, está la oficina?
....

(f) ¿Quién recibe las visitas de la Sra. Blanco?
....

> al salir del ascensor, a la izquierda
> una secretaria
> con la señora Blanco
> hasta la sexta planta
> no, no es fácil
> desde la semana pasada

11 Here are a few more ordinal numbers which you may find useful:

primero/a	quinto/a	octavo/a
segundo/a	sexto/a	noveno/a
tercero/a	séptimo/a	décimo/a
cuarto/a		

The abbreviated forms are: **1°** or **1ª**.

The ordinal number has to agree with its noun, e.g:
primera planta (planta 1ª) = first floor (US second floor)

Here is a board listing the different companies within a building. Fill in the abbreviations for the different floors. You have been given the ground floor, **baja**, and the 6th floor, **6ª**, so you should be able to work it out.
(Answers p. 40)

planta	Compañías	planta	Compañías
....	Editorial Nueva	....	Cía. Mediterránea
....	O.T. España	....	Expos. y Ferias
....	Asesores Comerciales	....	S.A.L.E. Internacional
....	Banco de Crédito	....	Exportadores Díaz-López
baja	conserjería	6ª	Artesanías S.L.
		....	Transportes Aéreos

12 Below you will find Elia's desktop calendar. Translate the notes into Spanish, then fill them in on the calendar in the order given.

You are going to be asked some questions based on the notes.

You will be prompted with what to say, then you say it in Spanish. Don't forget to check your responses later. (Model text on p. 40.)

morning

in the office
notes for Director
visit from American Company

afternoon

go to the bank
documents for Head Office
taxi to airport

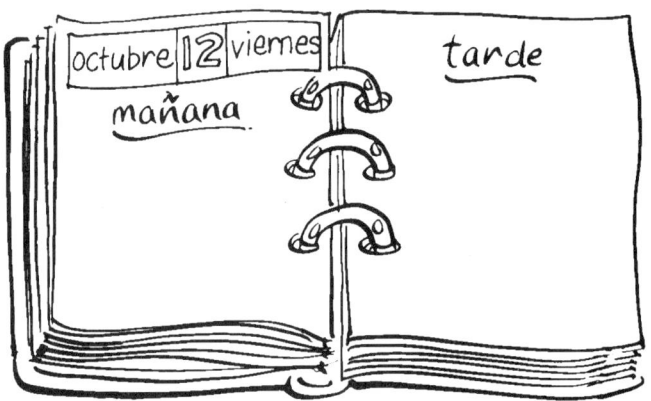

Key words and phrases

¡oiga, por favor!	excuse me, please!
¿dónde puedo tomar un taxi?	where can I find a taxi?
a mano derecha	on the right
a la derecha	to the right
a mano izquierda	on the left
a la izquierda	to the left
una parada	a stop
¿a qué distancia está?	how far is it?
una media hora	half an hour
más o menos	more or less
si desea consultar algo	if you wish to consult (about) anything
los próximos días voy a necesitar	in the next few days I am going to need
¿dónde puedo contratarlo?	where can I rent/hire it?
lo hago	I'll do it
¿dónde está...?	where is...?
¡por supuesto!	of course!/naturally!
es muy fácil	it is very easy
nos encontramos en.../con...	we find ourselves in.../with...
tenemos que atravesar	we have to cross
giramos	we turn/turn around
subimos	we go up/climb
no hay ningún	there isn't any
aproximadamente	approximately
¿para ir a...?	to go to...?
vamos a ver	let's see
tiene usted que seguir	you have to follow
la calle recta	the street straight ahead
hasta el final	to the end
la del medio	the one in the middle
seguir recto	to go straight on/follow straight (ahead)
comprendo/no comprendo	I understand/ I do not understand
una vez allí	once there/once you are there
¿tiene cita previa?	do you have an appointment?
desde la semana pasada	since last week
es tan difícil...	it is so difficult...
tengo que consultar	I have to consult/check (with)
el libro de citas	the appointment book
es correcto	it is correct
su pase	your pass
sin problemas	without problems
dentro de	inside
el despacho	the private office
el pasillo	the corridor
la sexta planta/el sexto piso	the sixth floor (US seventh floor)

Grammar

Notice
When used as interrogatives and exclamatories, these words must carry an accent:

dónde where
adónde to where
qué what
cómo how

quién/quiénes who
cuánto/cuántos how much/many
que that
como like/as

Opposites

affirmative
algo some
alguno someone/thing
alguien somebody

siempre always
también also

negative
nada nothing
ninguno no one/none
nadie nobody

nunca never
tampoco neither

Note: When the following words precede a singular masculine noun, they lose the **o**:

alguno	→ **algún**	algún contrato
ninguno	→ **ningún**	ningún participante
bueno	→ **buen**	buen incremento
malo	→ **mal**	mal momento
uno	→ **un** (one)	un oficial
primero	→ **primer**	primer piso
tercero	→ **tercer**	tercer volúmen

Double negatives

The negative forms:
nada, ninguno, nadie, nunca, tampoco can be used on their own when preceding the verb or as double negatives:

nada tiene la agencia
ninguno es interesante
nadie está en casa
nunca va de viaje
tampoco tiene cita

la agencia no tiene nada
no es interesante ninguno
no está en casa nadie
no va de viaje nunca
no tiene cita tampoco

More personal pronouns

me	me, to me	**nos**	us, to us
te	you, to you	**vos**	you, to you
lo/le	him, to him	**los/les**	them, to them
la/le	her, to her	**las/les**	them, to them
la/le	you, to you	**las/les**	you, to you
lo	it, to it	**los**	it, to it

Literary style prefers the use of **le**, him, to him, when referring to people, and **lo**, it, to it, when referring to objects or animals.

These pronouns should always be placed in front of the verb, except with imperatives, e.g. **tómelo**, take it, and in cases when an infinitive accompanies another verb, e.g. **voy a tomarlo**, I am going to take it. You may come across the pronoun being used in front of the verb, e.g. **lo voy a tomar**, but while this is not wrong, the former is a better literary style.

Tener que and *Hay que*

tener que to have to/must e.g. **tengo que ir a la oficina**
I must go to the office.

hay que it is necessary to e.g. **hay que comprender**
it is necessary to understand.

Note: The radical (root) change for some of the persons in the verbs given below.

tener - e → ie   **poder - o → ue**   **encontrar - o → ue**

tengo	tenemos	puedo	podemos	encuentro	encontramos
tienes	tenéis	puedes	podéis	encuentras	encontráis
tiene	tienen	puede	pueden	encuentra	encuentran

Ordinal numbers

These numbers, being adjectives, will have to agree with the noun they qualify.

primero/a	first	**sexto/a**	sixth
segundo/a	second	**séptimo/a**	seventh
tercero/a	third	**octavo/a**	eighth
cuarto/a	fourth	**noveno/a**	ninth
quinto/a	fifth	**décimo/a**	tenth

Note: When the first and third ordinals, **primero** and **tercero** are used in front of a masculine noun, they drop their final **o**. For example:
primer, tercer.
el primer libro, el tercer año.

The rest of the numbers do not change.

Read and understand

Las autonomías españolas

España es un país de muchos contrastes, tanto por su topografía como por su gente.

La transición política a partir de 1.975, y la nueva Constitución aprobada en 1.978 dan acceso a la formación de gobiernos autóctonos. Así antiguas regiones con características históricas, culturales y económicas comunes se establecen entre 1.979 a 1.983 en Autonomías; algunas con diferencias de zonas comarcales. Pero sin admitirse en ningún caso la federación de Comunidades Autónomas.

Hoy en día cada una de ellas tiene su Parlamento a Junta territorial con diputados elegidos por sufragio, también como con delegados representativos en la Cámara de Diputados y en la Cámara de Senadores en el Parlamento del Estado, conocido como las Cortes Generales.

La riqueza lingüística de España es un patrimonio cultural, y la Constitución respeta el pluralismo de la sociedad y de las diversas lenguas del territorio español. El castellano es la lengua oficial del Estado y todos los españoles tienen el deber de conocerla y el derecho de usarla. Mas también son oficiales en sus respectivas Comunidades Autónomas otras lenguas españolas.

Madrid es la capital del Estado español. También es el punto geográfico central de la península y todas las carreteras nacionales ramifican desde el kilómetro 0 que está en la céntrica plaza de la Puerta del Sol.

país (m.) country
tanto por as much for
como por as for
gente (f.) people
a partir de starting from
dan acceso give access
se establecen are established
sin without
en ningún caso in no case
cada una each one
elegidos elected

también como as well as
conocido como known as
la riqueza the richness
patrimonio heritage
el castellano Castilian
la lengua the language/ tongue
el deber de conocerla the duty to know it
el derecho de usarla the right to use it
mas (without accent) but
ramifican branch out

Did you know?

Siglas y abreviamientos

Words abbreviated to their initial letters are called **siglas**. Here are some **siglas singulares** with their English equivalents.
DAO - Diseño Asistido por Ordenador
CAD - Computer Aided Design

ALALC - Asociación Latinoamericana de Libre Comercio
LAAFT - Latin American Association for Free Trading

IVA - Impuesto de Valor Añadido   VAT - Value Added Tax
PIB - Producto Interior Bruto   GNP - Gross National Product

Here are some **siglas plurales**:
EE.UU. - Estados Unidos   USA - United States of America
PP.BB. - Países Bajos   Netherlands (Holland)
SS.AA.RR. - Sus Altezas Reales   Their Royal Highnesses

Some are so long and ungainly that they become acronyms, such as:
UNESCO - United Nations Educational Scientific and Cultural Organization   (**ONUECC - Organización de las Naciones Unidas para la Educación, la Ciencia y la Cultura**)

In Mexico City

When arriving by airplane at México DF, the most populated city in the world (**la ciudad más poblada del mundo**) you find that there are no buses (**camiones**) at the airport. Instead, if you have no luggage you could take the subway (**metro**), or a taxi.

If you decide on a taxi, you have to look for the taxis' ticket counter (**la taquilla de taxis**). It is easy to find. You then tell the attendant where you are going and how much luggage you have. He/she will tell you how much it is to your destination zone, and you pay for your ticket (**un boleto**) at the counter.

The next step is to find a taxi. You then give **el boleto** to the taxi driver, get in and enjoy the ride!

There are various types of taxi in the city. It is unusual to see one with a taximeter, but if you do, always, before entering the vehicle, tell the driver where you want to go and ask him how much it will be to the zone/area of the city you want to go to, since many of the drivers charge by zones. Once the price is agreed you know that you should only have to pay that amount, plus the tip.

Crafts market, Mexico City

Your turn to speak

13 Suppose you are now on a business trip, and want to rent a car. You have come across this advertisement about a rental firm in your hotel.

You decide to rent a car without a chauffeur for 15 days and unlimited mileage, to be collected at a particular airport, and have a preference as to the make and size of the car.

Listen to the model version on the recording and look at the text below. Then work out in Spanish what you would like to say, and say it aloud. Remember that there is no single correct version.

In Spain you would say: **alquilar un coche/auto** to rent a car.
conducir un coche/auto to drive a car.

In Mexico and some other countries in Latin America, you would say:
rentar un auto/carro to rent a car.
manejar un auto/carro to drive a car.

RAPIDO precios competitivos

coches de alquiler, con o sin chófer para sus negocios o las vacaciones

● alquile desde 1 día hasta 3 meses coches nacionales y extranjeros ●
incluso algunos automáticos ● y con aire acondicionado ● puede recoger
el coche en el aeropuerto de su destinación ● kilometraje ilimitado.

Answers

Practice what you have learned

p. 27 Exercise 1 (a) aquí enfrente, a mano derecha (b) el centro está a quince kilómetros (c) hay más oficinas de turismo en el centro (d) va a necesitar un coche (e) en el aeropuerto (f) en las oficinas del aeropuerto, o desde el hotel

p. 27 Exercise 2 (a) están pasada la plaza de Colón (b) está a un kilómetro, más o menos (c) en la calle Velázquez hay una (d) la calle Velázquez es la calle de enfrente

p. 29 Exercise 4 (a) ¿sabe usted dónde está la Cámara de Comercio? (b) nos encontramos en la Plaza de Cibeles (c) a la izquierda con la fuente de Neptuno (d) a la derecha (e) a mano derecha (f) a mano izquierda

p. 29 Exercise 5 (a) corta (b) pequeña (c) ancho (d) grande

p. 31 Exercise 7 (e); (d); (b); (f); (a); (c)

p. 31 Exercise 8 (a) calle Mayor (b) calle Montera (c) Gran Vía

p. 33 Exercise 10 (a) tiene una cita con la Sra. Blanco (b) tiene la cita desde la semana pasada (c) no, no es fácil (d) tiene que subir hasta la sexta planta (e) la oficina está, al salir del ascensor, a la izquierda (f) una secretaria recibe las visitas de la Sra. Blanco

p. 33 Exercise 11 4^a; 3^a; 2^a; 1^a; baja; 10^a; 9^a; 8^a; 7^a; 6^a; 5^a

p. 34 Exercise 12 (model text) *mañana*: en la oficina; notas para el Director; visita de Cía. americana. *tarde*: ir al Banco; documentos para la Oficina Central; taxi al aeropuerto

Your turn to speak

p. 40 Exercise 13 Quisiera alquilar un coche automático y con aire acondicionado para seis días, sin chófer, con kilometraje ilimitado, de marca SEAT, y para recoger en el aeropuerto de Madrid el día 4 de marzo.

3 TALKING ABOUT YOURSELF AND OTHERS

You will learn
- how to talk about yourself
- to chat while waiting
- what to say at a meeting with a business partner
- about company structure

Study guide

| Dialogue 1 + Practice what you have learned |
| Dialogue 2 + Practice what you have learned |
| Dialogue 3 + Practice what you have learned |
| Dialogue 4 + Practice what you have learned |
| Key words and phrases |
| Grammar |
| Read and understand |
| Did you know? |
| Your turn to speak |

UNIT 3   41

Dialogues

1 *While waiting for the elevator, Juan Carlos chats with the receptionist about where he works.*

recepcionista	¿Todavía está esperando?...
Juan Carlos	Sí, ¿qué pasa con el ascensor, está estropeado?
recepcionista	No, no, es un poco lento.
Juan Carlos	Pues, menos mal que no tengo prisa.
recepcionista	¿Viene usted de lejos?
Juan Carlos	Sí, estoy de visita en España.
recepcionista	¿Visita de negocios, quizá?
Juan Carlos	Sí, sí, claro.
recepcionista	¿Y dónde está su compañía?
Juan Carlos	Es una compañía americana.
recepcionista	¿A qué sector pertenece?
Juan Carlos	Pues, somos una compañía de servicios a nivel internacional lo mismo que ustedes, ¿no?
recepcionista	Sí, bueno, pero nuestra empresa, además, es una multinacional, que abarca varios sectores.
Juan Carlos	Ah, ¿como cuáles?
recepcionista	La Publicidad, por ejemplo, un tema muy interesante, ¿no le parece?
Juan Carlos	Sí, desde luego. ¡Oh!, aquí llega el ascensor ...
recepcionista	Muy bien, ¡hasta luego!
Juan Carlos	¡Hasta luego!

¿todavía está esperando? are you still waiting? (lit. still are you waiting?) **Esperando** comes from the verb **esperar**, to wait, hope.

¿qué pasa con el ascensor, está estropeado? what's the matter with the elevator, is it broken? (lit. what happens with…?)

- **¿qué pasa?** what's the matter? **está estropeado** it is broken/spoiled.
- **un poco lento** a bit slow.
- **menos mal** just as well (lit. less bad) **que no tengo prisa** that I am not in a hurry.

¿viene usted de lejos? do you come from far away?

- **quizá** perhaps. *Note:* you may also hear **quizás**. **Quizá** is more literary.
- **claro** clearly (lit. clear).
- **¿a qué sector pertenece?** to which sector does it belong? **Pertenece** comes from the verb **pertenecer**, to belong.

somos una compañía de servicios a nivel internacional we are an international services company.

- **lo mismo que ustedes** the same as you. **¿no?** isn't that right?
- **pero nuestra empresa, además** but our firm, besides

que abarca varios sectores that comprises several sectors. **Abarca** comes from the verb **abarcar**, to comprise/span. **¿como cuáles?** like which?

un tema muy interesante a very interesting area (**tema** usually means 'theme').

- **¿no le parece?** don't you think? (lit. does it not to you seem?) **Parece** comes from the verb **parecer**, to seem. **desde luego** of course.

aquí llega here it is. (lit. here it arrives). **Llega** comes from the verb **llegar**, to arrive.

Practice what you have learned

1 Match the sentences and phrases below, from the dialogue you have just heard, with their English meanings. (Answers p. 58)

1.	empresa multinacional		(a)	the elevator is broken
2.	sector de servicios		(b)	do you come from far away?
3.	a nivel internacional		(c)	service sector
4.	el ascensor está estropeado		(d)	multinational firm
5.	un tema muy interesante		(e)	at international level
6.	¿viene usted de lejos?		(f)	a very interesting area
7.	no tengo prisa		(g)	it's a bit slow
8.	abarca varios sectores		(h)	I am not in a hurry
9.	es un poco lento		(i)	it comprises several sectors
10.	desde luego		(j)	of course

2 You will need to know the following expressions:
tener suerte, to be lucky   **tener cuidado**, to take care
tener prisa, to be in a hurry   **tener razón**, to be right

This is a day in the life of a 'Sr. López'. Listen to the text on the recording and fill in the missing expressions as you hear them. (Answers p. 58)

> Sr. López va de mañana a la oficina, ... pues tiene una cita importante con el director.
>
> Llega a su despacho y .... en presentar bien los documentos de las próximas promociones.
>
> Sr. López .... de estar preocupado, pues va a ser una campaña muy difícil, pero, al final .... y el director está de acuerdo con los planes presentados.

3 You are now going to be asked some questions about your imaginary company.

You will be prompted with what to say. You then say it in Spanish. Don't forget to check your responses later.

Dialogues

2 *Juan Carlos is now on his way to Sra. Blanco's office. First he sees her secretary, who tells him she is in a meeting that is just about to finish. Meanwhile they have a brief conversation.*

Juan Carlos	Hola buenas tardes.
secretaria	Hola buenas tardes.
Juan Carlos	Represento a la firma americana «BS».
secretaria	Sí, estoy esperándole, ¿algún problema en recepción?
Juan Carlos	No, todo perfecto, la recepcionista es muy agradable; lo que ocurre, es que el ascensor es un poco lento, pero, vamos, bien.
secretaria	Estoy de acuerdo, es un poco lento. La Sra. Blanco está a punto de terminar una reunión.
Juan Carlos	Bien, no hay problema.
secretaria	¿Está su familia también con usted?
Juan Carlos	No, mi familia está de vacaciones, los hijos mayores en la montaña, y las gemelas, con mi esposa, en la playa.
secretaria	Entonces, ¿cuántos hijos tiene usted?
Juan Carlos	¡Demasiados a la hora de comer! Tengo dos hijos, y las gemelas.
secretaria	Ah, la Sra. Blanco ya puede recibirle.
Juan Carlos	Estupendo, muy bien, gracias.
secretaria	Hasta luego.
Juan Carlos	Hasta luego.

- **la firma** the firm. *Note:* this could also mean 'signature'.
- **estoy esperándole** I have been expecting you (lit. I am waiting for you).
- **todo perfecto** everything's fine (lit. all perfect).
- **muy agradable** very pleasant.
- **lo que ocurre** what happens (lit. it what happens).

  pero, vamos, bien but never mind; not to worry (lit. but, we go, well). These words are used loosely here. **Vamos**, we go, we're going, let's go, is widely used in such cases as **vamos a ver** let's see **vamos al caso** let's get to the point, etc.

- **estoy de acuerdo** I agree (lit. I am of agreement). **El acuerdo** means 'the agreement'; the verb is radical-changing: **acordar**, to agree.
- **a punto de terminar** just about to finish (lit. at the point of to finish). **Estar a punto de**, to be at the point/on the verge of, is commonly used.
- **una reunión** a meeting.
- **no hay problema** (there is) no problem.

  mi familia está de vacaciones my family is on vacation.

  los hijos mayores en la montaña the older children in the mountains.

  las gemelas the twin girls.

  con mi esposa, en la playa with my wife, at the seaside.

- **entonces** well then. The more literal meaning of **entonces** is 'at that time'.

  ¿cuántos hijos tiene usted? how many children do you have?

  ¡Demasiados a la hora de comer! too many at meal times! (lit. too many at the hour of to eat).

- **puede recibirle** she can receive you.

Practice what you have learned

4 Listen to the dialogue again and complete these sentences, as you hear them. (Answers p. 58)

(a) represento a .... «B.S.»

(b) la recepcionista es ....

(c) el ascensor es ....

(d) la Sra. Blanco está a punto de ....

(e) mi familia está ....

(f) la Sra. Blanco ya ....

5 Listen to the narrative on the recording and ✓ the expressions below that you hear spoken. (Answers p. 58)

firma americana	
la recepcionista	
el ascensor	
un poco lento	
la tarjeta de visita	
la Sra. Blanco	
a punto de	
hablar	
una reunión	
la secretaria	
la oficina	
ya puede recibirle	

6 Now, suppose that your boss is Sr. Gutiérrez, who is in a meeting at the moment.

You have been asked to welcome a visitor, and look after him until Sr. Gutiérrez is free.

You'll be prompted with what to say, then you say it in Spanish. Remember to check your responses later.

UNIT 3   45

Dialogues

3 *Elia Blanco has now finished her meeting and receives Juan Carlos in her office. First she asks him about his journey, then about the product samples, and finally they agree to speak on the telephone in a couple of days.*

Elia	Sí, adelante.
Juan Carlos	Hola, buenas tardes Sra. Blanco.
Elia	No, no, Elia, por favor.
Juan Carlos	Oh, gracias.
Elia	¿Cuántos días llevas aquí?
Juan Carlos	Llevo aquí sólo dos días.
Elia	¿Qué tal el viaje?
Juan Carlos	Un poco cansado, pero vamos, bien.
Elia	¿Cuántos días vas a estar aquí?
Juan Carlos	Sólo los necesarios para acordar nuestro negocio.
Elia	¿Tienes alguna muestra de los productos de tu compañía?
Juan Carlos	Sí, por supuesto, tengo aquí los muestrarios necesarios, con dosieres de precios, tallas, todo lo necesario.
Elia	Muy bien, quiero verlos tranquilamente.
Juan Carlos	De acuerdo.
Elia	Te telefoneo dentro de un par de días, ¿vale?
Juan Carlos	Muy bien.
Elia	Encantada de conocerte.
Juan Carlos	Muchas gracias, hasta luego.
Elia	Hasta pronto.

- **adelante** come in! (lit. forward/ahead). This expression is also used to mean 'go on/press on/carry on'.

  Notice how Elia invites Juan Carlos to drop the polite form **Señora**, and to address her by her first name. She automatically uses the **tú**, when addressing him, as a form to be copied by him.

  ¿cuántos días llevas aquí? how many days are you staying? (lit. how many days do you carry here?). **Llevar** can have many meanings: 'carry' is the most common. **llevo aquí sólo dos días** I am only here for two days (lit. I carry here only two days).

- **¿qué tal el viaje?** how was the journey? **¿qué tal?** is often used in greetings to mean 'how are you?', 'how are things?', 'how's life?' etc.

  un poco cansado a little tiring.

- **sólo los necesarios para acordar nuestro negocio** just as long as it takes to finish our business (lit. only the necessary [ones] in order to agree on our business).

- **muestra de los productos** a sample of the products.

- **los muestrarios** collections of samples. **dosieres de precios** price lists.

  quiero verlos tranquilamente I want to look at them quietly.

- **te telefoneo** I'll call you. **Telefoneo** comes form the verb **telefonear**, to telephone.

- **dentro de un par de días** within a couple of days. **Par**, pair, is used mainly for things; when referring to people, **pareja**, couple, should be used.

- **¿vale?** Okay? This word comes from the verb **valer**, to be of value/to have value. It is widely used both in the form of a question expecting agreement, and as an exclamation meaning 'enough'.

- **encantada de conocerte** delighted to make your acquaintance. The verb **conocer** means 'to know (people), to make acquaintances'.

Practice what you have learned

7 Listen to the dialogue again and answer the following questions. (Answers p. 58)

(a) ¿cuántos días lleva Juan Carlos allí? ....

(b) ¿cuántos días va a estar? ....

(c) ¿qué tiene Juan Carlos con él? ....

(d) ¿quiere ver los muestrarios Elia? ....

(e) ¿cuándo va a telefonearle Elia? ....

8 And now, Sr. Pérez has been promoted! For his new position he has to wear a different uniform, and he is trying it on. See if it fits him. (*Note* **mangas** are sleeves.) (Answers p. 58)

poco ..... mucho   pequeño ..... grande
escaso ..... demasiado   largo ..... corto

los pantalones son: la chaqueta es:

(a) ....   (e) ....

(b) ....   (f) ....

(c) ....   (g) ....

(d) ....   (h) ....

9 On this occasion, you are meeting a colleague. He is interested in some of your products, and he would like you to prepare for him a collection of samples, with sizes and price lists.

You'll be prompted with what to say. You work out your response, and then you say it in Spanish.

UNIT 3   47

Dialogues

🎧 **4** *This talk is divided into three parts. Listen to one part at a time. In the first part, Juan Carlos is talking about the structure and management of a firm. The second part is about the distribution of administrative and auxiliary staff. In the third, Juan Carlos names several departments usually found in a typical company. Follow closely the advice given to you on the recording.*

1ª parte El escalafón de una empresa siempre viene dado por el volumen de su negocio y la magnitud de ésta. Un escalafón habitual puede ser: un Consejo de administración; Organo de dirección; o Rector. Una parte de Dirección de la empresa, en la que se puede encontrar: el Director Gerente, los Jefes de Sección, Negociado y Departamento.

2ª parte Un personal administrativo, en él cabe destacar: los Oficiales primera, Oficiales segunda, auxiliares, administrativos, y secretariado.
Y una parte de apoyo, que sería el personal subalterno, entre los que podemos destacar: los conserjes, ordenanzas y, telefonistas.

3ª parte Algunos de los departamentos más corrientes en una empresa pueden ser: el Departamento de Contabilidad; el de Recursos humanos, y Personal; el Departamento jurídico; el Técnico; el Departamento de Informática, imprescindible en nuestros días; el de Producción; Cartera; Servicios generales y mantenimiento; sin olvidarnos del Departamento de almacén y transporte. Debemos tener en cuenta, que cada sector tiene unos departamentos específicos, según el mercado en qué se desenvuelve.

1ª parte
- **el escalafón**   the structure (lit. the ranking).

   viene dado   is determined by (lit. it comes given). **Dado**, given, comes from the verb **dar**, to give.

- **el volumen de su negocio**   the volume of its business.
- **la magnitud de ésta**   the magnitude (size) of the latter.
- **Consejo de Administración**   Management Board
- **Organo de dirección**   Board of Directors.
- **Rector**   Chief Executive Officer.
- **Director Gerente**   Managing Director.
- **Jefes de Sección, Negociado y Departamento**   Division Heads, Administrative Heads, Department Heads.

2ª parte
- **personal administrativo**   administrative personnel.

   cabe destacar   stand out (lit. it fits to stand out).

   auxiliares, administrativos y secretariado   assistants, administrative and secretarial.

- **una parte de apoyo**   a service division

   que sería   that would be. This tense of the verb will be explained in Unit 8.

personal subalterno auxiliary personnel.

♦ **entre los que podemos destacar** among whom we can single out (lit. among them that we can point out).

los conserjes, ordenanzas, telefonistas the janitors/porters, office juniors, telephonists.

3ª parte

♦ **más corrientes** more usual/ current.

♦ **Contabilidad, Recursos Humanos y Personal** Accounting, Human Resources and Personnel.

♦ **Jurídico, Técnico** Legal, Technical.

♦ **Informática** Computing/Computer science.

imprescindible indispensable.

♦ **Producción, Cartera, Servicios generales y mantenimiento** Production, Research and Development, Administrative and Maintenance Services.

sin olvidarnos not forgetting (lit. without to forget us).

♦ **Departamento de almacén y transporte** Warehouse and Shipping Department.

♦ **debemos tener en cuenta** we ought to take into account.

cada sector each sector

específicos specific.

♦ **según el mercado** according to the market.

en qué se desenvuelve in which it evolves (lit. in which it itself evolves).

Now turn over for the exercises based on this dialogue.

Practice what you have learned

10 This exercise is in two parts, 'a' and 'b'. Listen to the first part and fill in the blank boxes below for: **Organigrama de la dirección de una empresa** (Organization chart of a company's management). Here are some English definitions to help you. (Answers p. 58)

Management Board
Board of Directors
Chief Executive Officer
Department Heads

Managing Director
Division Heads
Administrative Heads

(a) **ORGANIGRAMA de la DIRECCION de una EMPRESA**

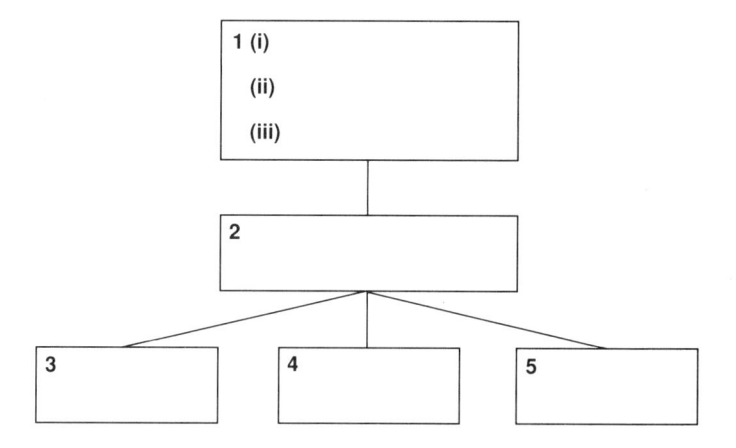

```
         ┌─────────────┐
         │ 1 (i)       │
         │   (ii)      │
         │   (iii)     │
         └──────┬──────┘
                │
         ┌──────┴──────┐
         │      2      │
         └──┬───┬───┬──┘
   ┌────────┘   │   └────────┐
┌──┴──┐     ┌───┴──┐     ┌───┴──┐
│  3  │     │  4   │     │  5   │
└─────┘     └──────┘     └──────┘
```

Now listen to the second part of the narrative and fill in, clockwise, the various departments mentioned, as you hear them. (Answers p. 58)

(b) **Los DEPARTAMENTOS de una EMPRESA pueden ser:**

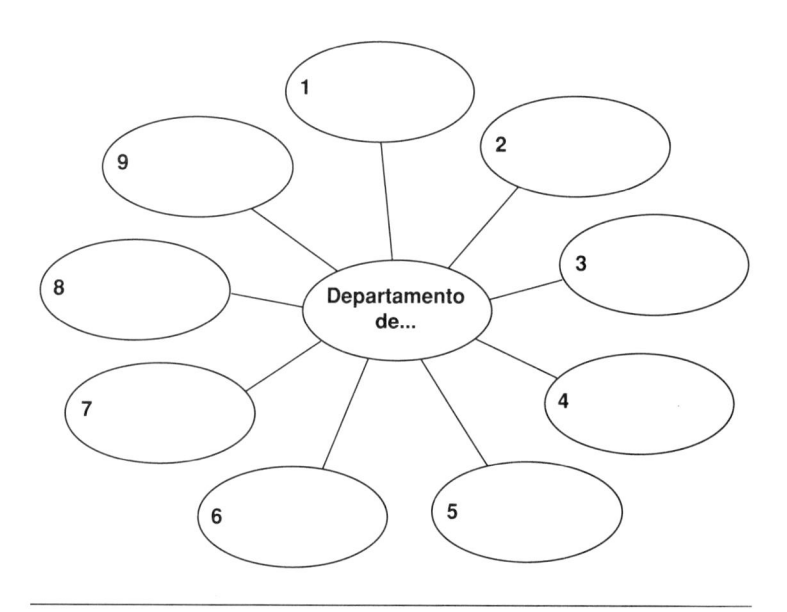

Center: Departamento de...

Surrounding (clockwise from top): 1, 2, 3, 4, 5, 6, 7, 8, 9

50   UNIT 3

11 Find below the equivalent Spanish words for these definitions. (Answers p. 58)

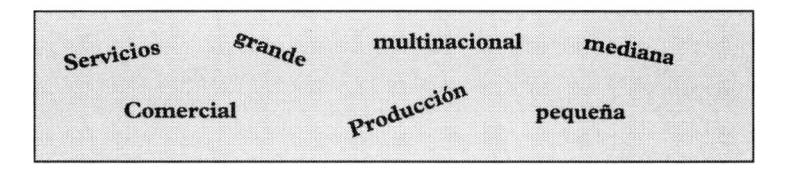

(a) La magnitud de una empresa puede ser:

.... small

.... medium

.... large

.... multinational.

(b) El mercado en qué se desenvuelve una empresa puede ser de:

.... Production

.... Commercial

.... Services.

Servicios   grande   multinacional   mediana

Comercial   Producción   pequeña

---

12 For this speaking exercise we are going to pretend that while travelling around town you have come across a friend whom you have not seen for a while, and you quickly bring each other up to date on your careers, before arriving at your destination.

You will be prompted with what to say, then you say it in Spanish. Be prepared for a small change in the order of the conversation, just before the end.

Key words and phrases

un poco lento	a bit slow
menos mal	just as well
no tengo prisa	I am not in a hurry
quizá	perhaps
claro	clearly
¿a qué sector pertenece?	to which sector does it belong?
además	besides
abarca varios sectores	it comprises several sectors
la Publicidad	Advertising
por ejemplo	for example
¿no le parece?	don't you think so?
desde luego	of course
todo perfecto	everything's fine
muy agradable	very pleasant
estoy de acuerdo	I agree/I am in agreement
a punto de terminar	just about to finish
una reunión	a meeting
no hay problema	(there is) no problem
¡adelante!	come in!
¿qué tal?	how are things?
un poco cansado	a little tiring/tired
acordar nuestro negocio	to agree on our business
muestra de los productos	a sample of the products
los muestrarios	collections of samples
dosieres de precios	price lists
tallas	sizes
todo lo necesario	all that is needed
dentro de un par de días	within a couple of days
¿vale?	okay?
encantada/encantado de conocerte	pleased to meet you
el escalafón	the structure
el volumen de su negocio	the volume of its business
la magnitud	the magnitude (size)
Consejo de Administración	Management Board
Organo de dirección	Board of Directors
Organo Rector	Chief Executive Officer
Director Gerente	Managing Director
Jefes de Sección, Negociado y Departamentos	Division Heads, Administrative Heads, Department Heads
personal administrativo	administrative personnel
auxiliares, administrativos y secretariado	auxiliary, administrative and secretarial
los conserjes, ordenanzas, telefonistas	the janitors/porters, office juniors, telephonists
más corrientes	more usual/current
Contabilidad, Recursos Humanos y Personal	Accounting, Human Resources and Personnel
Jurídico, Técnico	Legal, Technical
Informática	Computing/Computer science
imprescindible	indispensable
Producción, Cartera, Servicios generales y mantenimiento	Production, Research and Development, Administrative & Maintenance Services
Departamento de almacén y transporte	Warehouse and Shipping Department
tener en cuenta	to take into account
según el mercado	according to the market

Grammar

Demonstratives

Adjectives

masculine singular
este this
ese that
aquel that over there

feminine singular
esta this
esa that
aquella that over there

masculine plural
estos these
esos those
aquellos those over there

feminine plural
estas these
esas those
aquellas those over there

Pronouns

masculine singular
éste this one
ése that one
aquél that one over there

feminine singular
ésta this one
ésa that one
aquélla that one over there

masculine plural
éstos these ones
ésos those ones
aquéllos those ones over there

feminine plural
éstas these ones
ésas those ones
aquéllas those ones over there

Note: the abbreviation of **usted/ustedes** in modern language is **Ud./Uds.** It used to be **Vd./Vds.**, a condensed form of the archaic expression: **vuestra merced**, your grace.
The word **y**, and, becomes **e** when followed by a word beginning with **i**, or **hi**, e.g:
un artículo útil e interesante a useful and interesting article
tienen hijo e hija they have a son and daughter
Also **o**, (meaning 'or') becomes **u**, when followed by a word beginning with **o**, or **ho**, e.g:
siete u ocho; séptimo u octavo; ozono u oxígeno; día u hora; calendario u horario.

Possessives

Adjectives

mi	my
tu	your
su	his/her, your (*formal:* usted)
nuestro/vuestra	our
vuestro/vuestra	your
su	their, your (*formal:* ustedes)

Pronouns

mío/el mío, mía/la mía	mine
tuyo/el tuyo, tuya/la tuya	yours
suyo/el suyo, suya/la suya, de Ud.	his/hers/yours (polite)
el nuestro/la nuestra	ours
el vuestro/la vuestra	yours
suyo/el suyo, suya/la suya, de Uds.	theirs/yours (polite)

Irregular comparatives and superlatives

bueno - good   **mejor** - better   **el mejor/óptimo** - the best
malo - bad   **peor** - worse   **el peor/pésimo** - the worst
grande - big   **mayor** - bigger   **el mayor/máximo** - the biggest
pequeño - small **menor** - smaller   **el menor/mínimo** - the smallest
alto - high   **superior** - higher **el superior/supremo** - the highest
bajo - low   **inferior** - lower   **el inferior/ínfimo** - the lowest

Radical (root)-changing verbs: e → ie

querer to want

quiero	queremos
quieres	queréis
quiere	quieren

venir to come (towards)

vengo	venimos
vienes	venís
viene	vienen

Numbers

20	veinte	40	cuarenta
21	veintiuno/veintiún	43	cuarenta y tres
22	veintidós	50	cincuenta
23	veintitrés	54	cincuenta y cuatro
24	veinticuatro	60	sesenta
25	veinticinco	65	sesenta y cinco
26	veintiséis	70	setenta
27	veintisiete	76	setenta y seis
28	veintiocho	80	ochenta
29	veintinueve	87	ochenta y siete
30	treinta	90	noventa
32	treinta y dos	98	noventa y ocho
		100	cien/ciento

Note: in modern Spanish usage the numbers 21 to 29 are one word, and some of them carry accents; 21 **veintiuno** will lose the **o** when it goes in front of a masculine noun. The rest of the numbers, 30 to 99 are used as shown. Further numbers are dealt with in following Units.

Read and understand

Las varias funciones de una empresa pueden ser distinguidas por sus formas jurídica y social, por la legislación de mandato, por la actividad en que se desenvuelve y por la magnitud de sus operaciones.

En términos sociales su funcionamiento puede ser como, empresa privada, pública o estatal, y, o mixta.

Muchas de las empresas públicas en España están controladas por el Instituto Nacional de Industria, familiarmente conocido por INI.

Dentro de la definición por volumen de una empresa caben destacar, las internacionales, las multinacionales, las transnacionales, y las supranacionales.

Las primeras, internacionales, son las que retienen su propia nacionalidad dentro del mercado extranjero en el que invierten.

Las segundas, multinacionales, son aquellas que invierten directamente, por medio de filiales o agencias, y que llevan a cabo actividades similares a la casa madre, en varias naciones.

Un poco más allá de éstas se encuentran las terceras, las compañías transnacionales, en las que determinan, por acuerdo unánime, miembros de varias naciones.

Las cuartas de categoría, las supranacionales, son por definición, aquellas que, liberándose de un vínculo nacional único, evolucionan sus características distintivas propias; a veces, en este tipo de empresa pueden ser fundadores y accionistas varios gobiernos.

legislación de mandato	governing rules
retienen	retain (verb: retener)
su propia	their/its own
dentro del mercado extranjero	within the foreign market
en el que invierten	in which they invest (verb: invertir)
por medio de	through, by means of
filiales	branches/subsidiaries
llevan a cabo	they carry out
casa madre	head office (lit. mother house)
más allá	further on/beyond
por acuerdo	by agreement
unánime	unanimous
miembros	members
liberándose	freeing themselves
vínculo	a link/binding
evolucionan	they evolve
fundadores y accionistas	founder shareholders and shareholders
gobiernos	governments

Did you know?

Tarjetas personales

Many Spaniards have up to four different types of personal cards:

- a strictly personal one, bearing only name and surname(s); for private contacts, or to send with a present
- a more general one, perhaps including the home address and telephone number mainly for outside business contacts
- a joint one, including wife/husband's name, or joint name: **Sres. de...**, or in the case of a married woman, her maiden and married name.
- a strictly professional one, with name and details of firm, position held, and any other data needed for reference.

Note: it is not necessary to add a string of degrees or qualifications to your name as some of these will only be relevant in certain circles, and it could be misconstrued.

Los tarjetones

These cards are bigger than visiting ones (about 17 by 12 cms) and are used to transmit a short personal message. They usually carry the first name and surname printed in the top left-hand corner, and they should be handwritten.

Los saludas

These are very small rectangles of paper (about 15 by 20 cms). The name and personal position held within a company or workplace must always be printed in italic lettering at the top, followed on the left below with: **Saluda a...**; a blank space for the message, and the normal closing phrase at the foot of the paper, together with the place, date and year.

J. Jaime López Sempere
CARPINTERIA Y DECORACION

Hernán Cortés, 36.2.°
Teléfono 41 29 44   SANTA POLA

Natacha Martín

gracias por tu ayuda

Pili Batley-Matías

Saluda a   *los estudiantes de Breakthrough. Espero que disfrutéis de este nuevo libro, y estoy segura que vuestras visitas a países de habla española van a ser muy provechosas.*

Aprovecha la oportunidad para reiterarle el testimonio de su consideración más distinguida.
Brighton, a   *15 de abril de 1.991*

Your turn to speak

13 And now, you have to send a **Saluda** to a business colleague. You might say, for example, that you already have the samples and price lists, that you want to consult her/him in the next couple of days, and you expect her/his visit soon. Below is a specimen **Saluda** to help you to prepare this activity. Listen to the example on the recording and see the model on p. 58, and remember there are many correct versions.

(your name)
(position in the Co.)

Saluda a ...

Aprovecha la oportunidad para reiterarle el testimonio de su consideración más distinguida.

(your town/city) (date and year)

UNIT 3

Answers

Practice what you have learned

p. 43 Exercise 1 1 (**d**); 2 (**c**); 3 (**e**); 4 (**a**); 5 (**f**); 6 (**b**); 7 (**h**); 8 (**i**); 9 (**g**); 10 (**j**)

p. 43 Exercise 2 tiene prisa; tiene cuidado; tiene razón; tiene suerte

p. 45 Exercise 4 (**a**) la firma americana «B.S.» (**b**) muy amable (**c**) un poco lento (**d**) terminar una reunión (**e**) de vacaciones (**f**) puede recibirle

p. 45 Exercise 5 firma americana; la recepcionista; el ascensor; un poco lento; la Sra. Blanco; a punto de; una reunión; la secretaria; ya puede recibirle

p. 47 Exercise 7 (**a**) sólo dos días (**b**) sólo los necesarios para acordar el negocio (**c**) los muestrarios necesarios, con dosieres de precios, tallas, todo lo necesario (**d**) sí, Elia quiere verlos tranquilamente (**e**) dentro de un par de días

p. 47 Exercise 8 (**a**) demasiado pequeños (**b**) un poco grandes (**c**) muy grandes (**d**) demasiado grandes (**e**) corta (**f**) mangas escasas (**g**) larga (**h**) demasiado larga

p. 50 Exercise 10 (**a**) 1. Consejo de administración / Organo de dirección / Rector; 2. Director Gerente; 3. Jefes de Sección; 4. Jefes Negociado; 5. Jefes de Departamento (**b**) 1. Contabilidad; 2. Recursos humanos y Personal; 3. Jurídico; 4. Técnico; 5. Informática; 6. Producción; 7. Cartera; 8. Servicios generales y mantenimiento; 9. Almacén y transporte

p. 51 Exercise 11 (**a**) pequeña; mediana; grande; multinacional (**b**) Producción; Comercial; Servicios

Your turn to speak

p. 57 Exercise 13 (model text) **Rafael Romero Departamento de Informática** *Saluda a* Yolanda Montero - Con referencia a nuestra reunión del día 15, tengo el placer de comunicarte que los documentos específicos están ya en mi posesión. Espero tu visita a tu conveniencia. Madrid, a 15 de mayo de 1991

4 AT THE HOTEL

You will learn
- to find out about hotel services
- about the facilities in your hotel room
- to inquire about business facilities available
- to rent the hotel's business facilities

Study guide

Dialogue 1 + Practice what you have learned
Dialogue 2 + Practice what you have learned
Dialogue 3 + Practice what you have learned
Dialogue 4 + Practice what you have learned
Key words and phrases
Grammar
Read and understand
Did you know?
Your turn to speak

Dialogues

1 *Elia is asking reception when the restaurant is open, and also about having some clothes cleaned.*

Elia Oiga, por favor, señorita.
recepcionista ¿Sí?
Elia ¿Me puede decir el horario de comidas?, voy a salir, ¿a qué hora abren el restaurante?
recepcionista Pues, sirven el almuerzo de doce y media a tres, y puede cenar a partir de las ocho hasta las once.
Elia Tengo una blusa manchada, ¿tienen ustedes servicio de lavandería?
recepcionista Sí, desde luego, hay servicio de lavandería y de planchado; además, en su habitación, en el armario, puede encontrar una bolsa para la ropa sucia, y, detrás de la puerta hay una tarifa de precios.
Elia Muchas gracias, muy amable, hasta luego.
recepcionista De nada.

- **¿me puede decir...?** can you tell me...? (lit. to me can you tell...?)
- **el horario de comidas** the meal times. **Horario** also means 'timetable'.
- **voy a salir** I am going out (lit. I am going to go out).
- **¿a qué hora abren el restaurante?** at what time does the restaurant open? (lit. at what time do they open the restaurant?) **Abren** comes from the verb **abrir**, to open.
- **sirven el almuerzo** lunch is served (lit. they serve lunch). **Sirven** comes from the verb **servir**, to serve.

  de doce y media a tres from half-past twelve until three (lit. from twelve and a half to three). *Note:* we shall be dealing with time in Unit 6.

- **cenar** to dine/to have dinner.
- **a partir de** (as) from (lit. to start from).

  una blusa manchada a stained blouse.

- **servicio de lavandería** laundry service. *Note:* you will find that in some Latin-American countries they use the term **ropería**, from **ropa**, meaning 'clothes'.
- **(servicio) de planchado** ironing service.

  además besides.

  el armario the wardrobe.

- **una bolsa** a bag.

  para la ropa sucia for dirty clothes. **Ropa** is mainly used as a singular collective noun; only in specific cases is it used in the plural, e.g. **las ropas regionales**, regional costumes.

- **detrás de** behind.
- **la puerta** the door
- **tarifa de precios** price list.
- **muy amable** very kind

Practice what you have learned

1 Based on the dialogue you have just heard, match up the following expressions. (Answers p. 74)

1. horario de comidas
2. a partir de
3. ¿a qué hora abren?
4. ¡desde luego!

(a) as from
(b) of course!
(c) meal times
(d) at what time do they open?

2 Elia wants to send the following items for cleaning, washing, and/or ironing: 2 blouses to be washed and ironed; 3 handkerchiefs (**pañuelos**) to be washed and ironed; 1 skirt (**falda**) to be cleaned; 1 nightgown (**camisón**) to be washed and ironed; 1 dress (**vestido**) to be ironed.

Her room number is: **ciento setenta y ocho**. Fill in this hotel laundry form for her. (Answers p. 74)

HOTELES INTERNACIONALES
Servicio de habitaciones

Lista de lavandería/ropería   Normal (24 horas)   Exprés (+ 50%)

	limpiar	lavar	planchar	n°	precio	observaciones
caballeros						
camisa						
chaleco						
chaqueta						
traje						
pantalones						
calcetines						
pijamas						
señoras						
vestido						
falda						
blusa						
jersey						
pañuelo						
lencería						
camisón						

Nombre	Habitación	Fecha	Total

3 You are in your hotel room; you have some clothes to be cleaned and you ring for the laundry service. You have four separate items, for the express service, and you would like them collected from your room as it is after midday, so the chambermaid has already been in.

prendas de ropa   items of clothing   **mediodía**   midday

Also in this conversation you will hear the term:
camarera de habitación (chambermaid), but when in Latin America you may hear: **el camarista** or **la camarista** instead.

You will be prompted with what to say, then you say it in Spanish.

UNIT 4   61

Dialogues

2 *The hotel porter is showing a guest to her room. Once there, he indicates the various facilities at her disposal.*

botones	Bueno, ya hemos llegado. Adelante, por favor.
cliente	Sí.
botones	Bueno, mire, este es el baño, pase...
cliente	Sí, muy bien.
botones	Eh, este es el aire acondicionado; usted lo puede graduar a su gusto, como usted prefiera.
cliente	Ya.
botones	Aquí está el termostato. Aquí tenemos la televisión, con varios canales; a ver si funciona, sí, ya veo que sí. Mire, aquí tiene música también, y, ah, que no se me olvide la caja de seguridad, para que guarde todas sus pertenencias... La llave está aquí arriba, y todas las instrucciones vienen aquí, de todas maneras, si tiene alguna duda nos consulta, o llama abajo, o cuando baje nos lo dice.
cliente	Muy bien, pues muchísmas gracias.
botones	Si tiene alguna duda, me lo dice.
cliente	Muy bien, muchas gracias.
botones	De nada, hasta luego, adiós.
cliente	Hasta luego.

---

botones/conserje de equipaje porter (lit. buttons)/luggage handler. In Latin America you may hear **maletero**.

- **ya hemos llegado** we have (already) arrived. *Note:* you will find this verb tense explained in the grammar section of this Unit.
- **mire** look. This comes from the verb **mirar**, to look.
- **pase** pass/come in. This comes from the verb **pasar**, to pass.
- **aire acondicionado** air conditioning (lit. air conditioned).

usted lo puede graduar you can adjust it.

- **a su gusto** to your taste **el gusto** the taste/liking/pleasure
- **como usted prefiera** as you prefer.

el termostato the thermostat. **canales** channels.

a ver si funciona let's see if it works. **veo que sí** I see it does (lit. I see that yes).

que no se me olvide I mustn't forget (lit. that I may not forget).

- **la caja de seguridad** safe.

para que guarde todas sus pertenencias so that you may keep all your belongings.

- **la llave** the key.
- **aquí arriba** up here.

vienen aquí come here. **Vienen** is from the verb **venir**, to come.

- **de todas maneras** anyway/at any rate.

si tiene alguna duda if you are in any doubt (lit. if you have any doubt).

- **nos consulta** you consult us.

o llama abajo or you call (telephone) downstairs/below.

me lo dice you tell me (about it) (lit. to me it you tell).

Practice what you have learned

4 Listen to the dialogue again and mark with a ✓ those facilities from the list below that you hear on the recording. (Answers p. 74)

		sí	no
(a)	el baño		
(b)	aire acondicionado		
(c)	minibar		
(d)	termostato		
(e)	emisoras de música		
(f)	caja de seguridad		
(g)	televisión		
(h)	mando a distancia		
(i)	teléfono		

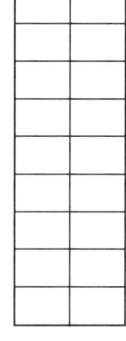

5 You will find these terms useful:
arriba up/upstairs   **encima** above/on top   **delante** in front
abajo down/below   **debajo** underneath   **detrás** behind

Listen to the text on the recording and fill in the missing words as you hear them spoken. (Answers p. 74)

El cliente está .... en recepción.

Toma las llaves de la habitación, que está .... en el quinto piso.

Entra en su habitación y encuentra: una llave .... de la caja de seguridad, un teléfono y .... una lista de facilidades del hotel, un televisor que está .... de la cama, y una lista de precios que está .... de la puerta.

6 You are now in your hotel room. You find that some of the facilities are malfunctioning, such as the thermostat, and you can only obtain one channel on the television. You call reception.

You will be prompted with what to say, then you say it in Spanish.

UNIT 4   63

Dialogues

3 *Elia finds out from the receptionist whether it is possible to organize conferences in the hotel.*

Elia	Hola, buenas tardes.
recepcionista	Buenas tardes.
Elia	Soy de Relaciones Públicas de una empresa norteamericana, quisiera conocer los servicios que ofrecen ustedes para conferencias.
recepcionista	Sí, sí, con mucho gusto. Como usted puede ver aquí en este folleto de información, tenemos salas de una gran amplitud, de una capacidad entre ciento cincuenta, y doscientas personas; goza de buena megafonía, y con servicio de traducción simultánea. Además, hay un proyector de transparencias, y si desea, podemos ofrecerle personal de apoyo, como ordenanzas, azafatas de congreso, taquígrafas...
Elia	¿Son profesionales, verdad?
recepcionista	Sí, sí, desde luego.
Elia	De acuerdo, muy bien, prepáreme los documentos, para hacer la reserva.
recepcionista	Muy bien, muchas gracias.
Elia	Adiós, buenas tardes.
recepcionista	Adiós.

- **Relaciones Públicas** Public Relations.
- **conocer** to know about/to get to know (someone).
- **conferencias** conferences.
- **con mucho gusto** with great pleasure.
  como as/like.
- **folleto** pamphlet/brochure.
  salas de una gran amplitud large rooms with lots of space. **capacidad** capacity.
  de... entre of... between.
  ciento cincuenta y doscientas one hundred and fifty and two hundred.
  goza it enjoys (has/possesses).
- **megafonía** public-address system.
  traducción simultánea simultaneous translation.
  proyector de transparencias slide projector.
- **ofrecer** to offer
- **personal de apoyo** support staff.
- **ordenanzas** assistants.
- **azafatas de congreso** hostesses.
- **taquígrafas** shorthand writers.
- **profesionales** professionals.
- **¿... verdad?** isn't that so? (lit. true?) *Note:* this expression is used when we expect confirmation of what has been said previously. Good linguistic style demands its use at the end of the phrase, or it follows in question form, e.g: **¿vas a la oficina mañana, verdad?** or **mañana vas a la oficina ¿verdad?**
- **desde luego** of course.
  prepáreme prepare for me. This term comes from the verb **preparar**, to prepare.
- **hacer la reserva** to make the reservation.

Practice what you have learned

7 Listen to the dialogue again and answer the following questions. (Answers p. 74)

(a) ¿Qué quisiera conocer Elia? ....

(b) ¿Cómo son las salas? ....

(c) ¿De qué gozan las salas? ....

(d) ¿Qué hay además en las salas? ....

(e) ¿Qué personal de apoyo pueden ofrecer si se desea?

....

(f) ¿Es profesional el personal de apoyo que ofrece el hotel?

....

8 Find in the **sopa de letras** (word scramble) 12 facilities you may need in order to organize a conference/business convention, plus four drinks, and three **palabras fantasmas** (ghost words). (Answers p. 74)

A	E	N	A	T	L	U	M	I	S	N
R	I	O	E	D	I	V	A	T	L	O
O	R	D	E	N	A	N	Z	A	S	I
D	A	E	S	M	B	T	A	C	E	C
A	I	L	T	E	L	E	F	O	N	C
I	R	E	F	G	U	L	A	S	V	U
P	E	P	C	A	F	E	T	E	I	D
O	T	A	R	F	F	X	A	L	N	A
C	E	P	R	O	Y	E	C	T	O	R
O	F	A	X	N	L	A	I	R	E	T
T	A	Q	U	I	G	R	A	F	A	I
O	C	E	T	A	L	O	C	O	H	C
F	P	A	N	T	A	L	L	A	S	L

9 Imagine that a colleague of yours is preparing a presentation for a business conference, and he/she is asking you which items from the list below are available for use.

You'll be prompted with what to say, then you say it in Spanish.

asequible, available	**no asequible**, not available
projectors	
screens - 2 -	
video - p.m. -	video - a.m. -
fax	telex
photocopier	

UNIT 4   65

Dialogues

4 *Elia has decided which of the hotel's facilities she needs for the business convention. She makes the necessary reservations and signs the appropriate documents at the desk.*

Elia	Hola buenas tardes.
recepcionista	Buenas tardes.
Elia	¿Tiene los documentos preparados para reservar la sala de conferencias?
recepcionista	Sí, sí, aquí están, ¿sabe ya la relación de los servicios que va a contratar?
Elia	Sí, aquí los tengo: dos pantallas, dos proyectores, azafatas, servicio de traducción simultánea...
recepcionista	Y, ¿sabe ya cuántas personas van a asistir?
Elia	Aproximadamente, ciento setenta y cinco personas. Queremos contratar el servicio de cafetería para todos ellos.
recepcionista	De acuerdo, ¿para cuánto tiempo, por favor?
Elia	Son tres jornadas, lunes, martes y miércoles de la próxima semana.
recepcionista	Muy bien, ¿firma este documento, por favor?
Elia	Sí.
recepcionista	Si tiene algún problema, aquí estamos.
Elia	Muy bien, muchas gracias.
recepcionista	De nada.
Elia	Adiós, buenas tardes.
recepcionista	Adiós.

- **preparados** prepared.

  reservar to reserve.

  ¿sabe ya ...? do you already know? **Sabe** comes from the verb **saber**, to know/to know how to.

- **la relación de servicios** the list of services.

- **pantallas** screens.

  asistir to attend.

  ciento setenta y cinco one hundred and seventy-five.

- **para todos ellos** for all of them.

  ¿para cuánto tiempo? for how long? (lit. for how much time?).

  jornadas working days. *Note:* the terms **la jornada de trabajo/el día laboral** both mean 'the working day'.

  lunes, martes, miércoles Monday, Tuesday, Wednesday. The other days of the week are: **jueves, viernes, sábado, domingo**.

- **la próxima semana** the next/following week.

- **si tiene algún problema, aquí estamos** if you have any problems, we are here. *Note:* this is the widely used form of what should strictly be: **si tiene algún problema, aquí estamos a su disposición** (if you have any problems, we are here at your disposal).

Practice what you have learned

10 Listen to the dialogue again and, as you hear them, mark with a ✓ the facilities that Elia has booked. (Answers p. 74)

servicio de traducción simultánea ☐	servicio de cafetería ☐
2 pantallas ☐	servicio de telex ☐
ordenanzas ☐	2 proyectores ☐
2 vídeos ☐	2 televisores ☐
micrófonos ☐	azafatas ☐
fotocopiadora ☐	servicio de fax ☐

11 You will find the following terms useful:
hoy today   **ayer** yesterday   **mañana** tomorrow
anteayer the day before yesterday   **la próxima semana** next week
pasado mañana the day after tomorrow
la semana pasada/anterior last week

There is a calendar month below to help you. Listen to the text on the recording and complete the sentences below. (Answers p. 74)

ABRIL						
lunes	martes	miércoles	jueves	viernes	sábado	domingo
1	2	3	4	5	6	7
8	9	10	11	12	13	14
15	16	17	18	19	20	21
22	23	24	25	26	27	28
29	30					

Ejemplo: Hoy,   el   lunes   15   de   abril

(a) ...., el .... 16 ....
(b) ...., el .... 14 ....
(c) ...., el .... 13 ....
(d) ...., el .... 17 ....
(e) la ...., del .... 22 al .... 28 de abril.
(f) la.................., del .... 8 al .... 14 de abril.

12 For this activity, imagine you have organized the program below, for a three-day business conference, and you receive a call from a person hoping to attend, but first he/she wants to know the timetable.

You'll be prompted with what to say, then you say it in Spanish.

PROGRAMA
1ª jornada: BIENVENIDA por los Directores; CARTERA; CONTABILIDAD.
2ª jornada: NEGOCIADO; TECNICO; INFORMATICA.
3ª jornada: PRODUCCION; RECURSOS HUMANOS; CONSULTAS.

Key words and phrases

¿me puede decir...? / ¿puede decirme...?	can you tell me...?
el horario	the timetable
voy a salir	I am going out
¿a qué hora abren?	at what time do they open?
el almuerzo	the lunch
cenar	to dine/to have dinner
a partir de	(as) from
detrás de	behind
tarifa de precios	price list/rates
muy amable	very kind
aire acondicionado	air conditioning
a su gusto	to your taste
como usted prefiera	as you prefer
la caja de seguridad	the safe
la llave	the key
aquí arriba	up here
de todas maneras	anyway/at any rate
si tiene alguna duda	if you are in any doubt
abajo	downstairs/below
conocer	to know (about)/to get to know (someone)
conferencias	conferences
con mucho gusto	with great pleasure
folleto	pamphlet/brochure
megafonía	public-address system
personal de apoyo	support staff
¿... verdad?	isn't that so?
hacer la reserva	to make the reservation
¿sabe ya...?	do you already know...?
la relación de	the list of
¿para cuánto tiempo?	for how long?
jornada de trabajo/día laboral	working day
lunes	Monday
martes	Tuesday
miércoles	Wednesday
jueves	Thursday
viernes	Friday
sábado	Saturday
domingo	Sunday
la próxima semana	(the) next week
si tiene algún problema	if you have any problem
estamos a su disposición	we are at your disposal
aquí estamos	here we are

Grammar

Haber

Haber, to have, is an auxiliary verb which is used to conjugate certain tenses of other verbs, as in the case of the perfect tense below, but it is seldom used by itself.

The past participle

When a past participle is used without an auxiliary verb, it follows the same rules as an adjective, agreeing in the same way with the noun, e.g:
el ascensor está estropeado   the lift is broken
las listas están preparadas   the lists are prepared

The perfect tense

This tense is formed, as in English, with the present tense of **haber**, to have, and the past participle of the progressive verb in use, e.g:
he deseado   I have wished

For all the regular verbs, just two different endings are used to form the past participle:
ar → ado   **er/ir → ido**

for example:
desear → deseado   to wish, wished
querer → querido   to want, wanted
vivir → vivido   to live, lived

Present tense of	haber	
(yo)	he	I have
(tú)	has	you have
(él, ella, Ud.)	ha	he/she has, you have (polite)
(nosotros/as)	hemos	we have
(vosotros/as)	habéis	you have
(ellos, ellas, Uds.)	han	they have/you have (polite)

Perfect tense of:	desear	querer	vivir
he	deseado	querido	vivido
has	deseado	querido	vivido
ha	deseado	querido	vivido
hemos	deseado	querido	vivido
habéis	deseado	querido	vivido
han	deseado	querido	vivido

Note: A few regular verbs become irregular in the past participle, e.g:
escribir → escrito

but the irregularities will have to be learned as you encounter them, e.g:
ir → ido   to go, gone
ver → visto   to see, seen
hacer → hecho   to do/make, done/made

Important note: An auxiliary and the past participle jointly conjugated, in whichever tense, must not be separated.

13 To practice the perfect tense, match the following sentences.
(Answers p. 74)

1   He preparado los documentos.
2. ¿Cuántos días has estado allí?
3. Hemos vendido bien nuestro diseño.
4. ¿Qué has visto?
5. Han hecho un programa.
6. ¿Adónde ha ido?

(a) How many days have you been there?
(b) Our design has sold well.
(c) What have you seen?
(d) I have prepared the documents.
(e) Where has he/she gone?
(f) They have made up a program.

Superlatives

There are several ways of forming the superlative. Here are two:
by placing the word **muy** in front of the adjective or, by adding the suffix **ísimo/a** to the adjective, e.g:
muy bueno/a or **buenísimo/a**
muy grande or **grandísimo/a**
muy inteligente or **inteligentísimo/a**

Numbers

cien / ciento (no change)	a hundred / one hundred
doscientos / doscientas	two hundred
trescientos / trescientas	three hundred
cuatrocientos / cuatrocientas	four hundred
quinientos / quinientas	five hundred
seiscientos / seiscientas	six hundred
setecientos / setecientas	seven hundred
ochocientos / ochocientas	eight hundred
novecientos / novecientas	nine hundred

Read and understand

Here are a few facilities offered by some centers.

> SALONES para:
> CONFERENCIAS. SIMPOSIOS.
> REUNIONES DE NEGOCIO.
> JUNTAS GENERALES.
> ACTOS CULTURALES.
> CONVENCIONES.

SALON DE TEATRO O DE PROYECCION

Idóneo para juntas generales, actos culturales convenciones o de proyección cinematográfica, representaciones sociales o artísticas. Escenario de grandes dimensiones.
Con capacidad para 400 localidades, en butacas confortables a distintos niveles y con una visibilidad óptima desde todos sus ángulos del recinto.
Equipado con salidas de emergencia y seguridad, amplios servicios de aseo, camerinos, telón móvil y adaptador de pantalla. Gran equipo de megafonía y luminotecnia. Espacioso y acogedor vestíbulo de entrada, y sala de fumadores.

SALA DE ASAMBLEAS

Apropiada para simposios, reuniones y asambleas.
Entorno clásico y distinguido.
Capacidad para 150 personas cómodamente instaladas en butacas con respaldo-escritorio individual.
Antedespacho de presidencia y oradores.
Amplio vestíbulo de entrada para mayor fluidez, y modernos servicios de aseo. Dispone de cómoda sala de fumadores.

AULA CULTURAL

Habilitada para grupos de 25 personas.
Todos los actos celebrados en nuestros recintos, cuentan con la asistencia y asesoramiento de servicios de personal de nuestra entidad.

SALA DE JUNTAS

Capacidad para 12 personas.
Propia para reuniones privadas o grupos reducidos de dirección.
Dotada con biblioteca de consulta.

Amplios accesos de entrada y salida a los distintos salones

salón	large room
simposios	symposia
juntas generales	general meetings/assemblies
idóneo	suitable/convenient
escenario	stage
localidades	theater/cinema seats/place
butacas	stalls/easy chairs
niveles	levels
recinto	enclosure
equipado	equipped
servicios de aseo	washing and toilet facilities
telón móvil	movable drop curtain
gran equipo de megafonía y luminotecnica	public-address system and lighting
acogedor vestíbulo	entrance hall
sala de fumadores	smoking room (lit. room for smokers)
entorno	surroundings
cómodamente	comfortably
respaldo-escritorio individual	fold-away writing table (fitted to the back of the chair in front)
asesoramiento	advice
nuestra entidad	our society/firm
grupos reducidos	small/limited groups
dotada	equipped/fitted
biblioteca de consulta	reference library
salida	exit

Did you know?

Spaniards tend to keep their business lives separate from their private ones. Consequently, any business entertaining is usually done in cafés or restaurants.

So, to be invited to the home of a colleague or business acquaintance, be it for drinks, a meal, or to meet the family, is considered an act of real and sincere friendship. In such cases certain rules need to be observed.

- For instance, one should never arrive bearing gifts of food, wine or flowers. They might be considered by some as an interference, or a disruption of the preparations. If you wish to give a present, wines should be sent, prior to the date, to the head of the family and flowers or chocolates, before or after, to the lady of the house.

Never send chrysanthemums or dahlias. In Spain, these flowers are used as a tribute to the dead.

- When being introduced to members of the family, protocol dictates that a gentleman should shake hands with single ladies, but kiss the hand of a married lady.

- Children are very much a focal point in Spanish families, and you are very likely to be introduced to them. Make a fuss of them, as reactions are usually watched with interest. If you decide to give presents to the children, these should always be via the parents. In which case, remember that sweets and chocolates should be handed to the mother for the children, or ask her permission first for you to give them to the children. In the case of other items such as toys and souvenirs, the father's approval should first be sought.

La sobremesa

Meals are generally treated with reverence in Spain. While seated around a table eating, the conversation should be of a social nature. Important discussions, deals, agreements, etc., should be left until after the meal. This period of time is called **la sobremesa**. The rationale behind this is that meals are meant to be enjoyed and it would be thought by many an insult to the cook/chef, to spoil the appreciation of a dish by arguing. One should therefore wait until the coffee and liqueurs arrive, to discuss business.

Note also that it may be thought rude or inconsiderate to leave any food on your plate, when eating at someone's home in Spain. So try to make sure you are not given too much to start with.

Your turn to speak

14 Imagine that a business acquaintance has asked you to describe the conference facilities that your imaginary company can offer. With help from the vocabulary given in Read and understand, put together a description of two appropriate conference rooms, one for up to 50 people and another for 10 people.

Listen to the example on the recording and look at the model text below, but remember that your version could be different yet still correct.

Answers

Practice what you have learned

p. 61 Exercise 1 1 (**c**); 2 (**a**); 3 (**d**); 4 (**b**)

p. 61 Exercise 2 vestido: planchar, 1; falda: limpiar, 1; blusa: lavar, planchar, 2; pañuelo: lavar, planchar, 3; camisón: lavar, planchar, 1

p. 63 Exercise 4 (**a**) sí (**b**) sí (**c**) no (**d**) sí (**e**) no (**f**) sí (**g**) sí (**h**) no (**i**) no

p. 63 Exercise 5 abajo; arriba; encima; debajo; delante; detrás

p. 65 Exercise 7 (**a**) los servicios que ofrecen para conferencias (**b**) de una gran amplitud (**c**) de buena megafonía y con servicio de traducción simultánea (**d**) un proyector de transparencias (**e**) ordenanzas, azafatas de congreso y taquígrafas (**f**) sí, sí, desde luego

p. 65 Exercise 8 facilities: *across* - simultánea (rev.), vídeo (rev.), ordenanzas, proyector, fax, taquígrafa, pantallas; *vertical* - traducción (up), fotocopiadora (up), cafetería, megafonía, telex, azafata; drinks: *across* - café, té, chocolate (rev); *vertical* - vino; ghost words: *across* - aire; *vertical* - papel (up), tacos

p. 67 Exercise 10 Elia has booked: servicio de traducción simultánea; servicio de cafetería; pantallas; 2 proyectores; azafatas

p. 67 Exercise 11 (**a**) Mañana, el martes 16 de abril (**b**) Ayer, el domingo 14 de abril (**c**) Anteayer, el sábado 13 de abril (**d**) Pasado mañana, el miércoles 17 de abril (**e**) La próxima semana, del lunes 22 al domingo 28 de abril (**f**) La semana pasada, del lunes 8 al domingo 14 de abril

Grammar

p. 70 Exercise 13 1 (**d**); 2 (**a**); 3 (**b**); 4 (**c**); 5 (**f**); 6 (**e**)

Your turn to speak

p. 74 Exercise 14 (model text)
Nuestra **Sala de asambleas** tiene una capacidad para cincuenta personas, con acústica y megafonía excelentes. Tiene un entorno distinguido y dispone de butacas cómodas con respaldo-escritorio individual.
Además hay un buen vestíbulo de entrada, y amplios aseos.

La **Sala de Juntas**, de que disponemos, es muy apropiada para grupos reducidos y reuniones privadas, de hasta 10 personas. Es una sala atractiva y acogedora, y está dotada con biblioteca de consulta.

Para los actos celebrados en nuestros recintos, el personal de nuestra entidad puede ofrecer asistencia y asesoramiento de servicios.

5 ORDERING DRINKS AND SNACKS

You will learn
- how to order breakfast from your hotel room
- how to ask for drinks and snacks in a café
- how to order drinks and snacks in a bar
- how to ask for and pay the bill

Study guide

Dialogue 1 + Practice what you have learned
Dialogue 2 + Practice what you have learned
Dialogue 3 + Practice what you have learned
Dialogue 4 + Practice what you have learned
Key words and phrases
Grammar
Read and understand
Did you know?
Your turn to speak

UNIT 5   75

Dialogues

1 *In this first dialogue we listen to a hotel client telephoning room service to order breakfast for two.*

señora	Buenos días.
camarero	Servicio de cafetería, ¿dígame?
señora	Buenos días, por favor, quisiera un desayuno para habitación.
camarero	Sí, ¿cómo lo quiere usted, continental o americano?
señora	¿En qué consiste el continental, por favor?
camarero	Bueno, pues el continental tiene usted: café o té, con leche o solo, un zumo de frutas y bollería, panecillos, ensaimadas, mantequilla y mermelada, solamente eso.
señora	Muy bien, entonces para mí: un té con panecillos, mantequilla y mermelada; y para mi marido: café con leche y una tostada con mantequilla y mermelada.
camarero	Muy bien, ¿le gustaría muy caliente o más bien templado?
señora	Templado, por favor.
camarero	Muy bien, ¿me dice usted su número de habitación?
señora	Sí, la doscientos veintidós.
camarero	Muy bien, muchas gracias, en seguida se lo servimos.
señora	Gracias, adiós.

- **camarero** waiter. Spaniards often specify after the noun the type of waiter, e.g. **camarero de mesa** would be 'table waiter'. In some parts of Latin America you will hear **mesero** for 'table waiter'.
- **un desayuno para habitación** breakfast in the room.
- **¿cómo lo quiere usted...?** how do you want it...? (lit. how it want you...?)
- **¿en qué consiste...?** what does it consist of?
- **café o té** coffee or tea.
- **con leche o solo** with milk or black (lit. on its own).
- **zumo de frutas** fruit juice. You may also hear **jugo de fruta**(s).
- **bollería, panecillos, ensaimadas** sweet buns, bread rolls, spiral pastries. The latter are a speciality of Mallorca, and they come in many sizes.
- **mantequilla y mermelada** butter and marmalade.
- **solamente** only.
- **para mí** for me.
- **para mi marido** for my husband.
- **una tostada** (a) toast.
- **muy caliente** very hot.
- **más bien** rather.
- **templado** warm.
- **su número de habitación** your room number.
- **la doscientos veintidós** two hundred and twenty-two; in this case the word **la** replaces **habitación**.
- **en seguida** right away.
- **se lo servimos** we serve it to you/we will serve it to you (lit. to you it we serve).

Practice what you have learned

1 Listen to the dialogue again and complete the following sentences as you hear them. (Answers p. 89)

(a) por favor, quisiera ....

(b) sí, ¿ .... continental, o americano?

(c) ¿ .... el continental, por favor?

(d) ¿le gustaría .... ?

(e) ¿me dice usted .... ?

(f) muchas gracias, ...

2 In this speaking activity, you decide to have your breakfast in the hotel dining room. There's a breakfast menu below.

You will be prompted with what to say, then you say it in Spanish. Don't forget to check your responses afterwards.

LE MEJOR MANERA DE EMPEZAR EL DIA ES CON

SUCULENTOS DESAYUNOS INTERNACIONALES

SERVICIO DE MESA

ZUMO DE NARANJA NATURAL
Fresh orange juice

AVENA, MAIZ, CRISPIS
Porridge, Corn flakes, Crispies

FRUTA DEL TIEMPO
Fresh fruit

YOGURT
Yogurt

HUEVOS A SU GUSTO
Eggs cooked to your taste

TORTILLA DE JAMON O QUESO
Ham or cheese omelette

HUEVOS CON TOCINO
Bacon and eggs

RACION DE QUESO
Cheese portion

RACION DE JAMON DE YORK
Portion of cooked ham

SELECCION DE BOLLERIA, PANECILLOS O TOSTADAS
MANTEQUILLA, MARGARINA, MERMELADA, CONFITURA
CAFE - TE - LECHE - CHOCOLATE

Note: In Spain, **una tortilla**, an omelette, is made with eggs, whereas in Latin America, **una tortilla** is a flat cake made from ground maize.

Dialogues

2 *While discussing a business deal, Juan Carlos and Elia have decided to go to a café for a snack. They know the waiter well enough to address him as 'tú'.*

camarero	Buenos días señores ¿qué desean?
Juan Carlos	Hola buenos días; pues, estamos un poco indecisos, ¿nos puedes aconsejar un poquillo?
camarero	Sí, vamos a ver, ¿qué es, para comer o beber?
Juan Carlos	Las dos cosas, hombre.
camarero	Pues, mire, para beber tenemos de todo, desde refrescos, cervecita..., pues lo que les apetezca; y, para comer, bollería, o salado.
Juan Carlos	Bueno, de entrada, para beber, yo voy a tomar un café, ¿Y tú, qué vas a tomar?
Elia	Yo, una caña de cerveza.
Juan Carlos	Eso para beber, ¿y de comer, qué nos has dicho que tienes?
camarero	Pues, bollería tenemos cruasáns, napolitanas... todo tipo de bollos; y luego salado, pues tenemos tapas, varias, desde calamares, pulpo, mejillones, chorizo... lo que les apetezca, vamos.
Juan Carlos	Pues, ¿tienes pinchos de tortilla?
camarero	Sí, por supuesto.
Juan Carlos	Para mí, uno.
Elia	Eh, a mí, ponme un pincho moruno.
camarero	Vale, de acuerdo.

---

estamos un poco indecisos we are not sure (lit. we are a bit undecided).

► **¿nos puedes aconsejar un poquillo?** can you advise us a little? *Note:* the diminutive **poquillo** is explained in the grammar section.

¿qué es, para comer, o beber? what do you want, food or drinks?

las dos cosas, hombre both (lit. the two things, man). *Note:* these colloquial expressions are commonly used in Spain: **hombre, mujer, chico/a, niño/a** man, woman, boy, girl, child, according to the listener's size and gender, to add emphasis to what is being said.

para beber tenemos de todo desde refrescos, cervecita... we have all kinds of drinks (lit. to drink we have of everything) from soft drinks, beer...

lo que les apetezca whatever you feel like/fancy (lit. that which you might feel like). **Apetezca** comes from the verb **apetecer**, to long for/crave.

► **bollería o salado** buns or salty morsels. **de entrada** to start with. *Note:* **platos de entrada** has much the same meaning as **entremeses**, appetizers/starters.

► **una caña de cerveza** a glass of beer (draft/from the barrel). **Caña** refers to the special glass used to serve this kind of beer.

► **¿qué nos has dicho...?** what have you told us...? (lit. what to us have you told...?). **Dicho** told/said, comes from the irregular verb **decir**, to say.

cruasáns, napolitanas croissants, Neopolitan buns. **todo tipo de bollos** all kinds of buns. Note: although **bollos** is in the plural, **todo tipo** stays singular.

► **tapas** appetizers. We shall deal with this later in the Unit.

calamares, pulpo, mejillones, chorizo squid, octopus, mussels, spicy sausage.

► **¿tienes pinchos de tortilla?** do you have any slices of omelette?

ponme I'll have (lit. put me/put for me). **Pon** comes from the irregular verb **poner**, to put.

un pincho moruno shish kebab.

Practice what you have learned

3 Based on the dialogue you have just heard, match the following words and expressions. (Answers p. 89)

1. para beber
2. una caña de cerveza
3. salado
4. tenemos de todo
5. de entrada
6. para tomar
7. para comer
8. tapas
9. tomar un café
10. ¿qué vas a tomar?

(a) to have a coffee
(b) salty morsels
(c) an appetizer
(d) to have
(e) a glass of draft beer
(f) what are you going to have?
(g) we have everything
(h) to drink
(i) little snacks
(j) to eat

4 Here are a few more expressions to help you:
tener hambre to be hungry   **tener sed** to be thirsty
tener sueño to be sleepy   **tener ganas de...** to want to...
ir de paseo to go for a stroll   **pasear** to stroll

Listen to the recording, where you will hear about Sr. Pérez's day, **un día del Sr. Pérez**. Fill in the missing words with the help of the drawings below. (Answers p. 89)

Es un día de mucho sol y el Sr. Pérez .... ir de paseo. Sale de su casa y va a un gran parque en el centro de la ciudad, está muy contento, y pasea distraído contemplando las plantas.

El sol es fuerte y el Sr. Pérez .... Va a un quiosco de bebidas y después de tomarse una cerveza fría continúa paseando.

Pero pronto, también .... y decide tomarse un bocadillo en otro quiosco del parque.

Finalmente, decide abandonar el paseo y regresar a casa, pues con tanto aire fresco el Sr. Pérez ahora ....

5 For this speaking activity, imagine that you are in a Spanish café with two friends, and they have asked you to order some drinks and appetizers for them.

You will be prompted with what to say, then you say it in Spanish. Then check your responses.

Dialogues

3 *In this dialogue, Juan Carlos is with a different business acquaintance, ordering drinks and snacks. They are in a typical Asturian bar which specializes in the local cider.*

camarero	Buenos días señores, ¿qué desean?
Juan Carlos	Hola, buenos días, ¿Tenéis alguna especialidad de la casa?
camarero	Pues, sí, esto es un bar asturiano, tenemos una sidra asturiana ¡estupenda!
Juan Carlos	Ah, pues me parece muy bien, ¿y a ti?
señorita	Sí, muy bien.
Juan Carlos	Pues, estupendo, ponnos dos vasitos de sidra.
camarero	Vale, ¿desean algunas tapas?
Juan Carlos	Sí, ¿no?, ¿qué tapas tienes?
señorita	Sí...
camarero	Pues, tenemos sangüiches variados, pinchos de tortilla, montados de lomo, morcilla, chorizo, o, quizá prefieran alguna ración de calamares, patatas bravas, sepia...
Juan Carlos	Ah sí, sí, es suficiente, yo creo que unas bravas...
señorita	Pero, ¿otra vez vamos a comer lo mismo?, vamos a cambiar...
Juan Carlos	Bueno, pues entonces... ¿te gustan los calamares?
señorita	Vale, de acuerdo.
Juan Carlos	Pues una de calamares, y, el queso va muy bien con la sidra, ¿te apetecen unas tapitas de queso?
señorita	Sí, sí, pero no muy fuerte, por favor.
Juan Carlos	Pues entonces, éso.
camarero	De acuerdo.

¿tenéis alguna especialidad de la casa? what is your house speciality? (lit. do you have some speciality of the house?) *Note:* Juan Carlos again uses the familiar form to the waiter, which is not normal practice unless he is a friend.

esto es un bar asturiano this is an Asturian bar. **Asturiano** means 'from Asturias', in the north of Spain. **una sidra asturiana** an Asturian cider.

♦ **me parece** it seems to me. **¿y a ti?** and to you?: meaning (how does it seem to you?)

ponnos dos vasitos de sidra we'll have two glasses of cider (lit. put us two little glasses of cider). *Note:* we shall be dealing with diminutives in the grammar section.

sangüiches variados various sandwiches. **sangüiche** is **un anglicismo**, an anglicism.

montados de lomo, morcilla, chorizo spicy pork, black sausage, spicy sausage.

♦ **patatas bravas, sepia** spicy potatoes, cuttlefish. **yo creo que** I think/believe that.

¿otra vez vamos a comer lo mismo? are we going to eat the same again? (lit. another time we are going to eat the same).

vamos a cambiar... let's have something different... (lit. we are going to change...)

♦ **¿te gustan?** do you like...? *Note:* **gustar**, to like, is explained in the grammar section.

♦ **Vale** okay/all right. This comes from the verb **valer**, to be worth.

el queso va muy bien con la sidra cheese goes very well with cider.

¿te apetecen unas tapitas de queso? do you feel like some cheese appetizers? *Note:* the verb **apetecer**, to feel like, is explained in the grammar section.

pues entonces, éso well, we'll have that then (lit. then then, the latter).

Practice what you have learned

6 Listen to the dialogue again and answer the following questions, based on the conversation. (Answers p. 89)

(a) ¿tienen alguna especialidad de la casa?
....
(b) ¿qué sangüiches tienen?
....
(c) ¿tienen patatas bravas?
....
(d) ¿van a comer lo mismo?
....
(e) ¿qué va muy bien con la sidra?
....
(f) ¿qué van a beber?
....
(g) ¿qué van a comer?
....

7 Now listen to the recording, where you will hear an explanation about **la tortilla española**, the Spanish omelette. Mark with a ✓ the words from the list below that you hear on the recording. (Answers p. 89)

tortilla	☐	típico	☐	original	☐
centro	☐	tradicional	☐	tomates	☐
cebollas	☐	nada más	☐	manjar nacional	☐
caliente	☐	plato de comida	☐	española	☐
Norte	☐	Castilla	☐	región	☐
patatas	☐	huevos	☐	sal y pimienta	☐
cafés	☐	frío	☐	pincho de tapa	☐
en casa	☐				

8 For this speaking exercise, imagine that you are in a Spanish bar with some friends. You would like to try some **tapas**, and as you speak the language better, they have asked you to order for them. To help you, we have prepared a list of the sort of tapas you might find in a Spanish bar.

You'll be prompted with what to say, then you say it in Spanish.

EL MADRILEÑO	MARISCOS shellfish	PESCADOS fish	CARNES meats	VARIADOS various
Pinchos kebabs	**gambas** prawns	**calamares** squid	**jamón** ham	**tortilla** omelette
Raciones portions	**ostras** oysters	**boquerones** fresh anchovies	**chorizo** spicy sausage	**queso** cheese **almendras** almonds
Bocadillos sandwiches	**mejillones** mussels	**sepia** cuttlefish	**pinchos morunos** shish kebabs	**aceitunas** olives

UNIT 5

Dialogues

4 *Feeling refreshed after the pleasant break from the office, Juan Carlos asks the waiter for the bill. He addresses the waiter in the polite form this time.*

Juan Carlos	Por favor camarero, ¿nos da la cuenta?
camarero	¿No desean tomar ustedes nada más?
señorita	No, gracias.
Juan Carlos	Estaba todo muy bueno.
camarero	¿Qué han tomado los señores?
Juan Carlos	Pues hemos tomado, una de calamares, los taquitos de queso, y dos vasos de sidra.
camarero	Al queso están ustedes invitados; ahora mismo les preparo la cuenta.
señorita	Muchas gracias.
camarero	Me deben ustedes, cuatrocientas ochenta pesetas.
señorita	No cambies, las tengo yo sueltas.
Juan Carlos	Gracias. Aquí tiene, quinientas.
camarero	Espere, ahora mismo le doy el cambio.
Juan Carlos	No, no es necesario, quédese con él.
camarero	Pues muchas gracias, ¡hasta la vuelta...!
Juan Carlos	Adiós.
señorita	Adiós.

- **¿nos da la cuenta?** can you give us the bill? (lit. to us you give the bill?)

  ¿no desean tomar nada más? don't you wish to have anything else?

  estaba todo muy bueno it was all very good. *Note:* we shall be dealing with the imperfect tense in Unit 10.

- **¿qué han tomado...?** what did you have...? (lit. what have you had?)
- **hemos tomado** we have had.

  una (ración) de calamares a portion of squid.

  los taquitos de queso the cubes of cheese. *Note:* in Spain **taco** means piece/cube, while in Latin America it means a rolled-up **tortilla** with a filling.

- **están ustedes invitados** you are invited (i.e. the cheese is on the house).
- **ahora mismo** at once/right away.
- **les preparo la cuenta** I will prepare the bill for you (lit. I prepare the bill for you). **Preparo** comes from the verb **preparar**, to prepare.

  me deben you owe me. **Deben** comes from the verb **deber**, to owe, ought.

  no cambies don't change (a bill). **Cambies** comes from the verb **cambiar**, to change.

  las tengo yo sueltas I have it in loose change (lit. them I have loose); **las** and **sueltas** refer to **pesetas**.

- **aquí tiene** here you have.

  espere just a moment (lit. wait). **Espere** comes from the verb **esperar**, to wait/to hope.

  le doy el cambio I'll give you the change (lit. I give you the change). **Doy** comes from the irregular verb **dar**, to give.

- **quédese con él** keep it. **Quédese** comes from the verb **quedarse** (**con**), to keep/retain. Note: sometimes **el cambio**, the change, is left as a **propina**, tip. More about this in the Did you know? section.

  ¡hasta la vuelta...! until next time! (lit. until the return!).

Practice what you have learned

9 Listen to the dialogue again and answer the following questions. (Answers p. 89)

(a) ¿qué pregunta Juan Carlos al camarero?
....
(b) ¿qué responde el camarero?
....
(c) ¿qué han tomado Juan Carlos y la señorita?
....
(d) ¿a qué están invitados por la casa?
....
(e) ¿cuándo les prepara el camarero la cuenta?
....
(f) ¿cuánto tienen que pagar?
....
(g) ¿qué propina dan al camarero?
....

10 You are having **tapas** and drinks at a bar with some friends. You ask for the bill, but it has only the amounts spent and you want to check if it is correct (**¿está correcta la cuenta?**). From the menu below, work out what you have consumed, and write in the items consumed on the bill.

La taberna

Raciones		Bebidas	
calamares	350	cerveza	100
sepia	300	vino, vaso	55
boquerones	250	licores	150
gambas	550	zumos	125

Bocadillos

tortilla	160	chorizo	225
jamón	800	queso	200

(Answers p. 89)

Bar-Restaurante
Servicio de mesa

consumición	precio
2	200
2	110
2	250
1	350
1	250
1	300
2	320
2	400
Subtotal :	2.180
IVA :	261,60
Total :	2.441,60

Gracias por su visita

11 In this speaking activity you have just asked for the bill and it looks as if you are being overcharged. So you call the waiter and explain to him that there are two items on your bill that you didn't order. **hay dos errores en la cuenta**, there are two mistakes in the bill.

You'll be prompted with what to say, then you say it in Spanish, and later you can check your responses.

Key words and phrases

camarero	waiter
¿en qué consiste?	what does it consist of?
café	coffee
café con leche	coffee with milk
café solo	black coffee
té	tea
té con limón	lemon tea
té con leche	tea with milk
zumo de fruta(s)	fruit juice
más bien	rather
en seguida	right way
un poco indecisos	a bit undecided
aconsejar	to advise
para comer	to eat
para beber	to drink
tenemos de todo	we have everything
gustar	to like
apetecer	to feel like/to crave
de entrada	to start with
una caña de cerveza	a glass of draft beer
¿qué has dicho?	what have you said?
¿qué ha dicho?	what have you (polite) said?
todo tipo de...	all kinds of
de todos los tipos	of all kinds
especialidad de la casa	speciality of the house
me parece	it seems to me
creo que...	I think/believe that...
otra vez	another time/again
lo mismo	the same
vamos a cambiar	let's change
las tapas	appetizers
fuerte	strong
la cuenta	the bill
dar/presentar/preparar la cuenta	to give/to present/to prepare the bill
nada más	nothing else/no more
¿qué han tomado?	what did you (polite, plural) have?
una ración de...	a portion of...
está(n) usted(es) invitado(s)	you are invited (i.e. it's on the house)
ahora mismo	at once/right away
tener sueltas	to have loose (change)
aquí tiene	here you have
el cambio	the change
quédese con él	keep it
¡hasta la vuelta!	until next time!

Grammar

Diminutives

To form the diminutive, implying smaller than normal, the following endings are used:

ito/a or **illo/a**, for example:

copa → copita	vaso → vasito	hotel → hotelito
cosa → cosilla	pan → panecillo	libro → librillo

Note: poco → poquito/illo   taco → taquito/illo

The choice of one diminutive ending or the other is personal, although some people may interpret the ending **illo/a** as meaning less in value.

Impersonal se

When talking impersonally, the word **se** (one) is used in front of the 3rd person singular of the verb. It can be translated variously as 'one', 'you', 'people', 'we', e.g:

se habla español we speak Spanish (Spanish is spoken)
no se trabaja los días festivos people don't work on festive days
no se fuma aquí no smoking here
¡aquí se habla claro! here you have to speak bluntly!

Here is a notice displayed in some shops:
hoy no se fía, mañana sí we don't give credit today, tomorrow yes.

The verb gustar

Me gusta el vino means 'wine is pleasing to me'. Bear this in mind when learning how to use the verbs **gustar** and **apetecer** as set out below.

gustar to like   **apetecer** to fancy/feel like

+ a singular object (wine)

me	gusta/apetece el vino	I	like/fancy the wine
te	gusta/apetece el vino	you	like/fancy the wine
le	gusta/apetece el vino	he/she	likes/fancies the wine
le (Ud.)	gusta/apetece el vino	you	like/fancy the wine
nos	gusta/apetece el vino	we	like/fancy the wine
os	gusta/apetece el vino	you	like/fancy the wine
les	gusta/apetece el vino	they	like/fancy the wine
les (Uds.)	gusta/apetece el vino	you	like/fancy the wine

+ plural objects (wines)

me	gustan/apetecen los vinos	I	like/fancy the wines
te	gustan/apetecen los vinos	you	like/fancy the wines
le	gustan/apetecen los vinos	he/she	likes/fancies the wines
le (Ud.)	gustan/apetecen los vinos	you	like/fancy the wines
nos	gustan/apetecen los vinos	we	like/fancy the wines
os	gustan/apetecen los vinos	you	like/fancy the wines
les	gustan/apetecen los vinos	they	like/fancy the wines
les (Uds.)	gustan/apetecen los vinos	you	like/fancy the wines

12 Complete the following sentences. (Answers p. 90)

(a) ¿te gusta el café? Sí, ...
(b) ¿no te gusta el queso? No, ...
(c) ¿le (you polite) gustan las camisas? No, ...
(d) nos gusta la playa, ¿y a ti? Sí, ...
(e) ¿no les gustan las aceitunas? Sí, ...
(f) les gusta el café solo, ¿verdad? Sí, ...

13 Complete the following sentences. (Answers p. 90)

para mí	for me	→	Por favor, una cerveza ....
para ti	for you	→	¿es este café .... ?
para usted	for you (polite)	→	los mapas son ....
para él	for him	→	el diseño es ....
para ella	for her	→	.... es aquel dosier
para nosotros	for us	→	los modelos son ....
para vosotros	for you	→	¿es .... la cámara?
para ellos	for them	→	está bien ....
para ellas	for them	→	la jornada está organizada ....
para ustedes	for you (polite)	→	¿está claro .... ?

Note: The pronouns **mí**, 'me' and **sí**, 'himself', 'herself', 'itself', 'yourself', (polite) 'themselves', carry an accent but the pronoun **ti**, 'you', does not.

14 Fill in the missing words and numbers below. (Answers p.90)

Numbers

mil	1.000	**veinte mil**	20.000
dos mil	2.000	....	30.000
tres mil	3.000	....	40.000
cuatro mil	4.000	....	50.000
cinco mil	5.000	....	60.000
seis mil	6.000	....	70.000
siete mil	7.000	....	80.000
ocho mil	8.000	....	90.000
nueve mil	9.000	**cien mil**	....
diez mil	10.000	....	

Note: **un millón** = 1.000.000 (one million) *but*: **dos millones, tres millones,** etc.
Un billón is: one million × one million (12 zeros) (US trillion)
Un trillón is: one billion × one million (18 zeros) (US quintillion)

Read and understand

Los bocados caprichosos llamados 'tapas'

La generosidad española es bien conocida por todas partes, pero cuando a ella se unen creatividad y artesanía, el resultado conjunto ciertamente es obra sublime.

Se puede decir que ese triángulo lo han formado el pueblo artesano, la buena cocina y la generosidad del tabernero, ellos son quienes han configurado las celebradas tapas. Estas son en realidad un **tentempié o refrigerio**, mas originalidad en sabor y presentación, junto con el ambiente donde se toman, las han convertido en casi un culto.

Por tanto, lo más importante del **tapeo** es ir en pos de las especialidades, probando a la vez bocados desconocidos, deleitándose así con lo característico de cada bar y de cada cocina. Su elección es más bien, **a ojo**, por lo que la presentación tiene que ser atrayente en todo detalle, o **de oído**, pues la fama de la casa depende de los clientes satisfechos.

Cada individuo decide su propia **ruta de la tapa**, claro que, siempre teniendo en cuenta la bebida acompañante. Pero es primordial recordar en su trayectoria que: **se come, se bebe y se camina**. Con lo que a veces también se descubren lugares y rincones llenos de carácter, historia, o ejemplos admirables de tiempos pasados y modernos.

Note:

bien conocida por todas partes	well known everywhere
creatividad y artesanía	creativity and craftsmanship
ciertamente es obra sublime	is certainly a sublime piece of work
el pueblo artesano	the craftsmanship of the people
buena cocina	good cooking
la generosidad del tabernero	the generosity of the innkeeper
han configurado	they have shaped
tentempié	a bite to eat
refrigerio	snack
mas, más	but, more
por tanto	consequently
el tapeo	to go around tasting different tapas
ir en pos de	to go after
bocados	mouthfuls
a ojo	by sight
de oído	by ear/hearing of it/word of mouth
ser atrayente	to be attractive
su propia	his/her/its/your/their own
la bebida acompañante	the accompanying drink
es primordial recordar	it is essential to remember
se come, se bebe y se camina	one eats, one drinks and one walks
se descubren lugares y rincones	nooks and crannies are discovered
llenos de	full of

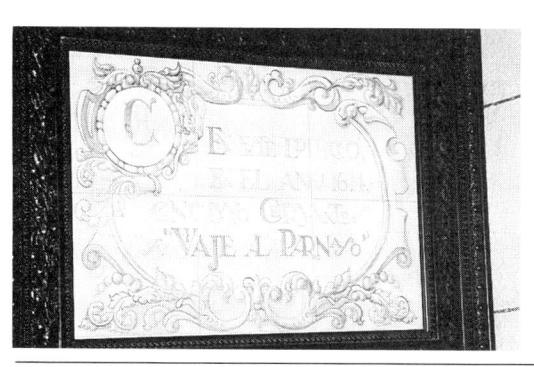

Did you know?

La moneda española

Spanish currency consists of:
coins: 1 peseta, 2ptas., 5 ptas., 10 ptas., 25 ptas., 50 ptas., 100 ptas., 200 ptas., 500 ptas.

The size and metals used vary.

The 500 ptas. coin bears the profiles of the present King and Queen. Royal profiles have not been minted since the time of **los Reyes Católicos**, Isabel and Fernando, in the Middle Ages.
 As a tribute to King Juan Carlos I and Queen Sofia, and in commemoration of their silver wedding anniversary, these coins have two wedding rings imprinted on their circular rim.

Bank notes: 1.000 ptas., 2.000 ptas., 5.000 ptas., 10.000 ptas.

Each are different in size and colour.

Plans for a 20.000 ptas. note are in hand

La propina

Tipping is discretionary. Nowadays a tip is given as a mark of appreciation for good service.
 In Latin America, tipping is expected. Wages are often calculated by taking into account the tips the person would expect to receive; consequently to refrain from tipping is to deprive them of a living.
 Certain services, e.g. that offered by hotel porters, require a tip. Check the local tipping procedure and percentage, before departure to any of these countries.

Al pagar la cuenta

When paying for items bought and services rendered, it is customary in Spain to state out loud the amount of money being handed over to avoid confusion concerning any change due.

Libro de reclamaciones

Because tourism is such a profitable industry in Spain, the Ministry of Tourism keeps a watchful eye on the services offered to the visitor. Hence the **libro de reclamaciones** (complaint book).
 Each establishment offering lodging, food or drink to the tourist, must have such a book, officially stamped and easily accessible. Any complaints lodged by visitors are later investigated by the ministry.

> **EXISTE UN LIBRO
> DE RECLAMACIONES
> A DISPOSICION
> DE LOS USUARIOS**

Your turn to speak

15 Imagine that you have organized a business meeting in your company's offices. There are eight people attending.

The discussions are taking longer than expected, and you decide to serve some refreshments. You know of a nearby bar-restaurant with a special delivery service for businesses. You place an order by telephone.

Listen to the text we have prepared, look at the model text on page 90 and remember that there are many correct versions.

One of the oldest bars in Madrid

Answers

Practice what you have learned

p. 77 Exercise 1 (a) un desayuno para habitación (b) ¿cómo lo quiere usted...? (c) ¿en qué consiste...? (d) ¿...muy caliente o más bien templado? (e) ¿...su número de habitación? (f) ...en seguida se lo servimos

p. 79 Exercise 3 1 (h); 2 (e); 3 (b); 4 (g); 5 (c); 6 (d); 7 (j) 8 (i); 9 (a); 10 (f)

p. 79 Exercise 4 tiene ganas de; tiene sed; tiene hambre, tiene sueño

p. 81 Exercise 6 (a) sí, tienen una sidra asturiana¡estupenda! (b) tienen sangüiches variados (c) sí, tienen patatas bravas (d) no, no van a comer lo mismo (e) el queso va muy bien con la sidra (f) dos vasitos de sidra (g) calamares y unas tapitas de queso

p. 81 Exercise 7 you should have checked tortilla; típico; original; centro; tradicional; cebollas; nada más; manjar nacional; caliente; plato de comida; española; Castilla; patatas; huevos; sal y pimienta; fría; pincho de tapa; en casa

p. 83 Exercise 9 (a) ¿nos da la cuenta? (b) ¿no desean tomar ustedes nada más? (c) una de calamares, los taquitos de queso y dos vasos de sidra (d) al queso están invitados (e) ahora mismo (f) cuatrocientas ochenta pesetas (480 ptas.) (g) el cambio de quinientas pesetas (20 ptas.)

p. 83 Exercise 10 cervezas; vasos de vino; zumos; calamares; boquerones; sepia; boc. tortilla; boc. queso

Answers

Grammar

p. 86 Exercise **12** (**a**) Sí, me gusta el café (**b**) No, no me gusta el queso (**c**) No, no me gustan las camisas (**d**) Sí, me gusta la playa / Sí, a mí, me gusta la playa (**e**) Sí, les gustan las aceitunas (**f**) Sí, nos gusta el café solo

p. 86 Exercise **13** para mí; para ti; para usted; para él; para ella; para nosotros; para vosotros; para ellos; para ellas; para ustedes

p. 86 Exercise **14** treinta mil; cuarenta mil; cincuenta mil; sesenta mil; setenta mil; ochenta mil; noventa mil; 100.000

Your turn to speak

p. 89 Exercise **15** (model text)

-¡Oiga, por favor!

Soy .... de la Compañía Bienestar, en la calle Goya, número 32.

Necesito un servicio a domicilio, para esta mañana.

Son:

dos jarras de zumo de naranja;
dos jarras de cerveza, y una jarra de agua mineral;
seis bocadillos de jamón
tres de queso y tres de chorizo;
una tortilla española para ocho, en pinchos pequeños;
cuatro raciones de aceitunas y
cuatro de almendras.

6 UNDERSTANDING AND ASKING ABOUT TIME

You will learn

- how to inquire about trains and buy a railway ticket
- how to arrange meetings
- about the work week
- how to make an appointment by telephone

Study guide

Dialogue 1 ÷ Practice what you have learned
Dialogue 2 + Practice what you have learned
Dialogue 3 + Practice what you have learned
Dialogue 4 + Practice what you have learned
Key words and phrases
Grammar
Read and understand
Did you know?
Your turn to speak

Dialogues

1 *In this dialogue we hear a young lady inquiring about trains to Santander, a beautiful city in the north of Spain, and making a reservation.*

señorita	Buenos días.
oficial	Hola, buenos días, ¿en qué puedo servirla?
señorita	Quisiera información sobre los trenes para Santander.
oficial	Pues vamos a ver..., pues trenes para Santander los tiene todos los días de la semana, pero lo mejor es, reservarlo el lunes, miércoles o viernes, porque son días azules.
señorita	¿Por qué es mejor un día azul?
oficial	Pues vamos a ver, tiene un dec... usted considerable descuento en el importe del billete.
señorita	Ah, muy interesante; prefiero viajar por la noche, ¿es posible?
oficial	Pues sí, por supuesto, tiene un tren a las nueve y media de la noche, que es el expreso.
señorita	¿Lleva coche-cama?
oficial	Pues sí, sí lleva coche-cama.
señorita	Pues entonces, voy a reservar un billete abierto, de ida y vuelta, en litera, porque imagino que el viaje es largo.
oficial	¿Para qué día lo desearía?
señorita	Para el miércoles de la semana que viene.

- **¿en qué puedo servirla?** how can I help you? (lit. in what can I serve you?)
- **sobre los trenes** about the trains.
- **los tiene** you have them.
- **todos los días de la semana** every day of the week (lit. all the days...)
- **lo mejor es, reservalo** the best thing is to reserve it.
- **días azules** blue days. *Note*: this term is explained in the Did you know? section, p. 104.
- **considerable descuento** a considerable discount.
- **el importe del billete** the price of the ticket.
- **prefiero viajar por la noche** I prefer to travel by night.
- **a las nueve y media de la noche** at half-past nine at night. *Note:* telling the time is explained in the exercises on p. 93.
- **¿lleva coche-cama?** does it have/carry a sleeping car?
- **pues entonces** well then.
- **voy a reservar** I am going to reserve.
- **un billete abierto** an open ticket (i.e. without a set return date).
- **de ida y vuelta** a round-trip ticket (lit. of going and returning).
- **en litera** in a sleeper.
- **porque imagino que** because I imagine that. **Imagino** comes from the verb **imaginar**, to imagine.
- **el viaje es largo** the journey is long.
- **¿para qué día lo desearía?** for which day do you want it? *Note:* we shall be dealing with the conditional tense in Unit 8.
- **el miércoles de la semana que viene** next Wednesday (lit. the Wednesday of the coming week).

Practice what you have learned

1 Listen to the dialogue again and mark with a ✓ whether these expressions are **verdadero o falso**, true or false. (Answers p. 106)

		verdadero	falso
(a)	quisiera información sobre los autobuses para Santander.		
(b)	todos los días son días azules.		
(c)	es mejor un día azul.		
(d)	prefiero viajar de día.		
(e)	el lunes de la semana que viene.		

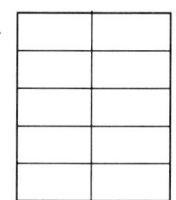

2 This is how you tell the time.

it is one o'clock	it is two, three four o'clock
es la una	**son las dos, tres, cuatro**, etc.

For past the hour use	**y**	For to the hour use	**menos**
half past	**y media**	o' clock	**en punto**
quarter past	**y cuarto**	quarter to	**menos cuarto**

Follow this exercise on the recording. Fill in the blank clocks with the times given. (Answers p. 106)

1. ¿qué hora es? what time is it?

   es la una — it is one o'clock
   son las siete — it is seven o'clock 
   es la una y diez 
   son las cuatro menos cinco 

2. ¿qué hora es?

   es la una y cuarto
   son las tres y media 
   son las seis menos cuarto 

3. ¿qué hora es?

   un despertador loco

3 Below are a company's hours of work. Imagine that a client is asking you when it is open for business.
You will be prompted with what to say, then you say it in Spanish.

estar abierto to be open
abrir to open
días de laborales workdays
días de trabajo workdays

estar cerrado to be closed
cerrar to close
días festivos holidays
días de cierre days when closed

HORARIO DE TRABAJO

días	mañana	tarde	días	mañana	tarde
lunes	9.30 a 1.00	4.00 a 8.00	**viernes**	9.30 abierto todo el día hasta las 9.00	
martes	9.30 a 1.30	4.00 a 8.00	**sábado**	9.00 a 1.00	cerrado
miércoles	9.00 a 1.00	cerrado	**domingo**	cerrado	
jueves	9.30 a 1.30	4.00 a 9.00			

Dialogues

2 *In this dialogue we meet up again with Juan Carlos and Elia. This time we hear them discussing times and dates for their next business meetings.*

Elia	Bien, creo que debemos concretar las fechas de nuestras próximas reuniones, ¿no crees?
Juan Carlos	Estoy de acuerdo.
Elia	¿Cuándo te viene bien a ti?
Juan Carlos	Pues, yo estoy libre toda la semana que viene, excepto el lunes catorce por la tarde, y el viernes diecinueve por la mañana.
Elia	Yo puedo, el martes quince desde las cuatro y media hasta las seis quince, después, tengo una reunión.
Juan Carlos	Bien, creo que, sí, el martes es el día más apropiado, pero de todas formas, te lo confirmo por teléfono el lunes; si falla el martes, podemos optar por el jueves.
Elia	Eh, espera un momento, he olvidado lo que he de hacer el jueves, está bien, no hay ningún problema. Bueno, entonces, nos vemos el martes o el jueves, eh, pero antes ¡espero tu llamada!
Juan Carlos	De acuerdo. Con ésto completo otra semana sin tiempo libre, pero vale, me gusta el trabajo.
Elia	Lo mismo me ocurre a mí...

- **debemos concretar** we ought to fix.
- **las fechas de** the dates of.
- **nuestras próximas reuniones** our next meetings.
- **¿no crees?** don't you think?
- **¿cuándo te viene bien a ti?** when would it suit you? **Venir bien** means to suit (one).
- **yo estoy libre** I am free.

  desde las cuatro y media hasta las seis quince from half past four until six fifteen.
- **desde... hasta** from... until.

  tengo una reunión I have a meeting.
- **el día más apropiado** the more suitable day.
- **de todas formas** in any case.
- **te lo confirmo** I will confirm it with you (lit. I confirm it to you).
- **si falla** if that's no good (lit. if it fails). **Falla** comes from the verb **fallar**, to fail.
- **podemos optar por** we can opt for.
- **espera un momento** wait a moment.

  he olvidado I have forgotten. **Olvidado** comes from the verb **olvidar**, to forget.

  lo que he de hacer what I have to do.

  nos vemos we will get together (lit. we see each other). **pero antes** but before (that).
- **¡espero tu llamada!** I await your call! **Espero** comes from the verb **esperar**, to wait, expect, hope.
- **completo otra semana sin tiempo libre** I shall have another week with no free time (lit. I complete another week without time free).

  lo mismo me ocurre a mí it's the same for me (lit. the same to me happens to me). **Ocurre** comes from the verb **ocurrir**, to happen.

Practice what you have learned

4 Listen to the dialogue again and fill in the missing information. (Answers p. 106)

(a) debemos concretar .... de nuestras próximas ....

(b) ¿cuándo te viene bien .... ?

(c) yo .... toda la semana que viene.

(d) el martes es el día ....

(e) está bien, ... problema.

(f) completo otra semana sin ....

5 Complete the two columns from the **montón de palabras**, jumble of words, below. (Answers p. 106)

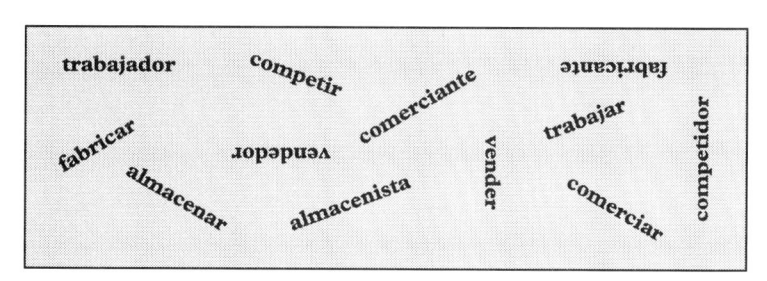

la compra shopping/buying	comprar to shop/buy	comprador shopper/buyer
la venta the selling	....	....
el comercio the commerce	....	....
la trabajo the work	....	....
la fábrica the factory	....	....
el almacén the store	....	....
la competencia the competition	....	....

(jumble of words: trabajador, competir, comerciante, fabricante, fabricar, vendedor, almacenista, vender, trabajar, competidor, almacenar, comerciar)

6 A business acquaintance is telephoning you to make an appointment. It is an urgent matter, so it must be within the next two days. You consult your diary.

¿estás libre mañana? are you free tomorrow?

You'll be prompted with what to say, then you say it in Spanish.

Dialogues

3 *In this dialogue a young lady who has applied for a job is waiting to be called for her interview. An acquaintance passes through the reception area where she is waiting, and they chat about their working hours.*

señor	¡Hola!, ¿qué estás haciendo tú por aquí?
señorita	Ya ves.. quiero cambiar de empleo. Antes he trabajado en un comercio, y estoy harta.
señor	¿Y eso, por qué?
señorita	Por el horario principalmente. Se abre a las diez de la mañana, y nunca he podido cerrar después de la una y media, pues siempre llegan clientes tarde. Además por la tarde, desde las cuatro y media hasta las ocho.
señor	Yo, sin embargo, estoy muy contento. En el convenio hemos conseguido unos horarios magníficos: en invierno, de octubre a junio, trabajamos jornada partida, ocho horas, con una hora para comer. En cambio en verano, de junio a septiembre, solamente trabajamos siete horas, con un cuarto de hora para desayunar. Además hasta podemos hacer algunas horas extras.
señorita	Ah, está muy bien, creo que me va a gustar este empleo. ¡Ay! me llaman.
señor	Ah, ¡suerte, nos vemos...!
señorita	Gracias, hasta luego.

¿qué estás haciendo tú por aquí? what are you doing here?

ya ves... as you can see...

quiero cambiar de empleo I want to change my job.

he trabajado en un comercio I have worked in a retail business.

estoy harta I am fed-up. From **estar harto/a**, to be fed-up.

por el horario principalmente mainly because of the hours.

se abre it's open. This is the impersonal form of **abrir**, to open.

no he podido cerrar I have not been able to close.

siempre llegan clientes tarde clients always arrive late. **Llegan** comes from the verb **llegar**, to arrive. *Note:* the word **tarde** can have several meanings: late/afternoon/ evening/delayed.

además besides. **sin embargo** however/nevertheless.

estoy muy contento I am very contented/happy

en el convenio hemos conseguido in the contract we have obtained.

jornada partida morning and afternoon with equal working hours.

en cambio instead/on the other hand.

solamente only. Note: this is explained in the Grammar section on p. 101.

horas extras extra hours (overtime)

¡Ay! me llaman oh! they are calling me.

¡suerte, nos vemos! good luck, we'll meet again!

Practice what you have learned

7 Based on this dialogue, match up the following expressions.
(Answers p. 106)

1. el horario
2. cambiar de empleo
3. estoy muy contento
4. se abre a...
5. horarios magníficos
6. horas extras
7. estoy harta
8. jornada partida
9. meses de verano
10. ¡suerte!

(a) overtime
(b) it is open at...
(c) I am fed-up
(d) summer months
(e) the timetable
(f) workday in two parts
(g) to change jobs
(h) (good) luck!
(i) I am very happy/contented
(j) wonderful hours

8 Now return to the recording, and listen to the work details given.

The information is about different types of work: full-time, part-time and freelance. Fill in the blanks with the missing words. (Answers p. 106)

mi madre my mother **mi padre** my father
mi hermano my brother **ama de casa** housewife
(lit. lady of the house)

Mi padre está en .... (full employment), trabaja en una Compañía nacional.

Mi hermano Ramón sólo trabaja .... (half time)

Mi hermano Manolito, como es estudiante, tiene ....
(seasonal work)

Mi madre, además de ser ama de casa, es también artesana, y trabaja

.... (freelance)

Y yo, trabajo .... de las 8.30 a las 2.00; pero es un empleo de

.... (full time)

9 You are chatting to a friend about your working hours, which are different in summer and winter.

horario de verano summer timetable
horario de invierno winter timetable

You will be prompted with what to say, and then you say it in Spanish.

Dialogues

4 *This time we hear Juan Carlos telephoning a business acquaintance to set up a meeting.*

Javier	¿Dígame?
Juan Carlos	Buenos días, soy Juan Carlos, ¿con quién hablo, por favor?
Javier	Hola, buenos días Juan Carlos, soy Javier, ¿qué tal?
Juan Carlos	Hola, muy bien, mira, te llamo porque quiero concertar una cita contigo.
Javier	Vamos a ver qué día podemos quedar... el lunes, por la mañana tengo una reunión sobre las doce, luego tengo una comida y por la tarde, pues, he quedado, tengo otra cita; entonces veo que tengo libre, el martes a las doce, ¿te parece bien?
Juan Carlos	Creo que en principio sí, un momentito voy a comprobarlo en mi agenda, sí, efectivamente lo tengo libre, pues podemos vernos el martes a las doce.
Javier	Pues muy bien, si te parece ¿quedamos aquí en mi oficina?
Juan Carlos	Muy bien, nos vemos el martes, hasta luego, adiós.
Javier	De acuerdo, adiós, hasta luego.

- **¿con quién hablo?** to whom am I speaking?
- **te llamo** I am calling you.
  concertar una cita to arrange a date.
- **contigo** with you. *Note:* this is explained in the Grammar section on p. 101.
- **qué día podemos quedar** which day we can arrange to meet.
- **luego** later on.
  he quedado, tengo otra cita I have arranged, I have another appointment.
- **tengo libre** I am free.
- **¿te parece bien?** is that all right with you? (lit. to you it appears well?). **Parece** comes from the verb **parecer**, to seem, appear.
- **en principio sí** in principle, yes.
  efectivamente in fact/really.
- **si te parece** if it's all right with you (lit. if it appears so to you).
  ¿quedamos aquí en mi oficina? shall we meet here in my office?
  Note: the terms **ver a uno/verse**, to see one another/to see each other, are used when referring to a meeting face to face.

Practice what you have learned

10 Listen to the dialogue again and mark with a ✓ the correct expressions as you hear them spoken. (Answers p. 106)

(a) ¿con quién hablo? ☐   (b) ¿qué tal? ☐
    ¿con quién hablo, por favor? ☐   ¿cómo estás? ☐
    ¿hablo con...? ☐   ¿cómo vas? ☐

(c) una cita contigo ☐   (d) ¿quedamos aquí? ☐
    una cita con ella ☐   ¿dónde quedamos? ☐
    una cita conmigo ☐   ¿quedamos allí? ☐

11 Complete the blanks in the captions beneath the drawings. (Answers p. 106)

El tiempo the weather   **hacer** (to do/make) + noun

hacer calor   **hacer frío**   **hacer viento**
(to be hot)   (to be cold)   (to be windy)

1. en verano hace calor   2. en invierno ....   3. hoy ....
   (in summer it is hot)   (in winter it is cold)   (today it is windy)

tener calor (to feel hot)   **tener frío** (to feel cold)

4. Sr. Pérez ....   5. Sr. Pérez ....

12 For this speaking exercise, imagine that you are in Spain and a colleague from abroad, who is intending to travel to different parts of the country, is asking you about the weather.

está { soleado / nublado / nuboso }   hay { lluvia / tormenta / niebla / nieve }   hace → viento

You'll be prompted with what to say, then you say it in Spanish

Key words and phrases

todos los días de la semana	every day of the week
lo mejor	the best thing
reservar	to reserve
considerable descuento	considerable discount
el importe del billete	the price of the ticket
viajar	to travel
un billete de ida	a one-way ticket
un billete de ida y vuelta	a round-trip ticket
un billete de vuelta	a return ticket only
la semana que viene	next week
concretar	to specify/set
las fechas	the dates
próximas reuniones	next meetings
¿cúando te viene bien a ti?	when does it suit you (familiar)?
¿cuándo le viene bien a usted?	when does it suit you (polite)?
yo estoy libre	I am free
desde las … (horas)	from … (hours/time)
hasta las … (horas)	to … (hours/time)
el día más apropiado	most suitable day
de todas formas	in any case
confirmar	to confirm
si falla	if it fails
poder optar por…	to be able to opt for…
espera un momento	wait a moment (familiar)
espere un momento	wait a moment (polite)
sin tiempo libre	with no free time
cambiar de empleo	to change jobs
estar harto/a	to be fed-up
el horario	the timetable/hours
se abre	it's open
se cierra	it's closed
llegar tarde	to arrive late
además	besides
sin embargo	however
el convenio	the agreement/contract
invierno	winter
verano	summer
primavera	spring
otoño	autumn
jornada partida	working day split into two equal parts
¿con quién hablo?	to whom am I speaking?
llamar	to call
llamar por teléfono	to call by telephone
conmigo	with me
contigo	with you
consigo	with you (polite)/with him/with her
qué día podemos quedar	which day we can meet
luego	later on
tener libre	to have free
¿te parece bien?	is that all right with you (familiar)?
¿le parece bien?	is that all right with you (polite)?
en principio	in principle
ver	to see
verse	to see one another

Grammar

Colors

amarillo yellow
negro black
blanco white
rojo red

Like other adjectives, when colors ending in 'o' are used to describe or accompany a noun, they have to agree with that noun both in gender and in number:

el traje amarillo
the yellow suit
la casa blanca
the white house
el coche negro
the black car
la agenda roja
the red diary

los trajes amarillos
the yellow suits
las casas blancas
the white houses
los coches negros
the black cars
las agendas rojas
the red diaries

Colors that don't end in 'o' will agree only in number:

verde green
azul blue
gris grey
marrón brown

For example:

el vestido verde
the green dress
el jersey azul
the blue jumper
la tarjeta gris
the grey card
la corbata marrón
the brown tie

los vestidos verdes
the green dresses
los jerséis azules
the blue jumpers
las tarjetas grises
the grey cards
las corbatas marrones
the brown ties

Most other colors are taken from names of flowers, wines, fruits, etc., e.g:

color rosa
color naranja
color castaña (chestnut)
color rosado (rosy)
anaranjado (orange)

For 'light' or 'dark', you would use **claro** or **oscuro**, e.g. **un azul claro**, a light blue.

Adverbs

To form adverbs, such as 'only', 'clearly', etc., in Spanish, **mente** is added to the feminine adjective:

sola → **solamente**
estupenda → **estupendamente**
maravillosa → **maravillosamente**
clara → **claramente**

Use of 'con + persona'

Note these forms:

conmigo	with me	**con nosotros**	with us
contigo	with you	**con vosotros**	with you
consigo	with him	**con ellos**	with them
consigo	with her	**con ellas**	with them
con usted	with you (polite)	**con ustedes**	with you (polite)

For example:
¿tienes los billetes contigo? do you have the tickets with you?
va conmigo a la reunión he/she is going with me to the meeting
lo necesita consigo he/she needs it with him/her
no tenemos negocio con ellos we have no business with them

Reflexive verbs and personal pronouns

If the action of the verb reflects back on the subject, it is called a **verbo reflexivo**, reflexive verb, e.g:

lavarse to wash oneself
peinarse to comb one's hair
bañarse to have a bath
levantarse to get up
vestirse to dress oneself
afeitarse to shave oneself
ducharse to have a shower
acostarse to go to bed

The pronouns with them are:

me	myself	**nos**	ourselves
te	yourself	**os**	yourselves
se	himself	**se**	themselves
se	herself	**se**	themselves
se	itself	**se**	themselves
se	yourself (polite)	**se**	yourselves (polite)

For example:
Me levanto a las siete de la mañana.
I get up at seven in the morning
Manuel, siempre se ducha y después se afeita.
Manuel always has a shower and then shaves.
Nos bañamos antes de desayunar y después nos vestimos.
We have a bath before breakfast and then we get dressed.
¿Se acuesta usted temprano o tarde?
Do you go to bed early or late?

The pronoun is placed in front of the verb, unless it is an infinitive or imperative, when the pronoun is placed after the verb, e.g:
va a lavarse he is going to wash himself
póngame con la línea 2 put me on line 2

The reflexive pronoun is often used idiomatically, e.g:
nos creemos los mejores we believe ourselves to be the best

The verb **llamarse**, to be called/to call oneself, is used as a reflexive, e.g:
me llamo Juan Carlos I call myself Juan Carlos (I'm called Juan Carlos)
¿cómo te llamas? what do you call yourself/what is your name? (familiar)
¿cómo se llama? what do you call yourself?/what is your name? (polite)

13 Complete the following sentences. (Answers p.106)

(a) ¿cómo te llamas? ....Elia.

(b) ¿cuándo se lava? .... por la mañana.

(c) ¿cómo se llama esto? .... un ejercicio.

(d) ¿se afeitan temprano? Sí, ... a las siete.

(e) ¿cuándo nos vestimos? .... todos los días.

(f) ¿te duchas ahora? No, ... más tarde.

Read and understand

Jornadas de trabajo

Hasta hace unos pocos años los españoles han estado regimentados por sus digestiones. Sí, sí, siempre hemos tenido como excusa el clima, aun en invierno, para convencernos de la necesidad de dos o tres horas para tomar el almuerzo.

Lo que siempre ha estado detrás de esta forma de pensar ha sido: una buena comida, un buen vino, incluso para algunos un buen puro, y para la mayoría, una buena siesta.

Por años y años las jornadas de trabajo se han adaptado a estas costumbres tan españolas. Lo mismo tiendas que oficinas, o fábricas, han debido respetar durante largo tiempo el mandato de la cuchara de palo.

Pero ya en estos últimos años, el cronómetro de la eficiencia está imponiendo otro ritmo de vida, por lo que algunos de aquellos hábitos tradicionales van formando parte de la arqueología nacional.

Cada vez más y más personas de la población activa, votan con los pies, a favor de la jornada continua, por ejemplo de 8 a 15, con 15 o 20 minutos para desayunar a media mañana; o quizá de jornada partida, como de 9 a 17, con 60 minutos para el almuerzo, pero ya, tomándolo en un lugar cercano.

Mas, ¡es increíble, cómo cambia el mundo!, incluso ya hay Compañías que han introducio 'vales de comida' para empleados dispuestos a poner horas de trabajo ante pasadas indulgencias.

hasta hace unos pocos años	until a few years ago
lo que siempre	that which always
forma de pensar	way of thinking
un buen puro*	a good cigar
para la mayoría	for the majority
tan	such
el mandato de la cuchara de palo	ruled by meal-times (lit. the command of the wooden spoon)
está imponiendo	it is imposing
otro ritmo de vida	another rhythm of life
por lo que algunos de aquellos	for which some of those
la población activa	the working population
votan con los pies	vote with their feet
la jornada continua	the continuous working day
jornada partida	a working day divided into two equal parts
un lugar cercano	a nearby place
¡es increíble, cómo cambia el mundo!	it is incredible how the world changes!
incluso ya hay	there are even
'vales de comida'	luncheon vouchers
dispuestos a	ready to
ante pasadas indulgencias	before past indulgences

Note: * it is called **puro** (pure) because it is supposed to be made with pure tobacco leaf.

Did you know?

The Spanish railway company RENFE, **Red Nacional de Ferrocarriles Españoles**, offers special discounts. These are indicated on a special calendar in which the days of the months are marked in plain, blue or white.

On 'plain' days (**días normales**) you pay the normal fare; on blue days (**días azules**), usually Monday to Thursday, you get a considerable discount; and on white days (**días blancos**) you pay more. **Días blancos** are usually special holidays, such as January 1st.

The Spanish railways also offer special concessions for students, and even better ones for pensioners!

Trenes turísticos

Other attractions offered by RENFE are the tourist trains which normally run from May to October, to places of special interest, such as **Segovia**, **Avila** and **Salamanca**. These are usually day-trips from **Madrid** but it is possible to make arrangements through RENFE to stay overnight or longer, all inclusive. The distances are relatively short or **cercanías**.

RENFE also runs **'Al Andalus'**, a luxurious 5-star train, similar in style to the Orient Express, which travels between some of the major cities in **Andalucía**, southern Spain. It is certainly a splendid way to see beautiful places such as **Sevilla, Granada** and **Córdoba**.

Ferrocarril Metropolitano popularly known as Metro

The Metro public transport networks in Spain are locally run. The various routes are identified by different colored lines, for example, in Madrid you will find:

línea 1 – azul claro, línea 2 – rojo, línea 3 – amarillo,

going to 10 lines in total. Madrid Metro operates a uni-price ticket system, which in 1992 cost 125 ptas. per journey. There are also **cupones** valid for 10 journeys, which works out much cheaper than buying single tickets.

Horas de trabajo

Working hours in Spain vary according to the type of business. Opening hours for shops and stores in winter are from 10:00 a.m. to 1:30 p.m. and 5:00 to 8:00 p.m. and in summer from 10:00 a.m. to 1:30 p.m. and 5:30 to 8:30 p.m.

Many of the larger stores do not close at midday. Also, during the sales or at peak times, some of these will open from 9:00 a.m. to 10:00 p.m.

For offices and business, an average working day is, in winter, from 9:00 a.m. to 3:00 p.m. and 4:00 to 7:00 p.m. or 8:00 a.m. to 3:00 p.m. and 4:00 to 6:00 p.m. and in summer from 9:00 a.m. to 3:00 p.m. The idea is to build up the number of hours worked during the winter, thus allowing shorter working hours in the summer (winter/summer schedule).

Some government offices tend to function in winter and summer from 8:30 a.m. to 3:00 p.m.

They maintain a skeleton staff in August, as the great majority of civil servants (**funcionarios del Estado**) and administration staff are required to take their summer holidays during that month. This custom originates from the days when the Court and its entourage used to move out of Madrid during the hottest month of the year.

Giros ingleses

Note: The English word 'ticket' has been adopted in Spanish and in some parts of Latin America you may even find the word **tiketero**, ticket collector/seller.

Your turn to speak

14 This speaking activity is about working hours. Imagine you are interviewing an applicant for a job with your company. He/she has asked you to outline the working hours.

You might give, perhaps, a different winter and summer timetable, or a choice of working days.

Listen to the example on the recording, look at the model text below and remember, there can be many correct versions of this type of exercise.

Answers

Practice what you have learned

p. 93 Exercise 1 (**a**) falso (**b**) falso (**c**) verdadero (**d**) falso (**e**) falso

p. 93 Exercise 2 (**1**) ten past one; five to four (**2**) quarter past one; half past three; quarter to six (**3**) son las ocho menos tres minutos

p. 95 Exercise 4 (**a**) las fechas; reuniones (**b**) a ti (**c**) estoy libre (**d**) más apropiado (**e**) no hay ninguno (**f**) tiempo libre

p. 95 Exercise 5 comprar: vender, comerciar, trabajar, fabricar, almacenar, competir; comprador: vendedor, comerciante, trabajador, fabricante, almacenista, competidor

p. 97 Exercise 7 1 (**e**) 2 (**g**) 3 (**i**) 4 (**b**) 5 (**j**) 6 (**a**) 7 (**c**) 8 (**f**) 9 (**d**) 10 (**h**)

p. 97 Exercise 8 pleno empleo; media jornada; trabajo estacional; por su cuenta; jornada continua; plena dedicación

p. 99 Exercise 10 (**a**) ¿con quién hablo, por favor? (**b**) ¿qué tal? (**c**) una cita contigo (**d**) ¿quedamos aquí?

p. 99 Exercise 11 2. en invierno hace frío 3. hoy hace viento 4. Sr. Pérez tiene calor 5. Sr. Pérez tiene frío

Grammar

p. 102 Exercise 13 (**a**) Me llamo Elia (**b**) Se lava por la mañana (**c**) Se llama un ejercicio (**d**) Sí, se afeitan a las siete (**e**) Nos vestimos todos los días (**f**) No, me ducho más tarde

Your turn to speak

p. 106 Exercise 14 (model text)

El horario de trabajo en esta Compañía es muy bueno, pues nos ofrecen varias opciones. Por ejemplo:
primera opción: un horario fijo para todo el año,
                  desde las 9.00 hasta las 5.00;
segunda opción: jornada partida en invierno, y,
                  jornada continua en verano;
tercera opción: jornada seguida todo el año,
                  de las ocho de la mañana a las tres de la tarde,
                  con veinte minutos para desayunar.

Lo bueno es que, podemos optar por cualquiera de las tres con acuerdo previo del Jefe de Departamento.

7 ON THE TELEPHONE

You will learn

- how to communicate with the switchboard operator
- how to get the person you want to speak to
- how to receive calls
- how to make a call from a public telephone

Study guide

Dialogue 1 + Practice what you have learned
Dialogue 2 + Practice what you have learned
Dialogue 3 + Practice what you have learned
Dialogue 4 + Practice what you have learned
Key words and phrases
Grammar
Read and understand
Did you know?
Your turn to speak

Dialogues

1 *Elia is making a telephone call. The extension she asks for is busy, so she decides to leave her office number with the operator, so that the person she wants to speak to can call her back.*

telefonista	Buenos días, Compañía Bienestar, ¿dígame?
Elia	Hola buenos días. Por favor, póngame con la extensión doscientos veintiuno.
telefonista	Un momento por favor ... Lo siento, está comunicando.
Elia	Espero...
telefonista	Oiga, por favor, la línea sigue ocupada, ¿insiste o llama más tarde?
Elia	Llamo más tarde; o mejor, ¿puedo dejarle el teléfono de mi oficina?
telefonista	Sí, sí, dígame...
Elia	Cinco tres dos...
telefonista	Cinco tres dos...
Elia	Cuatro nueve...
telefonista	Cuatro nueve...
Elia	Seis cinco.
telefonista	Seis cinco, de acuerdo, ¿su nombre por favor?
Elia	Elia Blanco.
telefonista	Muy bien, señorita Blanco.
Elia	Adiós, hasta luego.
telefonista	Adiós.

- **¿dígame?** hello? *Note:* this expression is used specifically for answering the telephone. In some parts of Latin America you may also hear **¿hola?** / **¿pronto?** / **¿sí?** / **¿quién habla?** / **¿bueno?** when someone answers the telephone.

- **póngame con...** put me through to... This term comes from the verb **poner**, to put.

- **lo siento** I am sorry (lit. I feel it). **Siento** comes from the radical-changing verb **sentir**, to feel.

- **está comunicando** it is busy (lit. it is communicating).

  espero I'll wait. (lit. I wait). From the verb **esperar**, to wait, hope, expect.

- **oiga** listen. *Note:* this expression is used by the person making the telephone call or to call someone's attention to what you are going to say.

  la línea sigue ocupada the line is still busy. **Sigue** comes from the radical-changing verb **seguir**, to continue, follow.

  ¿insiste o llama más tarde? will you hold or will you call back later? (lit. do you insist/hold or do you call back later?)

  llamo más tarde I'll call back later (lit. I call later).

  ¿puedo dejarle... can I leave you...?

  Note: See Did you know? on page 120 for further details about telephone numbers.

Practice what you have learned

1 Match up the following words and expressions. (Answers p. 122)

(a) ¿su nombre por favor?　　　　1. hello?
(b) llamo más tarde　　　　　　　 2. it is busy
(c) ¿dígame?　　　　　　　　　　 3. I'll wait
(d) ¡oiga, por favor!　　　　　　　 4. I'll call back later
(e) espero　　　　　　　　　　　　5. your name please
(f) está comunicando　　　　　　　6. listen, please!
(g) ¿insiste o llama más tarde?　　　7. put me through to...
(h) póngame con...　　　　　　　　8. I'll hold, please
(i) insisto, por favor　　　　　　　 9. I am sorry
(j) lo siento　　　　　　　　　　　10. will you hold or will you call back later?

2 This exercise is to help you to become familiar with telephone numbers.

Write down the following telephone numbers in the various different forms. See Did you know? on page 120 for further information. (Answers p. 122)

(a) 12899　(i) .... or ....
　　　　　(ii) .... or ....
　　　　　(iii) .... or ....
(b) 536　　(i) .... or ....
　　　　　(ii) .... or ....
(c) 212121 (i) .... or ....

3 Now you want to call a colleague, via the operator. The line is busy, but you want to hold.

You will be prompted with what to say, and then you say it in Spanish.

UNIT 7

Dialogues

2 *Juan Carlos is having difficulty in getting the number he wants, but he perseveres and eventually succeeds.*

telefonista	Buenos días, Compañía Bienestar ¿dígame?
Juan Carlos	Buenos días, póngame con la extensión dos tres seis.
telefonista	La extensión doscientos treinta y seis de la Srta. Blanco está comunicando, le puedo poner con la doscientos treinta y siete que es el mismo departamento.
Juan Carlos	Póngame, porque es importante.
telefonista	Lo siento comunica también...
Juan Carlos	Es imprescindible que hable con ella, es un asunto de mucha urgencia.
telefonista	Sí, sí, lo entiendo, pero yo no puedo hacer nada.
Juan Carlos	Insista, por favor.
telefonista	Bueno, un momento. Ha tenido suerte, la línea está libre, paso la llamada.
Juan Carlos	Muchas gracias, ha sido usted, ¡muy amable!
telefonista	Muchas gracias.

---

le puedo poner con... I can put you through to...

lo siento comunica también I am sorry, it is also busy.

- **es imprescindible** it is essential (lit. it is indispensable).

que hable con ella that I speak to her (lit. that I may speak with her).

- **es un asunto de mucha urgencia** it is a matter of utmost urgency.

- **lo entiendo** I understand (lit. I understand it). **Entiendo** comes from the radical-changing verb **entender**, to understand.

no puedo hacer nada I cannot do anything (lit. I cannot do nothing).

- **insista** try again.

- **ha tenido suerte** you are in luck (lit. you have had luck).

- **la línea está libre** the line is free.

- **paso la llamada** I'll put the call through (lit. I pass the call).

ha sido usted you have been

- **¡muy amable!** very kind!

Note: in Spanish **hablar con**, 'to speak to', is used when there is a two-way conversation, e.g.
hablo con mi socio del asunto, I'll speak to my partner about the matter;
hablamos con la gente en Valencia, we'll speak to the people in Valencia.

However, **hablar a** also meaning 'to speak to', is used when one person does all the talking, e.g.
quiero hablar a mi socio, I want to speak to my partner;
habla al cliente claramente, he/she speaks clearly to the client.

Practice what you have learned

4 Listen to the dialogue again and mark with a ✓ the correct expressions, as you hear them. (Answers p. 122)

oiga	
¿dígame?	
póngame	
ponme	
extensión 222	
extensión 236	
está comunicando	
está libre	
lo siento comunica también	
no lo entiendo	
lo entiendo	
la línea no está libre	
la línea está libre	
paso la llamada	

5 **El contestador automático** The answering machine

You will find some notes on the telephone answering machine in the Did you know? section, on page 120.

For this exercise the recording is in two parts. First you are going to hear the answering machine, and later the recorded message from the caller. Listen, and then answer the following questions in Spanish.
(Answers p. 122)

Primera parte
1. ¿de quién es el contestador automático? ....
2. ¿quién es Mercedes Conde? ....
3. ¿está en su oficina? ....
4. ¿qué tiene que hacer quien llama? ....
5. ¿cuándo tiene que dejar el mensaje? ....

Segunda parte
1. ¿qué mercancía han recibido? ....
2. ¿está completo el pedido? ....
3. ¿qué falta del pedido? ....
4. ¿de qué han hablado? ....
5. ¿está contento el cliente? ....

6 Now you need to speak to a client urgently. You are having some difficulty in getting through to his/her number, but you are determined to speak to him/her.

You'll be prompted with what to say, then you say it in Spanish.

Dialogues

3 *Someone calls to talk to the Production Manager, but he is not in the office; the caller leaves a message with the operator.*

telefonista	Buenos días, ¿dígame?
señor	Buenos días señorita, ¿me puede usted pasar con la extensión 220?
telefonista	¿Con quién quiere usted hablar?
señor	Quiero hablar con el señor García, Jefe de Producción.
telefonista	Espere un momento, le paso la llamada.
señor	Gracias.
telefonista	¿Oiga?
señor	Sí, ¿dígame?
telefonista	Mire, lo siento, pero este señor no se encuentra en este momento, ¿quiere que le deje algún recado, o bien llama usted mañana?
señor	Mire, ¿le puede dejar usted un recado, que le voy a dar ahora?
telefonista	Sí, tomo nota.
señor	Le dice, que tenemos pendiente unas mercaderías de recibir, y todavía no nos las han enviado.
telefonista	De acuerdo, tomo nota...
señor	Muy bien, muchísimas gracias señorita.

- **¿me puede usted pasar con...?** can you put me through to...?
- **¿con quién quiere usted hablar?** who do you want to speak to?
- **espere un momento** just a minute (lit. wait a minute).
- **le paso la llamada** I'll put you through (lit. I pass the call).
- **¿oiga?** are you there? (lit. do you hear?)
- **¿dígame?** tell me?
- **mire** look.
- **¿quiere dejar algún recado?** do you want to leave a message?
- **o bien** or rather.
- **¿llama usted mañana?** will you call back tomorrow?
- **¿le puede dejar usted un recado?** can you leave him a message?
- **que le voy a dar ahora** that I am going to give you now.
- **tomo nota** I'll make a note of it.
- **le dice** you tell him. **Dice** comes from the radical-changing verb **decir**, to say.
- **tenemos pendiente** we have pending.
- **unas mercaderías** some merchandise/goods.
- **recibir** to receive.
- **todavía** as yet/still
- **no nos las han enviado** they haven't sent them to us.

Practice what you have learned

7 Listen to the dialogue again and fill in the blanks. (Answers p. 122)

(a) ¿me puede usted pasar con .... ?

(b) ¿con quién .... ?

(c) espere un momento, ...

(d) ¿quiere que .... recado?

(e) .... nota.

(f) tenemos .... de recibir.

8 You have just received this fax. Answer the questions that follow. (Answers p. 122)

```
** REPORTE DE TRASMISION **

HORA        : 13.10
RECEPTOR    : COMPAÑIA BIENESTAR
TRASMISOR   : INTALA S.A.
FECHA       : 15 JUN. 91
TIEMPO      : 00'63
MODO        : NORM
DOCUMENTO   : 02 PAGS.
```

Página de continuación

Con referencia a nuestra conversación telefónica del día 19. He pedido a la Oficina Central mandarle a usted directamente las últimas especificaciones técnicas, y una copia de nuestro formato de contrato.

Si no los ha recibido para el lunes de la semana próxima, por favor telefonéeme a nuestra oficina en Madrid,
        teléfono: 91 356 4224

Con saludos de,   Amelia Blasco

(a) ¿quién recibe el fax?   ....

(b) ¿qué compañía lo transmite?   ....

(c) ¿con qué fecha lo han recibido?   ....

(d) ¿cuántas páginas contiene?   ....

(e) ¿a qué hora lo han recibido?   ....

(f) ¿cuánto tiempo ha tardado el fax? ....

9 You have just received a fax from a subsidiary abroad, **una sucursal en el extranjero**. It is about technical design, **diseño técnico**, relating to a prototype going into production, **un prototipo en línea de producción**. Now you want to contact a colleague to pass on some of the details, but as she is at a board meeting, you leave a message with the personal assistant.

You will be prompted with what to say, then you say it in Spanish.

Dialogues

4 *A young lady explains clearly to her friend how to use a public telephone to make a call from Spain to England.*

1ª señorita	¿Sabes? tengo un problema, quiero llamar a una amiga, y no sé cómo hacerlo, vive en Inglaterra.
2ª señorita	Ah, es muy fácil, mira, primero descuelgas, y después introduces las monedas.
1ª señorita	Pero cuántas, ¿y de qué cantidad?
2ª señorita	Lo mejor, es de 20 duros.
1ª señorita	¿Muchas?
2ª señorita	Las que quieras, no te preocupes, si sobran, te las devuelve.
1ª señorita	¡Menos mal!
2ª señorita	Mira, primero marca el 07, que es el código internacional; esperas el tono; ahora, marcas el 44, que es el código de Inglaterra; a continuación, marca, el prefijo de la ciudad; y ahora, por último, el número del domicilio.
1ª señorita	Yo creo que es muy dificil.
2ª señorita	No te preocupes mujer, vamos a intentarlo.
1ª señorita	Vale.

- **¿sabes** you know? This comes from the verb **saber**, to know.
  tengo un problema I have a problem.
- **no sé cómo hacerlo** I don't know how to do it.
- **vive en...** he/she lives in...
- **es muy fácil** it is very easy; **es muy difícil**, it is very difficult.
- **mira** look.
  descuelgas you pick up the receiver (lit. you unhook [the receiver]). This comes from the radical-changing verb **descolgar**, to unhook.
  introduces las monedas you insert the coins.
- **cuántas** how many? **¿y de qué cantidad?** and of what quantity?
  20 duros un duro is equivalent to 5 ptas. So, they are talking about the 100 ptas. coin. See Did you know? on page 120 for further information about money.
  ¿muchas? many (of them)? **las que quieras** as many as you like.
- **no te preocupes** don't worry.
- **si sobran** if there are any left over. **Sobran** comes from the verb **sobrar**, to have left/to be left over.
  te las devuelve it will return them. **Devuelve** comes from the radical-changing verb **devolver**, to return (something).
- **¡menos mal!** just as well!
- **marca** dial; **marcas**, you dial. **código** code.
  esperas el tono you wait for the tone. **a continuación** immediately afterwards
- **el prefijo** the area code
- **por último** finally.
- **el número del domicilio** the number of the residence.
- **vamos a intentarlo** let's try it.

Practice what you have learned

10 You'll find below some partially completed instructions on how to make a telephone call from Spain to England. Listen to the dialogue and fill in the appropriate missing words. Note the use of the impersonal form **se** ('one') in front of the verb. (Answers p. 122)

COMPAÑIA TELEFONICA NACIONAL

Para hacer una llamada directa siga estas indicaciones

- se tienen las monedas a mano
- se descuelga el teléfono
- se introducen ....
- se marca ....
- se espera ....
- se marca ....
- se marca ....
- se marca ....

y, al obtener el número se habla con la persona deseada

¡Inténtelo, alguién espera su llamada!

UNIT 7

11 For this exercise there is a recorded message from an answering machine followed by a message left by a caller. A friend is telephoning Ana to arrange a date to go to the theater. She is out so he leaves a recorded message for her on her answering machine.

In the first part you hear Ana's recorded message for callers. The second part is her friend's message.

Answer the following questions. (Answers p. 122)

El contestador automático

Primera parte
(a) ¿quién habla en el contestador? ....
(b) ¿está Ana en casa? ....
(c) ¿cuándo se habla en el contestador? ....

Segunda parte
(d) ¿quién llama a Ana? ....
(e) ¿dónde cree él que está Ana? ....
(f) ¿qué ha conseguido él? ....
(g) ¿para cuándo es el concierto? ....
(h) ¿a qué hora empieza el concierto? ....
(i) ¿qué van hacer si no llegan a tiempo? ....
(j) ¿qué la dice él al final del mensaje? ....

12 A colleague has called you because his/her fax machine has broken down, and he/she is asking if you could send a message from the machine in your office. You take down the details.

You'll be prompted with what to say, then you say it in Spanish.

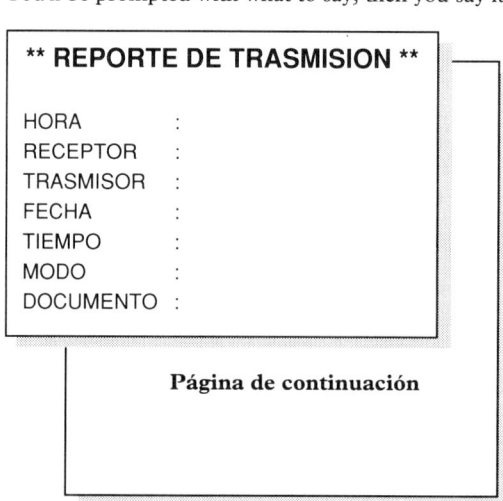

```
** REPORTE DE TRASMISION **

HORA       :
RECEPTOR   :
TRASMISOR  :
FECHA      :
TIEMPO     :
MODO       :
DOCUMENTO  :
```

Página de continuación

Key words and phrases

¿dígame?	hello
póngame con...	put me through to...
lo siento	I am sorry
está comunicando	it is busy
espero	I'll wait
¡oiga!	listen!
la línea está ocupada	the line is busy
¿insiste o llama más tarde?	will you hold or will you call back later?
llamo más tarde	I'll call back later
¿puedo dejarle un recado?	can I leave a message with you?
es un asunto de mucha urgencia	it is a very urgent matter
lo entiendo	I understand
insista	keep trying
la línea está libre	the line is free
paso la llamada	I'll transfer the call
¡muy amable!	very kind!
¿me puede pasar con...?	can you connect me with...?
¿con quién quiere usted hablar?	who do you want to speak to?
espere un momento	wait a moment
le paso la llamada	I am putting you through
¿oiga?	are you there? (lit. do you hear?)
¿quiere dejar algún recado?	do you want to leave a message?
¿llama usted mañana?	will you call back tomorrow?
tomo nota	I'll make a note of it
¿sabes?	(do) you know?
no sé cómo hacerlo	I don't know how to do it
es muy fácil	it is very easy
descuelgas	you pick up the receiver
las monedas	the coins
¿de qué cantidad?	of what amount?
no te preocupes	don't worry
¡menos mal!	just as well
código	code
esperas el tono	you wait for the tone
el prefijo	the area code
por último	finally
el número del domicilio	the number of the residence
vamos a intentarlo	let's try it
habla después del pitido	speak after the tone
merece la pena	it is worth the bother
nos tomamos unas copas	we'll have a few drinks
¡no me falles!	don't let me down!

Grammar

Saber

The verb **saber** (to know) has some irregularities, for instance in the first person of the present tense:

yo	→ sé	I know
tú	sabes	you know
él, ella, usted	sabe	he/she/you know/s
nosotros/as	sabemos	we know
vosotros/as	sabéis	you know
ellos, ellas, ustedes	saben	they/you know

Imperatives

Here are some examples of regular commands.

tomar, to take:

affirmative			negative	
tú	**toma**	take	**no tomes**	do not take
él, ella, usted	**tome**	take	**no tome**	do not take
nosotros	**tomemos**	let's take	**no tomemos**	let's not take
vosotros	**tomad**	take	**no toméis**	do not take
ellos/as, ustedes	**tomen**	take	**no tomen**	do not take

beber, to drink   **recibir**, to receive

affirmative	negative	affirmative	negative
bebe	**no bebas**	**recibe**	**no recibas**
beba	**no beba**	**reciba**	**no reciba**
bebamos	**no bebamos**	**recibamos**	**no recibamos**
bebed	**no bebáis**	**recibid**	**no recibáis**
beban	**no beban**	**reciban**	**no reciban**

Here are some examples of verbs with an irregular first person of the present tense from which the imperative is formed.

salir → salgo	tener → tengo	decir → digo	oír → oigo
to go out	to have	to say	to hear
affirmative			
sal	**ten**	**di**	**oye**
salga	**tenga**	**diga**	**oiga**
salgamos	**tengamos**	**digamos**	**oigamos**
salid	**tened**	**decid**	**oíd**
salgan	**tengan**	**digan**	**oigan**
negative			
no salgas	**no tengas**	**no digas**	**no oigas**
no salga	**no tenga**	**no diga**	**no oiga**
no salgamos	**no tengamos**	**no digamos**	**no oigamos**
no salgáis	**no tengáis**	**no digáis**	**no oigáis**
no salgan	**no tengan**	**no digan**	**no oigan**

For example:
salgamos a las diez let's go out at ten o'clock
tenga paciencia have patience
¡ten cuidado! take care!
no diga demasiado do not say too much
dígame, ¿en qué puedo servirle? tell me, how can I help you?
¡oiga!, por favor hable más despacio listen! please speak more slowly

Read and understand

De cara al mundo

A nadie le cabe duda de que el período político transitorio de las últimas décadas no ha sido tarea fácil, sino ardua y plena de complejidad; teniéndose que desenredar problemas de tipo institucional y estructural, que por muchos años han obstaculizado el empuje al desarrollo. Por ello, la doble fase transitoria ha significado ser un difícil equilibrio económico y socio-político, durante el cual se han ido revisando e introduciendo nuevas Leyes de Ordenamiento, así como un nuevo planteamiento de la política de infraestructura.

La visión de conjunto es claramente positiva si se potencializan las dotes de creatividad y adaptabilidad de la población. Inicialmente han surgido establecimientos asesores, bancarios y creditivos para medianas y pequeñas empresas. Mas la importancia económica actual del país ha atraído también a compañías bandera europeas, surgiendo así otras empresas a través de concesiones y franquicia. Sin embargo, la notabilidad de la tercera edad, las demandas favorables al medio ambiente y de productos económicos de energía, presenta una valorización de ajuste oferta-demanda.

Una actividad no existente en España, hasta hace muy pocos años, ha sido el capital-riesgo, el cual aunque en algunos países ha estado dirigido hacia la alta tecnología, no obstante en éste puede ser de contribución al importante desarrollo de sectores productivos. Específicamente debe fortalecerse la infraestructura de inversión y creación de empleo, avanzando hacia un crecimiento equilibrado y perdurable; pero mejor aun, a prueba de absolutistas.

a nadie le cabe duda	there is no doubt in anyone's mind
no ha sido tarea fácil	it has not been an easy task
sino ardua y plena de complejidad	but arduous and full of complexity
se han tenido que desenredar	they have had to untangle
han obstaculizado	they have blocked/hindered
el empuje al desarrollo	the push/force towards development
Leyes de Ordenamiento	municipal regulations
planteamiento	framework
si se potencializan las dotes de creatividad y adaptabilidad de la población	if the creativity and adaptability of the population are exploited
han surgido	(they) have emerged
asesores	consulting
creditivos	offering credits
ha atraído	(it) has attracted
compañías bandera europeas	European flag-carrier companies
a través de concesiones y franquicias	through concessions and franchises
la notabilidad de la tercera edad	the prominence of senior citizens
al medio ambiente	the environment
valorización de ajuste oferta-demanda	valuation and adjustment according to supply and demand
capital-riesgo	risk-capital
ha estado dirigido	it has been directed
desarrollo	development
inversión	investment
crecimiento equilibrado y perdurable	a balanced and lasting growth
a prueba de	proof against

Did you know?

In Spain telephone numbers are always given in pairs. If there is an odd number of digits, any one may be given singly, e.g:

564309 = 56 43 09	:	cinco seis, cuatro tres, cero nueve
or	:	cincuenta y seis, cuarenta y tres, cero nueve
67325 = 6 73 25	:	seis, siete tres, dos cinco
or	:	seis setenta y tres veinticinco
67325 = 67 3 25	:	seis siete, tres, dos cinco
or	:	sesenta y siete, tres, veinticinco
67325 = 67 32 5	:	seis siete, tres dos, cinco
or	:	sesenta y siete, treinta y dos, cinco

Most people apply the same principle when giving or asking for extension/code/prefix numbers.

Usos y modales por teléfono

It is considered good manners when answering the telephone to give your name right away, but further information such as telephone number, department, position etc., is left to the individual.

In Spain, **al habla** is widely used, e.g:

¿dígame? Elia al habla

If the person answering the call is not forthcoming in giving a name, the caller would usually ask:
¿con quién hablo, por favor?, who am I speaking to, please?

Also, the person making the call is the one who should end the conversation; the reverse can lead to misunderstandings. If you are cut off, the caller should call back.

Usando el contestador automático

When using an answering machine, it is customary to advise the caller it is a recording, e.g:
le habla el contestador automático de... this is a recorded message from... It is normal practice both for private and business purposes.

El duro

The five-peseta coin is still sometimes referred to as **un duro**. It means 'of hard metal' and originates from the time when a coin of this value was made of silver.

The **Instituto Español de Comercio Exterior, Secretaría de Estado de Comercio, Paseo de la Castellana, 14 – 28046 Madrid**, publishes books on commercial and industrial subjects both at national and international level.

Your turn to speak

13 Imagine that you have received a fax in your office about some new equipment your firm is interested in. You and a colleague are responsible for buying, for installation and for staff training. The company involved has just sent you details of when they are coming to conduct the trial, and you want to notify your colleague. He is not available at that moment, so you decide to leave a message on his answering machine.

You will hear these terms:
ofimática, office automation; **centralita digital**, digital telephone exchange; **correo electrónico**, electronic mail

Listen to the example on the recording, look at the model text on page 122 and remember there are many correct versions of this kind of activity.

Answers

Practice what you have learned

p. 109 Exercise **1** (**a**) 5 (**b**) 4 (**c**) 1 (**d**) 6 (**e**) 3 (**f**) 2 (**g**) 10 (**h**) 7 (**i**) 8 (**j**) 9

p. 109 Exercise **2** (**a**) 12899 (i) uno dos, ocho nueve, nueve *or*, uno dos, ocho, nueve nueve; (ii) uno, dos ocho, nueve nueve *or*, doce ochenta y nueve, nueve; (iii) doce, ocho, noventa y nueve *or*, uno veintiocho, noventa y nueve (**b**) 536 (i) cinco, tres seis *or*, cinco tres seis; (ii) cincuenta y tres, seis *or*, cinco, treinta y seis (**c**) 212121 (i) dos uno, dos uno, dos uno *or*, veintiuno, veintiuno, veintiuno

p. 111 Exercise **4** ¿dígame?; póngame; extensión 236; está comunicando; lo siento comunica también; lo entiendo; la línea está libre; paso la llamada

p. 111 Exercise **5** *Primera parte* 1. Es de Mercedes Conde 2. Es Jefa de Ventas 3. No, no está en su oficina 4. Dejar su recado en el contestador automático 5. Después de oír la señal; *Segunda parte* 1. Las televisiones 2. No, no está completo 3. Faltan los mandos a distancia 4. Han hablado de otro tipo de descuento 5. No, el cliente no está contento

p. 113 Exercise **7** (**a**) la extensión 220 (**b**) quiere usted hablar? (**c**) le paso la llamada (**d**) le deje algún (**e**) sí, tomo (**f**) pendiente unas mercancías

p. 113 Exercise **8** (**a**) Compañía Bienestar (**b**) INTALA S.A. (**c**) el 15 de junio de 1991 (**d**) dos páginas (**e**) a la una y diez de la tarde (**f**) sesenta y tres segundos

p. 115 Exercise **10** las monedas; el código internacional; el tono; el código de Inglaterra; el prefijo de la ciudad; el número del domicilio

p. 116 Exercise **11** *Primera parte* (**a**) habla Ana García (**b**) no, Ana no está en casa (**c**) se habla después del pitido; *Segunda parte* (**d**) un amigo (**e**) cree que Ana está en la ducha (**f**) unas entradas para el concierto (**g**) el concierto de esta noche (**h**) a la nueve de la noche (**i**) tomar unas copas (**j**) él dice: ¡no me falles!, hasta luego...

Your turn to speak

p. 121 Exercise **13** (model text)

Soy ...., es con referencia a la Ofimática, que tenemos en mano.
He recibido un fax de la compañía en cuestión.

Dicen que están dispuestos a hacernos una demostración de la «centralita digital» y sus interconexiones, con explicaciones al personal.

Al mismo tiempo va a venir un especialista asesor para darnos más detalles sobre el «correo electrónico».
La fecha para ambas visitas es el jueves 16 a partir de las 10.30 de la mañana.
Espero tu respuesta, ¡hasta pronto!

8 WELCOMING A VISITOR

You will learn
- to make inquiries at a reception desk
- about meeting a sales director
- how to present a product
- how to show someone around

Study guide

Dialogue 1 + Practice what you have learned
Dialogue 2 + Practice what you have learned
Talk 3 + Practice what you have learned
Talk 4 + Practice what you have learned
Key words and phrases
Grammar
Read and understand
Did you know?
Your turn to speak

Dialogues

1 *Elia is trying to see the chief buyer of a company, without a previous appointment.*

Elia	Buenos días.
recepcionista	Buenos días.
Elia	Quisiera ver al Sr. Moreno, por favor.
recepcionista	¿Tiene usted cita?
Elia	No, no estoy citada.
recepcionista	¿Representa a alguna compañía?
Elia	Sí, represento a una empresa angloamericana. Aquí tiene mi tarjeta.
recepcionista	Muchas gracias. Un momento, voy a llamar a su despacho... Lo siento, en este momento está reunido.
Elia	¿Sabe si va a tardar mucho?
recepcionista	Sí, su secretaria me ha dicho que va a estar reunido toda la mañana, ya que es una junta de Jefes de Departamento.
Elia	Creo que es mejor telefonear mañana por la mañana, ¿está bien?
recepcionista	Sí, es lo más seguro para usted, es una buena idea.
Elia	Muchas gracias, hasta mañana.
recepcionista	De nada, adiós.

¿Tiene usted cita? Do you have an appointment?

No, no estoy citada No, I don't have an appointment (lit. No, I am not appointed).

mi tarjeta my card.

voy a llamar a su despacho I am going to call his private office.

lo siento I am sorry.

en este momento está reunido at the moment he is in a meeting (lit. in this moment he is reunited).

¿sabe si va a tardar mucho? do you know if he is going to be long? **Tardar** means to take (time)/to delay/to be late.

su secretaria me ha dicho his secretary has told me.

toda la mañana all morning.

ya que since.

una junta de Jefes de Departamento a meeting of Heads of Departments.

creo que es mejor telefonear I think that it is better to telephone.

mañana por la mañana tomorrow morning.

¿está bien? is that all right?

es lo más seguro para usted it is safer for you.

es una buena idea it's a good idea.

Practice what you have learned

1 Listen to the dialogue again and mark with a ✓ if the following statements are true (**verdadero**) and an ✗ if they are false (**falso**). (Answers p. 139)

(a) no quisiera ver
(b) no estoy citada
(c) represento a una compañia
(d) su secretaria me ha dicho...
(e) Junta de Jefes de Sucursales
(f) no es una buena idea

2 Here are some terms used in formal correspondence; other styles will be introduced in later Units.

correspondencia (correspondence), **cartas** (letters), **tarjetas postales** (postcards), **el correo** (the mail), **Correos** (Post Office).

Modo de empezar la carta   **Modo de terminar**

1. from one sender, to one receiver, use:
Muy señor mío: Le saluda atentamente,
(Dear Sir,)   Atentamente le saluda,
    (Yours sincerely/faithfully)

2. from one sender, to several receivers, use:
Muy señores míos: Les saluda atentamente,
(Dear Sirs,)   Atentamente les saluda,

3. from several senders, to one receiver, use:
Muy señor nuestro: le saludan atentamente,
(Dear Sir,)

4. from several senders, to several receivers, use:
Muy señores nuestros: Les saludan atentamente,
(Dear Sirs,)

This text is addressed to more than one person from more than one person. Rewrite it as from one person to another.
(Answer p. 139)

Note: **fdo.**, is short for **firmado**, signed.

Compañía Bienestar
Plaza del Este, 513. Madrid

El 14 de junio de 1991

Muy señores nuestros:

Estamos interesados en conocer su nueva gama de productos, por lo que les rogamos enviarnos catálogo y muestrario, más condiciones de pago.

Les saludan atentamente,

Felipe López

Fdo. Felipe López
Departamento de Compras

---

3 In this speaking exercise, you are telling a colleague about a letter you have just received.

You will be prompted with what to say, and then you say it in Spanish.

Dialogues

2 *A buyer has arrived at Casa Seseña, which specializes in making Spanish capes. This is an excerpt from their conversation.*

Jefa de Compras	Pues mire, he venido porque quiero que usted me enseñara los tipos de capa, qué precios, qué calidades, para yo, querer exportar unas capas.
Florencio	Bueno, como usted está viendo, hay diferentes modelos; está el clásico, hay tipo poncho con capucha, pero vamos, quizá lo que a usted más le interese o lo que más pueda vender allí en su país es la capa clásica, porque ésto no pasa de moda.
Jefa de Compras	¿Esto cómo me lo mandarían, si yo quisiera cien capas?, ¿cómo me lo mandarían?, ¿cómo me lo exportarían?
Florencio	Eso no hay problema, se le pueden mandar, bien, embaladas en paquetes de diez o quince, o se le pueden mandar todas juntas colgadas en un perchero.
Jefa de Compras	¿Cuál sería el precio que ustedes...?, o ¿eso ya habría que tratarlo?
Florencio	Eso ya habría que tratarlo. Depende de la cantidad, luego depende de la calidad, depende del tamaño; pero vamos, no habría problemas en ponernos de acuerdo, en cuanto al precio.

---

he venido I have come.

quiero que usted me enseñara I want you to show me (lit. I want that you might show me).

♦ **qué precios, qué calidades** what prices, what quality.

para yo querer exportar unas capas in case I should wish to export some capes. This use of **para yo** is very idiomatic.

hay el tipo poncho con capucha there is the 'poncho' type with a hood. *Note:* this is a Latin-American style garment. In some countries **poncho** also means 'dark', as in **estar a poncho** to be in the dark.

♦ **lo que más pueda vender allí** what you may be more able to sell there.

♦ **ésto no pasa de moda** this one never goes out of fashion. *Note:* **estar de moda**, to be fashionable; **pasar de moda**, to be out of fashion; **pasado de moda**, unfashionable.

♦ **cómo me lo mandarían** how would you send it to me? This conditional tense is explained in the Grammar section on page 135.

♦ **si yo quisiera cien capas** if I wanted a hundred capes.

♦ **¿cómo me lo exportarían?** how would you export it to me?

♦ **embaladas en paquetes** packed in parcels **todas juntas** all together.

♦ **colgadas en un perchero** hanging on a clothes rail (lit. hung on...).

♦ **eso habría que tratarlo** that would have to be discussed.

♦ **en cuanto al precio** regarding the price/as far as the price is concerned.

Practice what you have learned

4 Listen to the dialogue again and complete the sentences below, as you hear them spoken. (Answers p. 139)

(a) pues mire, ... porque

(b) qué ...., qué ...., para yo, ...
....

(c) como usted está viendo, hay ....

(d) lo que más pueda vender allí en su país es ....

(e) porque ésto ....

(f) se le pueden mandar, bien, ...

(g) o se le pueden mandar ....

Note: Spanish-speaking people make extensive use of proverbs in their general conversation, so from here onwards you will come across some well-known ones that are relevant to the subject-matter.

5 **venderse como pan caliente** to sell like hot cakes (lit. 'hot bread')

Match up the following. (Answers p. 139)

1. mayorista		(a)	to purchase with cash
2. comprar al pormayor		(b)	to buy on credit
3. comprar al pormenor		(c)	to buy wholesale
4. comprar con pérdida		(d)	wholesaler
5. comprar fiado		(e)	to buy retail
6. comprar al contado		(f)	to buy at a loss
7. vender		(g)	to sell at a high price
8. vender caro		(h)	to sell
9. vender a plazos		(i)	to sell by auction
10. vender en pública subasta		(j)	to sell on credit

6 For this speaking activity, imagine that you have to fill in an order form from your company. Before doing so, you decide to call the wholesaler to talk about a discount.

un pedido, an order; **hacer un pedido**, to place an order

You'll be prompted with what to say, then you say it in Spanish.

Talk

3 *Here Antonio, who is in charge of production and quality control for Casa Seseña, talks about its history.*

To help you, the talk is divided into three parts.

1ª parte La Casa Seseña, fundada en 1.901, es la única casa en el mundo que se dedica, única y exclusivamente, a la confección de la capa. La tradición es muy antigua, se dice que cuando Esquilache, pero yo creo que ya incluso hasta los romanos usaban capa, ¿no?

2ª parte Después, la Casa Seseña se diseña sus propios modelos, los corta y los confecciona; lo mismo en caballero, que es la capa tradicional de siempre, como en señora, que tenemos una gran variedad de modelos.

3ª parte La Casa Seseña de lo que puede estar orgullosa es de que aquí se visten, pues, muchas personalidades, tales como los Reyes de España, el Príncipe Carlos de Inglaterra, por nombrar a algunos, ya que la lista sería interminable, ¿eh?. Entonces, nosotros nos lo hacemos todo, se diseña, se corta y se confecciona, lo cual ya, le van a explicar el sistema que llevamos de confección.

---

la única casa en (todo) el mundo the only house (company) in (all) the world.

que se dedica a... which is dedicated to... (lit. that dedicates itself to...)

única y exclusivamente only and exclusively. *Note:* when two or more adverbs ending in **mente** are juxtaposed, the **mente** is dropped from the first.

la confección de la capa the making-up of the cape.

la tradición es muy antigua it is a very old tradition.

se dice que... it is said that... (lit. it says that...)

cuando Esquilache since Esquilache's day (lit. when Esquilache). He was a Minister in the reign of Charles III of Spain. For further information, see the *Did you know?* section, p. 138.

incluso hasta los romanos usaban capa even the Romans used capes.

¿no? didn't they? This is used when expecting agreement.

se diseña sus propios modelos it does its own designs.

los corta y los confecciona it cuts them and makes them up.

lo mismo en caballero the same for gentlemen.

tradicional de siempre classic.

como en señora as for ladies.

una gran variedad de modelos a great variety of styles

La Casa Seseña de lo que puede estar orgullosa Casa Seseña can be proud of.

aquí se visten here they dress. **muchas personalidades** many distinguished people.

tales como such as. **Reyes de España** King and Queen of Spain.

Príncipe Carlos de Inglaterra Prince Charles of England.

por nombrar a algunos to name a few.

la lista sería interminable the list would be endless. *Note:* the conditional tense is explained in the Grammar section on page 135.

¿eh? used to mean, loosely, 'do you understand?'

nosotros nos lo hacemos todo we do everything for ourselves.

lo cual (that) which. **le van a explicar** they are going to explain to you.

el sistema que llevamos the system that we have.

Practice what you have learned

7 Listen to the first part of the talk and answer the questions in group 1. Then listen to the second part, and answer group 2 questions. Next listen to the third part and answer group 3 questions. (Answers p. 139)

grupo 1º
(a) ¿Desde cuándo está fundada la Casa Seseña? ....
(b) ¿a qué se dedica? ....
(c) ¿de cuándo es la tradición? ....

grupo 2º
(d) ¿quién diseña los modelos? ....
(e) ¿dónde se cortan y confeccionan? ....
(f) ¿cuál es la capa de siempre? ....
(g) ¿de qué hay una gran variedad? ....

grupo 3º
(h) ¿a qué personalidades nombra Antonio? ....
(i) ¿cómo dice que es la lista? ....
(j) ¿qué van a explicar? ....

8 Below you'll find an order form. A client calls to place an order with you, and you fill in the details. (Answers p. 140)

```
┌─────────────────────────────────────────────────┐
│               CASA CALIDAD                      │
│   Calle Conde, 170   teléf. 532 44 22   20571 MADRID │
│               NOTA DE PEDIDO                    │
│                                                 │
│   Fecha ........................                │
│                          ┌──────────────────┐   │
│                          │ Cliente .......  │   │
│                          │ calle .........  │   │
│   Pedido nº .. 327 / 92 ..│ ciudad ........  │   │
│                          │ teléf. ........  │   │
│                          └──────────────────┘   │
│                                                 │
│   Enviar a ....................                 │
│                          ┌──────────────────┐   │
│                          │ Forma de pago .. │   │
│   Plazo de entrega ......│ Domiciliación de pago │
│   .........................................    │
│                                                 │
│             Detalle de los géneros              │
│   Cantidad        Descripción         Precio    │
│                                                 │
│                                                 │
└─────────────────────────────────────────────────┘
```

9 For this speaking activity, you have sent an order to the warehouse, and now you want a progress report. Use the completed form above as a guide.

You'll be prompted with what to say, then you say it in Spanish.

Talk

4a *The first part of the talk is by Fini, who is in charge of machine sewing operations.*

1ª parte Ahora vamos a explicarle cómo se confecciona una capa. Lo que se realiza en la máquina:
en la capa se pone una cinta de seda toda alrededor; después se monta una esclavina, que nosotros llamamos, que es una capita que lleva como por encima de los hombros; se pone el cuello, y se remata, poniéndole un terciopelo interno, que nosotros llamamos: embozo.
Confeccionamos la clásica capa española, pero, también hemos introducido en nuestra Casa diseños modernos, porque nuestras capas se pueden usar, como para fiesta, como para uso diario y común...

cómo se confecciona una capa how a cape is made.
Lo que se realiza en la máquina what is done by machine.
una cinta de seda toda alrededor a silk ribbon all around.
se monta una esclavina a short cape is fitted.
que nosotros llamamos as we call it.
que lleva como por encima de los hombros which is worn over the shoulders.
• **se pone el cuello** the collar is fitted.
• **se remata** it is finished off.
poniéndole un terciopelo interno with a velvet lining (lit. putting a velvet to the inside).
embozo fold (of a cape).
diseños modernos modern designs
• **para fiesta** for a party/celebration.
• **para uso diario y común** for everyday and normal use.

Practice what you have learned

10 Listen to the first part of the talk again and mark with a ✓ the following words and expressions as you hear them. (Answers p. 140)

cómo se confecciona una capa	
se pone una cinta de seda	
en parte	
se monta una esclavina	
un bolero	
por encima de los hombros	
se pone el cuello	
un terciopelo interno	
embozo	
para fiesta	
para uso diario y común	

Talk

4b *The second part of the talk is by María-Luisa, who is in charge of the finishing touches.*

2ª parte Como le ha dicho antes mi compañera, después de coser a máquina, pues, hay que confeccionar lo que es: a mano, y lo que es: artesanal.
Entonces, primero se envuelve lo que es: las cintas; luego se pone lo que es: la cinta central con el excusón; se vuelve lo que es: el forro de la esclavina; y luego al final, pues, se le cose lo que es: los embozos; y se le ponen los broches de plata que son de Salamanca. El paño lo traemos, lo que es: de Béjar, y es de lana, o sea, pura lana.
Y los colores del embozo pues suelen ser en rojo, en negro, color vino Burdeos, verde, o sea, eso ya depende, a gusto del cliente.

---

como le ha dicho antes mi compañera as my colleague has already said.

después de coser a máquina after the machine-sewing.

lo que es that which is. Note the repeated use of **lo que es** by María-Luisa. It is peculiar to her style of speaking.

a mano by hand; **artesanal** crafted.

se envuelve one wraps around.

la cinta central con el excusón the central interfacing with the interfacing.

se vuelve one turns over.

el forro de la esclavina the lining of the shoulder cape.

los broches de plata the silver clasps.

el paño the cloth; **de lana** of wool; **pura lana** pure wool.

suelen ser are usually (lit. they are accustomed to be).

color vino Burdeos Bordeaux wine color.

o sea that is to say.

a gusto del cliente to the client's taste (lit. at the taste of the client).

Practice what you have learned

11 Listen to the second part of the talk again and fill in the missing words. (Answers p. 140)

(a) hay que confeccionar lo que es: ....,

y lo que es: ....

(b) se envuelve lo que es: ....

(c) luego se pone lo que es: .... con el excusón;

(d) se vuelve lo que es: .... de la esclavina;

(e) se le cose lo que es: .... ;

(f) y se le ponen .... que son de Salamanca.

(g) los colores del embozo pues suelen ser: ....

(h) eso ya depende, ...

12 Use the recording for this exercise. Below you'll find a delivery slip, **una nota de entrega**. Your department has just taken delivery of an order from a supplier. You are about to check it with a colleague. As you hear them read out, mark with a ✓ the items and prices that are correct, and make a note of any that are incorrect. (Answers p. 140)

Casa Mejor
calle Metro, 16
205188 MADRID

Albarán nº 3.201

Fecha 22 agosto 1991

NOTA DE ENTREGA

	cantidad	concepto	precio	importe	
(a)	5	trajes caballero	35.000	175.000	
(b)	2	trajes cab. talla x	42.000	84.000	
(c)	2	capas negras caballero	55.000	100.000	
(d)	1	traje seda señora	25.000	25.000	
(e)	3	trajes pantalón, señora	32.000	96.000	
(f)	2	capas en rojo de señora	38.000	76.000	
(g)	1	capa poncho negra, sra.	45.000	90.000	

13 For this speaking exercise, you are going to telephone the firm above to ask them to correct the order, and to find out how long it will take.

You'll be prompted with what to say, then you say it in Spanish.

Key words and phrases

voy a llamar a su despacho	I am going to call his/her private office
lo siento	I am sorry
¿sabe si va a tardar mucho?	do you know if he/she is going to be long?
ha dicho	he/she has said/you (polite) have said
una Junta de…	a meeting of…
mañana por la mañana	tomorrow morning
he venido	I have come
qué precios, qué calidades	what prices, what quality
querer exportar	to want to export
como usted está viendo	as you can see
lo que a usted más le interese	what may interest you more
ésto no pasa de moda	this (one) doesn't go out of fashion
¿cómo lo mandarían?	how would you send it?
¿cómo lo exportarían?	how would you export it?
si yo quisiera	if I would like
se pueden mandar	they can be sent
embaladas en paquetes	wrapped in parcels
todas juntas	all together
colgadas en un perchero	hanging on a clothes rack
¿cuál sería el precio?	what would be the price?
ponernos de acuerdo	to come to an agreement
habría que tratarlo	it would have to be discussed
depende de…	it depends on…
la cantidad, la calidad, el tamaño	the quantity, the quality, the size
no habría ningún problema	there wouldn't be any problem
en cuanto al precio	regarding the price/as far as the price is concerned
cuando (usted) quiera	whenever you like
la única casa en (todo) el mundo	the only house in (all) the world
se dice que…	it is said that…
¿no?	isn't that so?
se diseña sus propios modelos	it does its own designs
tradicional de siempre	classic
una gran variedad de modelos	a great variety of models
tales como	such as (plural)
la lista sería interminable	the list would be endless
nosotros nos lo hacemos todo	we do everything for ourselves
el sistema	the system
se realiza a máquina	it's done by machine
encima de los hombros	on top of the shoulders
el cuello	the collar
para fiesta	for a party/celebration
para uso diario y común	for everyday and normal use
coser a máquina	to sew by machine
lo que es	that which is
a mano	by hand
broches de plata	silver clasps
el paño	the cloth
o sea	that is to say
a gusto del cliente	to the client's taste

Grammar

Comparatives

To express comparison of quality the following terms are used:

tan + adjective + **como** ... (as ... as)
ese producto es tan caro como el nuestro
that product is as expensive as ours

tanto + noun + **como** ... (as ... as)
tiene tanto trabajo como yo
he has as much work as I have

tanto + **como**
produce tanto como yo
he produces as much as I do

Note also how it is used as an adverb:
tan + adjective (so / such) e.g:
la casa es tan grande
the house is so big

tanto + nouns (so much / many)
¡cuesta tanto dinero!
it costs so much money!

tan + noun + **como**
se vende tan pronto como se produce
it is sold as soon as it is produced

To express inequality, these terms are used:
más ... que e.g:
está más caro hoy que ayer
it is more expensive today than yesterday

menos ... que
transportan menos tonelaje que tú
they transport less tonnage than you

más de
tiene más de cien empleados
he has more than one hundred employees

menos de
importan menos de esa cantidad
they import less than that amount

The conditional tense

The conditional tense of the verb is formed in the same way in each of the three conjugations. *Note:* The accents are very important when writing and pronouncing.

-ar -er -ir + ía

	hablar	*ser*	*producir*
	(I would speak)	(I would be)	(I would produce)
yo	hablaría	sería	produciría
tú	hablarías	serías	producirías
él, ella, usted	hablaría	sería	produciría
nosotros/as	hablaríamos	seríamos	produciríamos
vosotros/as	hablaríais	seríais	produciríais
ellos, ellas, ustedes	hablarían	serían	producirían

14 Complete the blank spaces with the conditional tense of the verbs given below, in the order they appear. (Answers p. 140)

trabajar
querer
ser
abrir
permitir
determinar
introducir
necesitar
asegurar

En el taller (they would work) .... a toda prisa pues (they would want) .... usar el método justo a tiempo. Esta (would be) .... la primera orden de exportación a los Estados Unidos, donde (they would open) .... un nuevo mercado, y a la vez les (would permit) .... extender su gama de productos. El éxito de ventas en Norteamérica (would determine) .... cuándo y dónde los (would introduce) .... también en Iberoamérica, aunque para establecer las nuevas líneas en tales mercados (they would need) .... una adicional línea de montaje.

Por tanto, este nuevo contrato (would assure) .... el futuro a la fuerza de trabajo y a la Compañía.

Read and understand

La artesanía española

La rica artesanía española, arraigada en la larga historia del país, presenta variedades apropiadas para uso cotidiano, o festivo, además de haber adquirido en estos días una tercera dimensión, con la clientela coleccionista. Muchas de sus tradiciones provienen de las primeras civilizaciones, algunas retienen antiguas influencias del pueblo indígena, pero sobre todas ellas han dejado marcadas huellas pasadas invasiones.

Entre las más tradicionales debe darse lugar de honor a la alfarería, que se llama así cuando la arcilla modelada a mano o torno pasa sólo por una cochura en el horno; a cuya versidad contribuye la gran variedad de arcillas en el terreno español. Evoluciona de ésta la cerámica, la cual pasa por más cochuras, decorada con diferentes óxidos, y que está considerada como la más universal de todas las artes.

Otro cuadro de honor debería ser para el trabajo con la madera. El pueblo artesano ha elaborado de siempre esta materia prima, perviviendo todavía oficios y gremios de gran singularidad. Dándose el caso que en casi cada provincia española pueden hallarse talleres o empresas donde se trabaja en carpintería, ebanistería, marquetería, de talla, imaginería, etc., así como en oficios auxiliares.

El arte de trabajar el hierro, oficio artesano español por excelencia; el damasquinado toledano, la filigrana de plata, los bordados típicos de las varias regiones, encajes y trabajos de hilo, abanicos, cestería, trabajos de piedra, mármol y alabastro, encuadernación, vidrio soplado y vitrales, y muchas más actividades artesanas vigentes, son muestras de manos diestras conocedoras de la materia en la que elaboran variedad y características; simbolizando sus trazos la creatividad y tradición de un pueblo.

artesanía	craftsmanship	**de gran singularidad**	very unusual
arraigadas en	rooted in	**dándose el caso**	being the case
apropiados para uso cotidiano	appropriate for everyday use		(lit. giving itself the case)
provienen	they come/ originate from	**talleres**	workshops
		carpintería	carpentry
retienen	they retain	**ebanistería**	cabinet-making
han dejado	they have left	**marquetería**	inlay work
marcadas huellas	noticeable marks/ imprints	* **de talla**	carving
		imaginería	religious imagery
lugar de honor	place of honor	**el hierro**	iron
la alfarería	pottery	** **damasquinado**	damascene work
la arcilla	clay	**filigrana de plata**	silver filigree
modelada a mano o torno	shaped/modelled by hand or wheel	**bordados**	embroidery
		encajes	laces
una cochura en el horno	one baking in the kiln	**hilo**	thread/linen
		abanicos	fans
la cerámica	ceramics	**cestería**	basket-making
cuadro de honor	place of honor (lit. frame of honor)	**piedra, mármol y alabastro**	stone, marble and alabaster
ha elaborado de siempre	has always worked with	**encuadernación**	bookbinding
		vidrio soplado	glass-blowing
materia prima	raw material	**vitrales**	stained glass
perviviendo todavía	surviving still	**vigentes**	prevailing
oficios y gremios	trades and guilds		

Note:
* In Latin-America **talla** means to chat/court.
** **Damasquinado** refers to gold threads etched onto soft steel by hammer and chisel.

Did you know?

In his talk, Antonio refers to Esquilache, whose name is regarded as a joke among Spaniards. He was Treasury Minister in the Spain of Charles III. To raise money for the treasury, on 10th March 1766, Esquilache decided to put a tax on the width of the hats and the length of the capes worn by all citizens. Anyone found wearing more material on these garments than that stipulated had to pay six ducats for a first offense, double for a second, and face exile for a third. The people of Madrid expressed their views with riots. The mandate lasted from the 22nd to the 26th of March; and it was Esquilache who found himself in exile. Since then his name has become synonymous with an uneven cut or short length of material.

Amigos de la capa (Friends of the cape)

This is the name of a Spanish Society. It attracts members from various royal families, the Diplomatic Corps, the arts, entertainment, sports and the bullfighting world. They wear the cape when gathered together for special occasions designated by the members, such as gala performances, or when the writer Camilo José Cela chose to wear his cape to receive the Nobel Prize for Literature.

Artesanos y oficios

In Madrid, artisans used to establish their workshops by grouping together in streets according to their trade. The streets were then named after that particular craft. Some of these street names still exist in the old part of the city, such as:

calle de: los Bordadores (the embroiderers), **las Hilanderas** (the spinners), **la Aguja** (the needle), **los Herreros** (the blacksmiths), **los Libreros** (the booksellers), **la Platería** (the silversmiths), **los Peleteros** (the furriers), **los Sastres** (the tailors), **los Tintoreros** (the dyers), etc.

However, the street **calle de La Cruz**, where Casa Seseña is, used to be full, not of crosses, but of tailors, like the **calle de los Sastres**. Nowadays, to prevent crafts and skills from dying out, encouragement is being given to local artisans by, for instance, the presentation of certificates and scrolls for outstanding work and many local authorities keep a register of their artisans, and hold regular trade fairs and exhibitions.

Note: You can now use a system of computerized **páginas amarillas**, yellow pages, which is a form of advertising for businesses, companies and services. But beware! For in some parts of Latin America **páginas amarillas** means 'gutter press'.

Your turn to speak

15 For this speaking exercise, imagine that you are interested in introducing a new product to your line. You are at this moment talking to the Chief Buyer about new ventures, and you take this opportunity to present your idea and reasons to him/her.

You might decide to describe how the goods are made; or you may want to explain various important aspects of the product, and why you think it would be a success with your clients.

Listen to the example on the recording, look at the model text on page 140 and remember that there are many possible correct versions.

Answers

Practice what you have learned

p. 125 Exercise 1 (**a**) falso (**b**) verdadero (**c**) verdadero (**d**) verdadero (**e**) falso (**f**) falso

p. 125 Exercise 2

Compañía Bienestar
Plaza del Este, 513. Madrid

El 14 de junio de 1991

Muy señor mío:

Estoy interesado en conocer su nueva gama de productos, por lo que le ruego enviarme catálogo y muestrario, más condiciones de pago.

Le saluda atentamente,

Felipe López

Fdo. Felipe López
Departamento de Compras

---

p. 127 Exercise 4 (**a**) he venido (**b**) precios; calidades; querer exportar unas capas (**c**) diferentes modelos (**d**) la capa clásica (**e**) no pasa de moda (**f**) embaladas en paquetes de diez o quince (**g**) todas juntas colgadas en un perchero

p. 127 Exercise 5 1. (**d**) 2. (**c**) 3. (**e**) 4. (**f**) 5. (**b**) 6. (**a**) 7. (**h**) 8. (**g**) 9. (**j**) 10. (**i**)

p. 129 Exercise 7 (**a**) desde 1.901 (**b**) a la confección de la capa (**c**) es muy antigua (**d**) Casa Seseña diseña sus propios modelos (**e**) en Casa Seseña (**f**) la capa de caballero (**g**) hay una gran variedad de modelos (**h**) los Reyes de España y el Príncipe Carlos de Inglaterra (**i**) la lista sería interminable (**j**) el sistema que llevan de confección

Answers

Practice what you have learned

p. 129 Exercise **8**

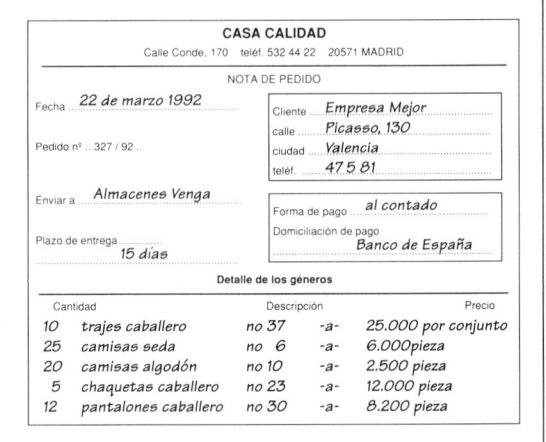

```
                    CASA CALIDAD
         Calle Conde, 170  teléf. 532 44 22  20571 MADRID
                    NOTA DE PEDIDO
  Fecha  22 de marzo 1992      Cliente  Empresa Mejor
                                calle    Picasso, 130
  Pedido nº  327 / 92           ciudad   Valencia
                                teléf.   47 5 81
  Enviar a  Almacenes Venga
                                Forma de pago  al contado
  Plazo de entrega              Domiciliación de pago
            15 días                            Banco de España
                  Detalle de los géneros
   Cantidad        Descripción              Precio
   10    trajes caballero     no 37   -a-   25.000 por conjunto
   25    camisas seda         no  6   -a-   6.000 pieza
   20    camisas algodón      no 10   -a-   2.500 pieza
    5    chaquetas caballero  no 23   -a-   12.000 pieza
   12    pantalones caballero no 30   -a-   8.200 pieza
```

p. 131 Exercise **10** cómo se confecciona una capa; se pone una cinta de seda; se monta una esclavina; por encima de los hombros; se pone el cuello; un terciopelo interno; embozo; para fiesta; para uso diario y común

p. 133 Exercise **11** (**a**) a mano; artesanal (**b**) las cintas (**c**) la cinta central (**d**) el forro (**e**) los embozos (**f**) los broches de plata (**g**) en rojo, en negro, o color vino Burdeos, verde... (**h**) a gusto del cliente

p. 133 Exercise **12** (**a**) ✓ (**b**) 1 traje (**c**) ✓ (**d**) no (**e**) ✓ (**f**) ✓ (**g**) no

Grammar

p. 136 Exercise **14** trabajarían, querrían, sería, abrirían, permitiría, determinaría, introducirían, necesitarían, aseguraría

Your turn to speak

p. 139 Exercise **15** (model text)

Pienso que sería interesante y beneficioso el importar algunas capas españolas, por varias razones:

primero,	la Casa que recomiendo es de prestigio, y la sola que se dedica únicamente a la confección de capas;
segundo,	porque las capas son de pura lana española;
tercero,	por la gran variedad de estilos de lo tradicional a lo moderno, incluso algunas con bordados;
cuarto,	por el acabado a mano;
quinto,	por los broches de plata, y los diversos colores de terciopelo para los embozos;
sexto,	pero estoy seguro/a que a nuestros clientes les encantaría un artículo tan característico.

Por estas seis razones básicas, creo que deberíamos importarlas.

9 SELLING YOUR PRODUCT

You will learn
- about the role of advertising in business
- how to make inquiries at a trade fair
- how to place an advertisement
- how to obtain information at an exhibition

Study guide

Talk 1 + Practice what you have learned
Dialogue 2 + Practice what you have learned
Talk 3 + Practice what you have learned
Dialogue 4 + Practice what you have learned
Key words and phrases
Grammar
Read and understand
Did you know?
Your turn to speak

Talk

1 *Ana López del Arco, Commercial Director for INREVISA, explains the importance of advertising in business.*

To help you, the talk is divided into two parts.

1ª parte Pues creo que la publicidad cada vez es más importante para el comercio, o para cualquier tipo de empresa que quiera ponerse en contacto con los lectores.
Bien por un nuevo lanzamiento de algún producto nuevo, o bien, para recordarles que esa empresa, eh, sigue en buen funcionamiento, o bien por imagen.

2ª parte Creo que es importantísimo comunicarse con el lector, eh, en todo tipo de comercio, o de empresas, para decirle cómo realmente va ese negocio.
La publicidad cada vez es más importante, puesto que en todas las empresas hay más presupuesto de publicidad para comunicarse con, las personas que ven ese medio de comunicación, y comentarles su estado, o bien de tesorería, en unos sentidos por ejemplo, como puede ser en bancos, o de sus productos nuevos, o de las cosas nuevas que van a sacar.

1ª parte
- **cada vez es más** is more and more (lit. each time is more).
- **cualquier tipo** whatever type. *Note*: there is more about this term in the Grammar section on p. 151.
- **ponerse en contacto** to be in touch.
- **los lectores** the readers.
- **un nuevo lanzamiento** the launching. **para recordarles** in order to remind them.
- **sigue en buen funcionamiento** it continues to function well. **Sigue** is from the radical-changing verb **seguir**, to carry on/continue/follow.

o bien por imagen or rather for its image.

2ª parte
- **comunicarse con el lector** to comunicate with the reader.

cómo realmente va ese negocio how it is really going for that business.

puesto que since/as.

- **presupuesto** budget.

ven they see. This is from the verb **ver**, to see.

- **medio de comunicación** medium of communication.

comentarles su estado to tell/show them how they are doing. (lit. to comment to them their state of affairs).

- **tesorería** treasury.

en unos sentidos in a sense (lit. in some senses).

como puede ser en bancos as with banks.

- **o de sus productos nuevos o de las cosas nuevas** either about their new products or about the new things.

- **que van a sacar** that they are bringing out (lit. that they go/are going to take out).

Practice what you have learned

1 Listen to the talk again and mark with a ✓ the statements below that you hear. (Answers p. 155)

- (a) no creo ☐
- (b) más importante ☐
- (c) menos importante ☐
- (d) ningún tipo de empresa ☐
- (e) cualquier tipo de empresa ☐
- (f) ponerse en contacto con ☐
- (g) un antiguo lanzamiento ☐
- (h) un nuevo lanzamiento ☐
- (i) sigue en buen funcionamiento ☐
- (j) falto de imagen ☐
- (k) por imagen ☐
- (l) comunicarse con el lector ☐
- (m) un presupuesto pequeño ☐
- (n) más presupuesto ☐
- (o) medio de comunicación ☐
- (p) tesorería ☐

2 Listen to the recorded advertisement. It describes some of the services offered by a Public Relations company to businesses. Insert in the advertisement below the various services offered, as you hear them. (Answers p. 155)

ORGANIZACION DE FERIAS Y CONGRESOS
Para el total éxito de su Reunión, o Congreso confíe en nosotros, le pondremos en contacto con empresas altamente especializadas.

Servicio turístico
Planificación y coordinación   * ....
Medio informativos y de
  relaciones públicas   * ....
Montaje de exposiciones   * ....
Equipamiento completo de
  audiovisuales   * ....
Azafatas profesionales y
  multilingües   * ....
Secretariado   * ....
Traducción
Interpretación   * ....

---

3 You are talking to an advertising agency about a new product that your company wants to launch. You give them an outline of your objectives. You are expecting them to come back to you with the plan for a marketing campaign within a set period of time. You may find the terms below useful.

lanzar un producto, to launch a product
campaña publicitaria, publicity campaign
proyectar una imagen, to project an image
borrador, draft
mercadotécnia o técnicas de mercado, marketing
logotipo, logo
vallas/carteles publicitarios, signboards, posters

You will be prompted with what to say, then you say it in Spanish.

Dialogues

2 *Casa Tenorio, suppliers of hand-made shoes and boots to the Royal House, have been in existence for about a hundred years. Here Félix talks about their work.*

visitante   Félix, ¿cuántos años lleva la Casa Tenorio como artesana española?
Félix   Aproximadamente unos cien años.
visitante   Y, ¿ustedes, se dedican a hacer botas, no?
Félix   Sí, hacemos, nuestro calzao es exclusivamente el zapato de campo, que llamamos nosotros; entre ellos el tipo es la bota alta de caza, que es una especialidad nuestra; luego el boto campero, y hay otro tipo también de bota que hacemos es la polaina, polaina campera también, o «legging», que llaman ustedes allí.
visitante   Y, ¿cómo están hechas?
Félix   Pues eso va hecho normalmente, va hecho a mano, exclusivamente, va hecho. Se toma la medida, de, lo mismo del pie, que de la pierna de cada persona, y se adaptan a unos patrones que se dibujan, y se hace luego sobre la piel.
visitante   ¿Y, tienen alguna toma especial, alguna forma especial para distintas personas?
Félix   No, no, cada uno es con arreglo a su pierna, lo que pasa es que al haber bastantes modelos, o el gusto de cada individuo, pues se hace con arreglo a lo que quiera él.

¿Cuántos años lleva ... como ...?   how many years have you been ... (as) ...? (lit. how many years carry you as ...?) **Lleva** is from the verb **llevar**, to carry.

¿ustedes, se dedican a hacer botas, no?   you devote yourselves to the making of boots, don't you?

nuestro calzao   our footware. *Note:* **calzao** is a colloquial form of **calzado**, footwear.

el zapato de campo   walking shoe (lit. country shoe).

el tipo de bota alta   the type of high boot; **de caza** for hunting. **una especialidad nuestra**   a speciality of ours.

el boto campero   country boot. *Note:* these are high leather boots worn for walking or working in the countryside.

la polaina   gaiter. A **bota de polaina** is actually a riding boot. In parts of Latin America **polaina** means a 'setback'.

que llaman ustedes allí   which you call it over there.

¿cómo están hechas?   how are they made? **va hecho a mano**   it is hand-made (lit. it goes made by hand).

se toma la medida   one takes the measurement. **lo mismo del pie, que de la pierna** not only of the foot but also of the leg.

se adaptan a unos patrones   they are adapted to some patterns. **Adaptan** is from the verb **adaptar**, to adapt.

que se dibujan   that are drawn (lit. that draw themselves). **Dibujan** comes from the verb **dibujar**, to draw.

se hace luego sobre la piel   then it is done on the leather.

¿tienen alguna toma especial...?   have you any special way of taking measurements...?

con arreglo a...   according to/in accordance with... **el gusto de cada individuo** the taste/liking of each individual.

lo que quiera él   what he may want.

Practice what you have learned

4 From the dialogue you have just heard, match up the following terms. (Answers p. 155)

1. casa artesana	(a) a speciality of ours
2. hecho a mano	(b) in accordance with
3. con arreglo a	(c) artisan house
4. una especialidad nuestra	(d) hand-made
5. el gusto de cada individuo	(e) to each individual taste
6. el calzado	(f) footware

5 Listen to what Félix said when he was asked if he had any famous clients. Below you will find the missing words; use them to complete the dialogue. (Answers p. 155)

visitante ¿Y tiene usted ....?

Félix Pues, aquí en casa vienen de ....

visitante ¿ .... por ejemplo?

Félix Vienen por ejemplo .... americanos; venían escritores, que .... venía Ernest Hemingway, él de ustedes; eh ..., y de artistas de cine, de Italia viene Marcelo Mastroiani, y, muchos ...., ya sabe usted, en este momento ...., pero vamos, vienen muchos, ...

artistas de cine	**no se acuerda uno**	**entre ellos**	**vienen muchos**
como	**mucho público**	**clientes muy famosos**	**todas partes del mundo**

encontrar la horma de su zapato, to fit like a glove

6 You decide to contact the organizers of a Trade Fair as your company would like to exhibit some of their products. The company specializes in leather goods. You will find the terms below useful.

artículos de piel, leather goods
horma, last
ante, suède

sintético, synthetic
bolsillos, cinturones, handbags, belts
billeteros/monederos, wallets/purses

You will be prompted with what to say, then you say it in Spanish.

Note: The term **ante** (suède) which, in parts of Latin America could mean a cold fruit drink or a broth made from cereals and honey.

Talk

3 *Ana López del Arco is the Commercial Director of Información y Revistas S.A., a large publishing group which owns several newspapers and magazines. The title mentioned in this extract is 'Cambio 16', a leading Spanish current affairs magazine which in January 1991 celebrated its 20th anniversary. Here Dª Ana explains how to place an ad in one of the group's publications.*

Dª Ana Bueno, principalmente, tiene que ponerse en contacto con el Departamento de Publicidad Internacional, que está en 'Cambio 16', tenemos un director de Internacional, entonces hablaría con él, entonces, ustedes tendrían que decir si vienen a través de una Agencia de Publicidad, o vienen directamente.
Si vienen directamente, se ponen de acuerdo con el Departamento de Publicidad, de Cambio, y se le hace su correspondiente descuento y demás. Nos manda los originales que ustedes quieran, y se inserta en la fecha que ustedes lo deseen.
Si es a través de una Agencia de Publicidad, nosotros hablaríamos con la agencia de publicidad, diciendo que tienen interés en insertar una página de su compañía en nuestra revista.
Eso es todo el procedimiento.

- **ponerse en contacto con** to get in touch with (lit. to put oneself in contact with).
- **Departamento de Publicidad Internacional** International Advertising Department.
  Cambio 16 (Change 16) is the name of a leading Spanish magazine.
  hablaría con él you would speak to him.
  ustedes tendrían que decir you would have to say.
- **si vienen a través de** if you are applying through. **Vienen** is from the radical-changing verb, **venir**.
  una Agencia de Publicidad an advertising agency.
- **si vienen directamente** if you are applying directly.
- **se ponen de acuerdo con...** you come to an agreement with.../you agree (lit. you put yourselves of agreement with...)
  se le hace it is done for you. *Note:* this structure is very idiomatic.
- **su correspondiente descuento** your corresponding discount.
- **y demás** and the rest.
  nos manda los originales you send us the originals.
  que ustedes quieran that you may want.
- **se inserta** one inserts.
- **en la fecha** on the date
  que ustedes lo deseen that you may want it for.
  diciendo que tienen interés saying that you are interested. **Diciendo** is from the radical-changing verb **decir**, to speak.
- **en insertar una página** in inserting a page.
  en nuestra revista in our magazine.
- **eso es todo el procedimiento** that is the entire procedure.

Practice what you have learned

7 Listen to the talk again and complete the following sentences. (Answers p. 155)

1. tiene que .... con el Dpt. de Publicidad.
2. tendrían que decir si .... una Agencia de Publicidad.
3. si vienen directamente, ... con el Dept. de P.
4. se le hace su .... y demás.
5. nos manda .... que ustedes quieran.
6. y se .... que ustedes lo deseen.
7. tienen interés .... de su compañía.
8. eso es ....

8 Listen to the recorded conversation between two friends. Put the expressions below in the order you hear them spoken, and decide which does not belong. (Answers p. 155)

1. ....   2. ....   3. ....
4. ....   5. ....   6. ....
7. ....   8. ....   9. ....
10. .... 11. ....

prensa	press
entrar en prensa	to go to press
libertad de prensa	freedom of the press
tiradas	editions (printing)
periódicos de calidad	quality newspapers
periódicos 'gaseosos'	tabloid newspapers
diarios	dailies
dominicales	Sunday newspapers
semanales	weekly
mensuales	monthly
revistas comerciales	trade journals
revistas 'del corazón'	romantic/'soap opera' magazines

9 You phone a newspaper to ask about placing an advertisement for your company. You want to know about formats, times, pages and number of words. You will find these terms useful:

página, page   **palabra**, word
espacio, space   **tamaño**, size
el encuadre, setting

You will be prompted with what to say, then you say it in Spanish.

Dialogues

4 *Mari Iglesias is a highly respected dressmaker and designer. She runs her own workshop, specializing in formal dress and theatrical and cinema costumes. Here she talks about the range of work they do.*

visita   Sra. Iglesias, ¿en qué, o cuál, es su especialidad?
Mari   Mi especialidad está basada en ropa de caballero; ropa de caballero que se compone de la ropa de: «americana», pantalón, chaleco.
Luego está, la ropa de etiqueta, o sea, la prenda de etiqueta es: el esmoquin, el chaqué, el frac.
Luego tenemos la sastrería de señoras, que se llama: modista.
Entonces tenemos, la prenda corriente de vestir; luego están los trajes de fiestas.
Y, luego tenemos, otra especialidad: que es la de cine; que ya es en ropa para las escenas de teatro, para bailes, para los tablados flamencos.
Y luego ya viene otra clase que suele ser: de camperos, para montar a caballo, y todas esas cosas.
visita   Muy bien, así, que es una gama muy amplia.
Mari   Amplísima, amplísima.

- **ropa de caballero**   men's wear.
- **se compone de...**   it consists of.
- **«americana», pantalón, chaleco**   sports/casual jacket, trousers, vest.
  Note: 'Americana' is named after the casual wear of North Americans.
- **la ropa de etiqueta**   formal clothes.

  o sea   that is to say.
- **la prenda**   garment.
- **el esmoquín, el chaqué, el frac**   dinner jacket/tuxedo, morning coat, dress coat.
- **la sastrería**   tailoring.
- **modista**   dressmaking.
- **la prenda corriente de vestir**   everyday wear.
- **los trajes de fiesta**   party dresses.
- **la del cine**   that of the movies.
- **las escenas de teatro**   theatrical scenes.
- **bailes**   dances.
- **tablados flamencos**   'flamenco' dancing

  viene otra clase que suele ser   we have another range that usually consists of (lit. it comes another type that is accustomed to be).

  de camperos, para montar a caballo   country outfits, for horse riding (lit. **montar a caballo**   to ride a horse).
- **una gama muy amplia**   a very wide range.

Practice what you have learned

10 Listen to the dialogue again, and fill in the gaps below, referring to the various garments mentioned by Mari. (Answers p. 155)

1. la ropa de caballero se compone de:

    (a) ………………… (b) ………………… (c) …………………

2. la prenda de etiqueta es:

    (a) ………………… (b) ………………… (c) …………………

3. la sastrería de señoras se llama: ……………………………………

4. la ropa de modista es:

    (a) ………………… (b) …………………

5. otra especialidad es:

    (a) ………………… (b) ………………… (c) …………………

6. y otra clase suele ser:

    (a) ………………… (b) …………………

11 Here is a fashion pamphlet from a trade fair. Coming out of a hat below are various terms. Match them up with their English equivalents. (Answers p. 155)

FERIA INTERNACIONAL

MODA JOVEN
MODA PRONTA
MODA DE AUTOR
DISEÑOS
MODELOS
DESFILES DE MODELOS
PASARELA
130 EXPOSITORES

Terms coming out of the hat: traje de chaqueta, traje de campaña, traje de faena, traje de baño, traje de diario, traje de noche, traje de calle, traje espacial, traje de ceremonia, traje de casa

(a) ………………… woman's tailored suit
(b) ………………… town clothes
(c) ………………… battledress
(d) ………………… casual clothes
(e) ………………… full/formal dress
(f) ………………… everyday clothes
(g) ………………… military dress
(h) ………………… evening dress/gown
(i) ………………… bathing suit
(j) ………………… spacesuit

entre sastres no se pagan hechuras, what's a favor between friends?

12 You are talking to a buyer for a large chain store. You have been discussing the possibility of some purchases from your company. Now you want to interest him in a new line of suits that your company is bringing out shortly.

You will be prompted with what to say, then you say it in Spanish.

Key words and phrases

cada vez es más	it is more and more
sigue en buen funcionamiento	it continues to work well
cómo va el negocio	how the business is going
se dedican a hacer...	they devote themselves to the making...
una especialidad nuestra	a speciality of ours
¿cómo están hechas?	how are they made?
hecho a mano	hand-made
se toma la medida	you take the measurement
se adaptan a unos patrones	you adapt them to some patterns
con arreglo a...	according to...
el gusto de cada individuo	the taste of each individual
ropa de caballero	men's wear
se compone de...	it consists of...
ropa de etiqueta	formal clothes
o sea	that is to say
la prenda	the garment
la sastrería	tailoring/tailor's shop
modista	dressmaker
la prenda corriente de vestir	everyday wear
los trajes de fiesta	party dresses
bailes	dances
una gama muy amplia	a very wide range
que suele ser	that usually is
ponerse en contacto con	to get in contact with
si vienen a través de...	if they come through...
correspondiente descuento	corresponding discount
en la fecha	on the date
insertar una página	to insert a page
eso es todo el procedimiento	that is the whole process
cada vez	each time
cualquier tipo	any/whichever/whatever type
los lectores	the readers
un nuevo lanzamiento	a new launching
para recordarles	in order to remind them/you
sigue en buen funcionamiento	it is still functioning well
presupuesto	budget/estimate
medio de comunicación	medium of communication
tesorería	treasury
productos nuevos	new products
van a sacar	they are bringing out/they are going to take out

Grammar

Use of 'cualquier'

The term **cualquier** is used in front of either a singular masculine or feminine noun. It can mean:

any   **cualquier persona; cualquier tipo**, anybody
en cualquier momento, at any moment
en cualquier hora, at any time

whatever   **cualquier excusa está bien**, whatever excuse is all right

whichever   **compra cualquier producto en venta**, buy whichever product is on sale

Sometimes **cualquiera** is used on its own to mean 'whoever', e.g:
¡cualquiera cree eso!, whoever believes that!

Note that the plural is **cualesquiera**, e.g.:
cualesquiera de ustedes podrían asistir a la próxima conferencia
any of you could attend the next conference

cualesquiera de los productos lleva su propia garantía
any of the products carries its own guarantee

The imperfect tense

The tense used to describe continuous time in the past is **el imperfecto**, e.g:
él hablaba por teléfono   he was speaking on the telephone
bebíamos demasiado café   we were drinking too much coffee
vivían en la ciudad   they were living in the city

Regular verbs behave as follows.
Those ending in **ar** → **aba**
and those ending in **er, ir** → **ía**

	hablar	*beber*	*recibir*
yo	hablaba	bebía	recibía
tú	hablabas	bebías	recibías
él, ella, usted	hablaba	bebía	recibía
nosotros/as	hablábamos	bebíamos	recibíamos
vosotros/as	hablábais	bebíais	recibíais
ellos, ellas, ustedes	hablaban	bebían	recibían

Here are two common irregulars:

	ser	*ir*
	era	iba
	eras	ibas
	era	iba
	éramos	íbamos
	érais	íbais
	eran	iban

Note: The first and third persons singular, for both regular and irregular verbs, have the same endings, so it is helpful to use the personal pronoun (**yo, él, ella** etc.) with those to avoid confusion.

Note: **hay**   **había**
there is/are   there was/were

13 Fill in the blank spaces below with the imperfect tense of the verbs given below, in the order they appear. (Answers p. 156)

abrir
exhibir
haber
estar
anunciar
insertar
tomar
usar
organizar
ser
invitar
ir
esperar

La Feria (it was opening) .... sus puertas al público en los próximos días.

En total (they were exhibiting) .... 256 expositores. (There was) .... una campaña publicitaria bien montada, la cual (it was) .... programada en 3 etapas:

primeramente (they were announcing) .... la Feria en carteles publicitarios por lugares claves a través de todo el país;

a continuación (they were inserting) .... páginas enteras de anuncios en revistas especialistas, nacionales y extranjeras;

seguido de anuncios que (they were taking) .... aberturas de primer orden en radio y televisión, las cuales, las emisoras radiofónicas y cadenas televisivas (they were using) .... a horas punta.

A la vez (they were organizing) .... en ellas competiciones, para atraer la atención de los radio oyentes y televidentes.

Con todo ello, la cobertura publicitaria (it was) .... larga y amplia.

También (they were inviting) .... a varias personalidades del día, quienes (they were going) .... a hacer acto de presencia en diferentes días.

En total, (they were hoping) .... alcanzar un mayor número de visitantes que en años anteriores.

Read and understand

Carrera del publicitar

En aquellos tiempos cuando el pregonero en pueblos anunciaba su llegada gritando, a los cuatro vientos, el famoso «oyez», traspasado también a otras lenguas, el medio de hacer saber al público las novedades, ofertas o mejores compras, se basaba en el impacto auditivo por esfuerzo pulmonar del tal individuo.

La misión del publicista en tiempos modernos ha pasado a la seducción. Por medio de las técnicas a su alcance éste debe llegar al corazón del consumidor, esperando que su esfuerzo, al igual que con el homólogo antepasado, culmine en la orden de compra.

Con el desarrollo económico de los años 60 y 70 empezaban a surgir en España asociaciones publicitarias, las que primeramente bajo la censura y más tarde con libertad de expresión iban adaptando y desarrollando técnicas visuales. A la vez se establecían escuelas oficiales y privadas, así como titulaciones. La publicidad alcanzaba con ello la profesionalización.

Durante esos afanosos días de oferta y demanda los numerosos medios de comunicación se atareaban por retener la atención pública; a los televidentes, oyentes o lectores ya más alertados, se les transmitía la imagen identificante y persuasiva. Así los cambios cualitativos durante los 80 eran más apreciables con el nuevo papel del publicista, el vender un producto conjunto con una idea. Con ésto se adentraba la profesión en la utilidad social, sus creaciones laborando a la par al beneficio del individuo. En este medio de impacto visual y temático resplandecen el humor más la creatividad españoles.

El publicista actual se vincula más con el patrocinio cultural. Empresarios y entidades financieras se promocionan respaldando económicamente actividades culturales: del mecenazgo a la inversión. La década de los 90 presenta el prominente liderazgo de la Publicidad.

el pregonero	the town crier
a los cuatro vientos	to the four corners (of the earth) (lit. to the four winds)
esfuerzo pulmonar	lung effort
a su alcance	within his/her reach
llegar al corazón del consumidor	to reach the heart of the consumer
al igual que con el homólogo antepasado	in the same way as with its ancient equivalent
culmine en la orden de compra	it will culminate in an order to purchase
libertad de expresión	freedom of expression
titulaciones	granting of degrees
alcanzaba	was reaching
se atareaban por retener	were busying themselves trying to retain
televidentes, oyentes o lectores	television viewers, listeners or readers
el nuevo papel	the new role
se adentraba la profesión en la utilidad social	the profession was becoming useful to society
a la par	at the same time
empresarios y entidades	employers and companies/organizations
se promocionan respaldando	(they) promote themselves by backing
del mecenazgo a la inversión	from patronage to investment
el prominente liderazgo	the prominent leadership

Did you know?

Ferias comerciales

Almost all the Autonomous Regions in Spain now have trade fair parks – **parques/campos de ferias**, and pavilions, many of them recently built or renovated with the latest technological aids.

Most regional authorities produce an annual calendar of national and international trade and public fairs.

In 1990 the **AFE (Asociación de Ferias Españolas)** and its 20 affiliated associations, organized 214 fairs. Some of these associations have a network of representatives throughout Europe.

The Council of Administration of all these is very similar. For example, **IFEMA (Institución Ferial Madrileña)**, Madrid Trade Fair Association, is the result of an agreement between the **Ayuntamiento de Madrid** (Madrid's Town Hall), the **Comunidad Autónoma de Madrid** (Autonomous Community Council), and **Cámara de Comercio de Madrid** (Madrid's Chamber of Commerce). It now has 17 delegates in foreign countries, and organizes more than 40 trade fairs for 300 different sectors/subsectors, a year.

Still on the subject of fairs, there is an excellent traditional one, which takes place annually in Madrid between May and June, and is very close to the hearts of the Madrilenians. This is **la Feria del Libro** (the Book Fair). National and international publishers proudly show off their best and latest works to anyone interested. At this time, the **Paseo del Parque del Retiro** bustles with attractive stalls, personalities, authors and illustrators who make themselves available to autograph their books for the purchaser. The Fair is opened by the King and frequented by the royal family.

La Feria del Libro Antiguo y de Ocasión also takes place in May, and is set up in the central **Paseo de Recoletos**. This is frequented by antiquarians, book binders/restorers, and facsimile printers.

The 23rd April, a day known to Spaniards as **el día del libro** (the day of the book), is the anniversary of **Miguel de Cervantes Saavedra**'s death, in 1616.

In his honor, every year, bookshops, publishers and others are allowed to set up stalls, draped with the Spanish flag, on the pavements, presenting special offers and issues, bargains and book collections.

The day is also commemorated in educational establishments, where teachers may ask students to bring in a favourite book and to talk about it to his/her peers. Some might even be presented with a book by the authorities thereby honouring the memory of the great man of letters.

Your turn to speak

14 You have to give a lecture about your products, to be produced on tape for use at your trade booth. Our example text is about a new data system. You might want to mention some of the key features, e.g:
- it is a product new to the market
- it can transmit and receive information
- it is the ideal system you have been waiting for
- it can be linked to external data bases
- with it you can communicate via electronic mail

Listen to the recorded example, look at the model text on page 156 and remember that there are many possible versions of this type of exercise.

Answers

Practice what you have learned

p. 143 Exercise 1 (**b**); (**e**); (**f**); (**h**); (**i**); (**k**); (**l**); (**n**); (**o**); (**p**)

p. 143 Exercise 2 Montaje de exposiciones; Medio informativos y de relaciones públicas; Planificación y coordinación; Equipamiento completo de audiovisuales; Secretariado. Traducción. Interpretación; Azafatas profesionales y multilingües; Servicio turístico

p. 145 Exercise 4 1. (**c**) 2. (**d**) 3. (**b**) 4. (**a**) 5. (**e**) 6. (**f**)

p. 145 Exercise 5 clientes muy famosos; todas las partes del mundo; Como; artistas de cine; entre ellos; vienen muchos; no se acuerda uno; mucho público

p. 147 Exercise 7 1. ponerse en contacto 2. vienen a través de 3. se ponen de acuerdo 4. correspondiente descuento 5 los originales 6. inserta en la fecha 7. insertar una página 8. todo el procedimiento

p. 147 Exercise 8 1. dominicales 2. prensa 3. libertad de prensa 4. diarios 5. periódicos de calidad 6. semanales 7. periódicos gaseosos 8. tiradas 9. revistas del corazón 10. revistas comerciales 11. mensuales   **entrar en prensa** is the odd one out.

p. 149 Exercise 10 **1.** (a) «americana» (b) pantalón (c) chaleco **2.** (a) el esmoquín (b) el chaqué (c) el frac **3.** modista **4.** (a) la prenda corriente de vestir (b) los trajes de fiesta **5.** (a) ropa de teatro (b) para bailes (c) para tablados flamencos **6.** (a) de camperos (b) para montar a caballo

p. 149 Exercise 11 (**a**) traje de chaqueta (**b**) traje de calle (**c**) traje de campaña (**d**) traje de casa (**e**) traje de ceremonia (**f**) traje de diario (**g**) traje de faena (**h**) traje de noche (**i**) traje de baño (**j**) traje espacial

Answers

Grammar

p. 152 Exercise **13** abría, exhibían, había, estaba, anunciaban, insertaban, tomaban, usaban, organizaban, era, invitaban, iban, esperaban

Your turn to speak

p. 155 Exercise **14** (model text)

Nuestra nueva gama de ordenadores portátiles es lo que usted ha estado esperando. Un compañero de trabajo idóneo.
El MiniCom es compacto y ligero de peso.
Sus reducidas dimensiones y su capacidad de comunicación, lo hacen ideal para viajar y estar siempre con usted.

Además:
- Es un producto nuevo en el mercado
- transmite y recibe información inmediatamente
- es el sistema ideal que todos ustedes estaban esperando
- puede conectarlo con bases de data externas
- con ello podrá comunicarse a través de correo electrónico.

Una oficina eficiente a su disposición, con sólo pulsar una tecla.

10 GETTING WHAT YOU WANT

You will learn
- how to make a telephone inquiry
- about wholesale purchasing
- how to get the gist of a message
- about modes and systems of transport

Study guide

Dialogue 1 + Practice what you have learned
Talk 2 + Practice what you have learned
Dialogue 3 + Practice what you have learned
Talk 4 + Practice what you have learned
Key words and phrases
Grammar
Read and understand
Did you know?
Your turn to speak

Dialogues

1 *This first dialogue involves making inquiries by telephone about an advertised product. The excerpt starts after the caller has been put through to the appropriate extension. The caller is asking about a fax machine, and the receiver of the call tells him about its main features.*

2° señor Buenos días, ¿dígame, qué deseaba?
1er señor Mire, he leído un anuncio en el periódico, sobre la venta de Fax, y quiero que usted me explique un poquito las características del mismo, como memorias, papel que utiliza t.... tiempo de transmisión, y la forma en que suele dar la conformidad al mensaje.
2° señor Sí, bueno, no hay ningún problema, yo se lo explico inmediatamente.
Este aparato tiene 10 memorias; el papel que utiliza es papel normal en varios tamaños, y, la duración de la transmisión es de veinte segundos por página; con una calidad excelente del facsímil.
Eh, la conformidad, siempre la da cuando hemos terminado la llamada, y, puede usted elegir entre una conformidad, o la conformidad de las diez últimas llamadas.
Eh, hacemos pruebas gratuitas, con lo que usted puede llamarnos, sin ningún problema, y le prestaremos un Fax.
1er señor Muy bien, yo me pongo en contacto con usted y le digo qué día pueden venir a hacer la prueba. Gracias, adiós.
2° señor De acuerdo, muy bien, muchas gracias, adiós.

- **¿dígame, qué deseaba?** tell me, what can I do for you? (lit. what were you wanting?)
- **he leído un anuncio en el periódico** I have read an advertisement in the newspaper.
- **sobre la venta** about the sale.

  que usted me explique that you explain to me. **Explique** comes from the verb **explicar**, to explain.

  las características del mismo its characteristics (lit. the characteristics of the same).

  el papel que utiliza the paper that it uses.

  la forma en que suele dar the way in which it usually gives.
- **la conformidad al mensaje** the acceptance/confirmation of the message.
- **yo se lo explico** I'll explain it to you (lit. I to you it explain).
- **veinte segundos por página** twenty seconds per page.
- **calidad excelente del facsímil** excellent quality of facsimile.

  siempre la da it always gives it.
- **cuando hemos terminado la llamada** when we have finished the call.
- **puede usted elegir** you can choose.
- **hacemos pruebas gratuitas** we offer free trials (lit. we make free trials).

  la prestaremos we will lend you. **Prestaremos** comes from the verb **prestar**, to lend. Note: This tense of the verb—the future—will be explained in Unit 12.

Practice what you have learned

1 Listen to the dialogue again and answer the following questions in Spanish. (Answers p. 171)

(a) ¿dónde ha leído el anuncio? ....
(b) ¿cuánto tiempo dura la transmisión? ....
(c) ¿cúando da la conformidad? ....
(d) ¿se puede ver cómo funciona el Fax? ....

2 You will find this letter-writing format useful.

Modo de empezar la carta	Modo de terminar la carta
(when writing to someone you know, but having to show respect)	
1. Distinguido(s) señor(es):	Su afectísimo,
2. Estimado(s) señor(es):	Afectuosamente,
	Con el afecto de su amigo,
	Reciba(n) el afecto de su amigo,
(when writing to someone you know well)	
3. Mi estimado amigo:	Tu afectísimo amigo,
	De tu sincero amigo,
Mis estimados amigos:	Vuestro afectísimo amigo,
	De vuestro sincero amigo,
(when writing to someone with whom you are familiar)	
4. Querido amigo:	Saludos,
	Un abrazo afectuoso de,
	Cordialmente,
	Tu amigo de siempre,

'Take a letter'. Listen carefully and note down the letter being dictated on the tape. (Answers p. 171)

3 You have seen the advertisement below in a newspaper. You are quite interested, and would like to know more about it. You call the number given in the ad to make further inquiries.

You will be prompted with what to say, then you say it in Spanish.

```
           ¡¡ Háblame !!
    Sistemas de teléfonos para negocios
    Nuestro nuevo sistema es dinámico, seguro y eficiente
         Entre mucho más este servicio le ofrece:
    • Conferencia múltiple          • Memoria extensiva
    • Marcación abreviada           • Mandadero
    • Marcación automática          • Ventanilla muestra
           • Interconexión interna y externa
          Todo, con sólo apretar una tecla
        Llámenos si desea más información al
                    77 22 55
```

UNIT 10

Talk

2 *Casa Luis García is a wholesaler of Spanish cheeses. In this talk Don Luis describes his work. Later you will hear more about their products from his wife and partner, Doña Angustias González.*

Luis Bueno, nosotros las ventas en España las realizamos: cara del distribuidor al fabricante, normalmente vienen siendo por teléfono. Y cara del distribuidor al detallista, a la tienda, eh, venimos visitando en queso manchego, o, en queso tipo curados, todas las semanas, una vez todas las semanas.
Y, en quesos frescos, se visita diariamente; con unas fichas, donde se lleva apuntado la fecha y el producto que te pide, pues bueno, cada semana que vas; con lo cual, pues, se tiene un poco la idea de ese cliente, qué es lo que te gasta, o, qué es lo que te está pidiendo todas las semanas.
El producto, al llevarlo al detallista, tiene que ir, rigurosamente exigido por Sanidad, en vehículos que sean isotermos, para quesos curados, y frigoríficos, para quesos frescos.

---

las realizamos (las ventas) we carry them out (the sales) (lit. we realize them).

- **cara del distribuidor al fabricante** from the distributor to the manufacturer/producer. This is a very colloquial use of the word **cara** (lit. face), meaning here 'as from/going from/looking from'.

normalmente vienen siendo normally they are. This expression is very colloquial (lit. normally they come being).

- **cara del distribuidor al detallista** from the distributor to the retailer. See **cara** above.
- **la tienda** the shop.

queso cheese. **manchego** from La Mancha, in central Spain.

queso tipo curado cured cheese.

una vez todas las semanas once a week (lit. once all the weeks).

quesos frescos fresh cheeses.

- **con unas fichas** with some cards.

se lleva apuntado you note down (lit. you carry noted down). **Apuntado** comes from the verb **apuntar**, to note down/prompt.

te pide he/she asks you for.

con lo cual with which (lit. with that which).

- **se tiene un poco la idea de ese cliente** you get an idea about that client.
- **qué es lo que te gasta** how much he/she buys from you. This expression is very colloquial (lit. what is that which he/she spends from you).

qué es lo que te está pidiendo how much he/she is ordering from you. Another colloquial expression. (Lit. what is that which he/she is ordering/ asking from you.)

al llevarlo on taking it.

rigurosamente rigorously.

- **exigido por Sanidad** demanded by the health department.

que sean that should be.

- **isotermos** temperature-controlled. **frigoríficos** refrigerated

Practice what you have learned

4 Match up the expressions below from the talk you have just heard. (Answers p. 171)

1. las ventas	(a)	the distributor
2. con unas fichas	(b)	fresh cheese
3. queso tipo curado	(c)	each week
4. queso fresco	(d)	the retailer
5. todas las semanas	(e)	cured cheese
6. vehículos frigoríficos	(f)	temperature-controlled
7. una vez por semana	(g)	refrigerated vehicles
8. el distribuidor	(h)	with some cards
9. el detallista	(i)	once a week
10. la tienda	(j)	the sales
11. isotérmicos	(h)	the manufacturer
12. el fabricante	(i)	the shop

5 Listen to the recorded excerpt where Doña Angustias González, Don Luis' partner at Casa Luis García, explains the labelling on their products. When following her explanations you will find the label below helpful.

Now, using the information on the label, answer the following questions. (Answers p. 171)

Nº R. SANIDAD 15.519 – P –
Nº FABRICANTE 34 – 40.031 – P –
FECHA FABRICACION 05 -09-1991

QUESO GRASO
MANTENER + 5'/6'
CONSUMIR A TEMPERATURA AMBIENTE

VACA Y OVEJA
QUESOS LUIS GARCÍA

1. ¿cuál es su número de Sanidad? ....
2. ¿cuál es el número del fabricante? ....
3. ¿cuál es la fecha de fabricación? ....
4. ¿qué tipo de queso es? ....
5. ¿de qué está hecho? ....
6. ¿a qué temperatura se debe mantener? ....
7. ¿a qué temperatura se debe consumir? ....

6 You are now talking to a cheese distributor, as your company is interested in retailing some of their products. You ask them about the different kinds of cheeses they distribute, so it will be helpful to know how to differentiate between cheeses by the milk used to make them (**cómo diferenciar los quesos por la procedencia de la leche**):
de vaca from cows **oveja** from sheep
de cabra from goats **de mezcla** from mixed milks

You will be prompted with what to say, then you say it in Spanish.

Dialogues

3 *Mr. Thompson receives a call from a Spanish speaker. He only has a little knowledge of Spanish but good comprehension of the language. So the caller repeats the message for him, more slowly and simply.*

Mr. Thompson	Hello!
secretaria	Buenos días, ¿Mr. Thompson, por favor?
Mr. Thompson	Dígame, soy yo, Mr. Thompson.
secretaria	¡Ah!, llamaba para informarle sobre el envío de las máquinas agrícolas que ustedes han pedido...
Mr. Thompson	Un momento, hablo poco español.
secretaria	Ah, no se preocupe, se lo repito más despacio. Sus máquinas van a llegar mañana, ¿ha comprendido?
Mr. Thompson	Sí, sí, he comprendido.
secretaria	Y, en el embalaje, va el albarán, tal y como acordamos.
Mr. Thompson	Perdón, no comprendo.
secretaria	Sí, se lo voy a repetir. El albarán va en el embalaje, ¿de acuerdo?
Mr. Thompson	Sí, comprendo.
secretaria	Y, por favor, llámenos al recibirlas.
Mr. Thompson	Sí, muy bien.
secretaria	Muchas gracias, Mr. Thompson, y hasta pronto.
Mr. Thompson	Gracias a usted.

- **llamaba para informarle** I was calling to inform you.
- **sobre el envío de las máquinas agrícolas** about the shipment of the agricultural machines.
- **que ustedes han pedido** that you have ordered. **Pedido** comes from the radical-changing verb **pedir**, to ask for/order.
- **no se preocupe** don't worry. **Preocupe** comes from the verb **preocuparse** to worry (oneself).
- **se lo repito más despacio** I'll repeat it to you more slowly (lit. to you it I repeat more slowly).
- **van a llegar** they are going to arrive.
- **¿ha comprendido?** Did you understand? **Comprendido** comes from the verb **comprender**, to understand.
- **el embalaje** the packaging.
- **el albarán** delivery slip.
- **tal y cómo acordamos** as and how we agreed. *Note:* this preterite tense will be explained in the Grammar section on page 167 of this Unit.
- **perdón, no comprendo** sorry/excuse me, I don't understand.
- **llámenos** call us.
- **al recibirlas** when you receive them (lit. on to receive them).

Practice what you have learned

7 Listen to the dialogue again and mark with a ✓ as you hear them spoken, whether the expressions are true or false. (Answers p. 171)

		verdadero	falso
(a)	llamaba para informarle		
(b)	ustedes han pedido		
(c)	no se preocupe		
(d)	lo repito despacio		
(e)	no he comprendido		
(f)	no comprendo		
(g)	no se lo voy a repetir		
(h)	llámenos pronto		
(i)	llámenos al recibirlas		

8 **distribución física de productos**
(distribution and transportation of products)

Using the chart below, answer the questions in Spanish. (Answers p. 171)

1. ¿Cuántas rutas hay del fabricante/productor al consumidor? ....
2. ¿Cuál es la ruta más corta? ....
3. ¿Cuál es la ruta más larga? ....
4. ¿De quién compra los productos el minorista? ....
5. ¿De quién obtiene los productos el mayorista? ....
6. ¿De quién puede comprar el consumidor? ....

```
FABRICANTE / PRODUCTOR ──────────────────────────────→ consumidor
                       ─────────────────→ minorista ──→
                       ──→ mayorista ──→ minorista ──→
                       ──→ agente ──→ mayorista ──→ minorista ──→
```

Note: In some partes of Latin America you will find the following terms:
agente de mayoreo for **mayorista** and
agente de minoreo for **minorista**.

9 You receive a call from a Spanish speaker. The person calling speaks rather fast, and you cannot understand everything she is saying. You ask the caller to speak more slowly and to repeat some of the information.

You will be prompted with what to say, then you say it in Spanish.

Talk

4 Here, José Antonio Alvarez, a freight-forwarding expert, talks about systems and modes of transporting goods. To help you, the talk has been divided into two parts.

1ª parte Los tres sistemas de transportes, muy definidos entre ellos, son los siguientes:
el marítimo/fluvial, principalmente regido por una póliza de fletamento, que se realiza entre el propietario del barco, o, armador, y el fletador, que es el que alquila el buque.
Estos fletamentos se realizan:
por viaje, por tiempo, al tanto alzado, o, a casco desnudo.

2ª parte En cuanto al segundo sistema de transporte: por terrestre, bien por ferrocarril o carretera, se realiza normalmente en tipos de:
cisternas de líquidos, o cisternas de gases, en carga general, en tolvas de graneles, en camiones o vagones refrigerados y, en aquellos también de ventilación forzosa.
Y en cuanto al tercer y último sistema de transporte: el aéreo, se puede considerar que este tipo de transporte se realiza, única y exclusivamente para mercancías muy valiosas, o muy perecederas.

1ª parte
muy definidos entre ellos   very defined between them (i.e. very distinct from each other).
- **los siguientes**   the following.   **regido por**   regulated by.
- **una póliza de fletamento**   a chartering contract. *Note:* **fletamento** is colloquial; it is usually **flete**.
- **el propietario del barco**   the proprietor/owner of the ship.
- **armador, y el fletador**   shipowner and the shipper/charterer/freighter.
- **el buque**   the ship/vessel.
- **por viaje, por tiempo, al tanto alzado, a casco desnudo**   by journey, by time, by weight carried, by volume (space), occupied.

2ª parte
- **por terrestre**   by land.
- **cisternas de líquidos**   tankers for liquids.
- **cisternas de gases**   tankers for gases.
- **en carga general**   in general cargo.
- **tolvas de graneles**   bulk hoppers.
- **camiones o vagones refrigerados**   refrigerated trucks or trailers. Note: in parts of Latin America **camiones** are buses, not trucks.
- **ventilación forzosa**   obligatory ventilation.
- **aéreo**   by air
- **mercancías muy valiosas**   very valuable merchandise.
- **perecederas**   perishable.

Note: **Barco** is a general term for a boat or a ship. **Buque** is used when referring to a large cargo vessel. **Carga** means cargo in English, but the term **cargo**, in Spanish, means a responsible job.

Practice what you have learned

10 Listen to the recording, noting down the expressions as you hear them spoken, then find the English equivalents below. (Answers p. 171)

1. ....
2. ....
3. ....
4. ....
5. ....
6. ....
7. ....
8. ....
9. ....
10. ....
11. ....
12. ....

shipowner   shipper   ship/vessel   chartering contract   merchandise
obligatory ventilation   charterer   general cargo   valuable merchandise
air transportation   road transportation   refrigerated trucks
transportation by rail

11 **distribución física de productos**

Carry out the following tasks, using the chart below. (Answers p. 171)

1. Complete the names in the chart from the **montón de palabras**, jumble of words.
2. Find the English equivalents for all those terms given.

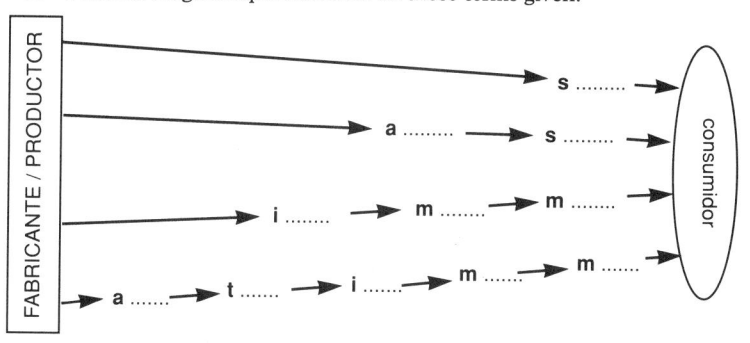

```
FABRICANTE / PRODUCTOR ──────────────────→ s ........ → 
                       ──────→ a ........ → s ........ →   consumidor
                       ──────→ i ........ → m ........ → m ........ →
                       → a ...... → t ...... → i ...... → m ...... → m ...... →
```

mayorista   importador   minorista   sucursal   transportista   agente
importador   minorista   sucursal   mayorista   exportador

12 You are asking an agent who deals with transport for a quote to deliver some merchandise for your company. You want to know the quickest and cheapest route and if any official documentation is necessary.

You will be prompted with what to say, then you say it in Spanish.

Key words and phrases

¿dígame, qué deseaba?	tell me, what would you like?
un anuncio	an advertisement
el periódico	the newspaper
la venta	the sale
yo se lo explico	I'll explain it to you
calidad excelente	excellent quality
la llamada	the (telephone) call
puede usted elegir	you can choose
pruebas gratuitas	free trials
distribuidor, detallista, fabricante	distributor, retailer, manufacturer
la tienda	the shop
queso, fresco, tipo curado	cheese, fresh, cured
una vez todas las semanas	once a week
Ministerio de Sanidad	health department
llamaba para informarle	I was calling to inform you
sobre el envío	about the shipment
las máquinas agrícolas	farming/agricultural machines
ustedes han pedido	you have ordered/asked for
no se preocupe	don't worry
se lo repito	I'll repeat it for you
más despacio	slower
¿ha comprendido?	have you understood?
tal y cómo acordamos	as and how we agreed
perdón, no comprendo	sorry/excuse me, I don't understand
llámenos	call us
los siguientes	the following
una póliza de fletamento	a chartering contract
el propietario del barco	the proprietor/owner of the ship
armador, fletador	shipowner, shipper/charterer/freighter
carga general	general cargo
carga a granel	bulk cargo
camiones o vagones*	trucks or trailers
transporte terrestre, aéreo, marítimo	land, air, sea transport
mercancías valiosas o perecederas	valuable or perishable merchandise

* In some parts of Latin America 'camiones' are buses.

Grammar

Shops and shopkeepers

When referring to shops, in most cases the ending used is: → **ría**
When referring to the shopkeeper, the endings used are: → **ero/era**, e.g:

bakery	**panadería**	baker	**panadero/a**
fruit store	**frutería**		**frutero/a**
shoe store	**zapatería**		**zapatero/a**
butcher's	**carnicería**		**carnicero/a**
prepared food shop	**charcutería**		**charcutero**
florist's	**floristería**		**florista**
beauty salon	**peluquería**		**peluquero/a**
laundromat	**lavandería**		**lavandero/a**
stationery store	**papelería**		....
tailor's	**sastrería**		**sastre/a**
fish store	**pescadería**		**pescadero/a**
grocery store	**tienda de comestibles**		**tendero/a**
book store	**librería**		**librero/a**
coffee shop	**cafetería**		....

Use of 'estar'

If you want to use a progressive form of the verb, such as 'he is saying' (the verb 'to be' + a present participle), in Spanish, you use **estar** + the verb in question; in this case **diciendo**, the present participle of the verb **decir**, to say. So: **está diciendo**, he is saying.

estoy pensándolo I am thinking about it
¿qué estás diciendo? what are you saying?
lo están vendiendo bien they are selling it well

The preterite tense

To express an action completed in the past, you use the preterite tense (**el pretérito**).

	hablar	*beber*	*recibir*
yo	hablé	bebí	recibí
tú	hablaste	bebiste	recibiste
él, ella, usted	habló	bebió	recibió
nosotros/as	hablamos	bebimos	recibimos
vosotros/as	hablásteis	bebisteis	recibisteis
ellos, ellas, ustedes	hablaron	bebieron	recibieron

Note: The accents are important in this tense to avoid confusion with other tenses. Here are the most common irregular verbs in the preterite:

estar	*dar*	*ser**	*querer*	*ir**
estuve	di	fui	quise	fui
estuviste	diste	fuiste	quisiste	fuiste
estuvo	dio	fue	quiso	fue
estuvimos	dimos	fuimos	quisimos	fuimos
estuvísteis	disteis	fuisteis	quisisteis	fuisteis
estuvieron	dieron	fueron	quisieron	fueron

Note: Hardly any irregular preterites have accents. When they do carry an accent, it is for phonetic reasons.

Note:* No, it is not a mistake, the preterite tense of **ser and **ir** are both the same. The difference in meaning can be recognized in the context.

13 Complete with the appropriate words in Spanish. (Answers p. 172)

La semana pasada estuve unos días visitando las tiendas de clientes míos, en una ciudad cercana.

A mi llegada el primer día desayuné en la .... (coffee shop), luego fui a la .... (stationery store) que estaba junto a la .... (book store). Al salir de allí, saludé al .... (butcher) quien iba a comprar unos panecillos del .... (baker), para su desayuno de media mañana.

Allí, nos encontramos también con el .... (fruit seller) quien me invitó a tomar un café con él en su .... (fruit store).

Más tarde, después de un buen almuerzo en el bar, hablé con el .... (shoemaker), antes de volver al hotel donde me hospedaba.

Una vez en mi habitación, comencé a rellenar las notas de pedidos, antes de cenar.

Al día siguiente visitaría otros establecimientos, entre ellos la .... (tailor's), la .... (grocery store) y la .... (beauty salon), como el .... (hairdresser) estaba interesado en ver nuestra nueva gama de productos.

Read and understand

Denominación de origen

Se usa este término para designar lugar geográfico de fabricación, producción, elaboración, o extracción productiva de una marca. La institución que regula las denominaciones de origen es el Instituto Nacional de Denominaciones de Origen, conocido mejor por, INDO; el cual hoy día funciona con mayor participación y competencia de las comunidades autonómas.

Dichas denominaciones de origen se otorgan después de haberse llevado a cabo numerosos estudios técnicos y de autenticidad, indicativos de cualidades y características distintivas.

Los primeros procedimientos de regulación en España provienen del siglo XIII, con los principios de exportación del vino de Jerez, mayormente a Inglaterra, y de la lana, extensamente por Europa. Se impusieron en aquel entonces ciertas regulaciones por algunas comarcas vitícolas, de primeras; cuyas normas se ampliaron después en los siglos XVI y XVII, demarcando las zonas de producción y elaboración más exactamente. Dichas normativas se irían extendiendo a otros productos, tal como el jamón y el queso.

En España existen más de 400 variedades de quesos, de los cuales unos 85 de ellos son artesanos; pero el público consumidor suele escoger mayormente sólo aquellos protegidos por su denominación de origen. También hoy día se conocen ya unas 28 denominaciones distintas de vinos. A diferencia de los anteriores, éstas posiblemente ¡bien conocidas! por cada español.

Por tanto, «la denominación de origen» otorgada a un producto español, representa una garantía absoluta para el consumidor.

una marca	a brand/make
conocido mejor	better known
el cual hoy día	which nowadays
se otorgan	they are granted
después de haberse llevado a cabo	after having been carried out
provienen del	they come from/originate from
siglo	century
se impusieron	they were imposed
an aquel entonces	at that time
comarcas vitícolas	wine-growing areas
de primeras	in the first instance
dichas normativas	the aforementioned guidelines/ regulations
se irían extendiendo	would be extended
artesanos	home-made
suele escoger	(he) usually chooses
se conocen ya	are already known
¡bien conocidas!	well known!

Did you know?

Marcas (Trade marks)

A trade mark is any kind of sign in any medium that distinguishes a market product, or service, from similar ones provided by their competitors. In Spain there are three main classes of trade marks that can be granted:

(a) an ordinary trade mark

(b) a collective trade mark, as requested by manufacturers, trade associations or public service bodies

(c) trade mark of guarantee/warranty, to register characteristics such as origin, quality, components or contents.

To obtain the exclusive right to a trade mark, one has to present an official application to the **Registro de la Propiedad Industrial**. Once the trade mark is approved and granted, it is for 10 years' duration, with the possibility of renewal every 10 years.

The results of such applications, whether granted or refused, are published in the **BOPI (Boletín Oficial de la Propiedad Industrial)**.

Signos y logos (Distinctive signs and logos)

Any trade sign or corporate logo which is not just phonetic, and is used visually to distinguish a business from its competitors, can be registered for a particular area. The registration process is the same as above.

Nombres comerciales (Trade names)

To distinguish it from its competitors, any name, or combination of name and sign, to be used in the pursuit of business to identify a person or legal status, can be registered following the same procedure as above. But, if a trade name is to be used as a trade mark for a product or service, it must be registered separately.

Códigos de barras (Bar codes)

The general codes established by the **International Article Numbering Association** are composed of 13 and 8 characters; the code being the numbers which appear on it, and the bars the symbol. The first two numbers, on the left, correspond to the country the product comes from, and this is called the FLAG number. The number assigned to the **Asociación Española de Codificación Comercial**, or **AECOC**, is number **84**.

Your turn to speak

14 Imagine you are explaining to a business acquaintance how your company gets its products to the customer abroad (**el consumidor en el extranjero**). You might want to say that in some countries you have your own branches (**tenemos nuestras propias sucursales**), while in others you operate via exporters/importers (**en otros países actuamos por medio de exportadores e importadores**).

You may find the chart for exercise 11 helpful. Work out what you want to say in Spanish, and say it out loud. Listen to the recorded example, look at the model text on p. 172, and remember that there are many correct versions of this type of exercise.

Answers

Practice what you have learned

p. 159 Exercise 1 (**a**) Lo ha leído en el periódico (**b**) La transmisión dura veinte segundos (**c**) La da cuando ha terminado la llamada (**d**) Sí, hacen pruebas gratuitas

p. 159 Exercise 2 D. Ramón Segovia Díaz, Compañía Española de Exportadores, Paseo de la Castellana, 502, Madrid; Con fecha de hoy; Estimado amigo D. Ramón: Con referencia a su carta del 12 de mayo del corriente, la oferta que por parte de su compañía me propone es bastante interesante. Naturalmente necesitaríamos más data técnica sobre ello, antes de llegar a una decisión.
Por mi parte, me agradaría poder colaborar juntos en este proyecto. Afectuosamente, Firmado: John Walker, Departamento de Mercadotécnia

p. 161 Exercise 4 1. (**j**) 2. (**h**) 3. (**e**) 4. (**b**) 5. (**c**) 6. (**g**) 7. (**i**) 8. (**a**) 9. (**d**) 10. (**l**) 11. (**f**) 12. (**k**)

p. 161 Exercise 5 **1.** 15.519 – P – **2.** 34 – 40.031 – P – **3.** el 5 de septiembre de 1991 **4.** graso **5.** Está hecho de leche de vaca y oveja **6.** a 5/6 grados **7.** Se debe consumir a temperatura ambiente

p. 163 Exercise 7 (**a**) verdadero (**b**) verdadero (**c**) verdadero (**d**) falso (**e**) falso (**f**) verdadero (**g**) falso (**h**) falso (**i**) verdadero

p. 163 Exercise 8 **1.** Hay cuatro rutas **2.** La más corta es, del fabricante/productor al consumidor **3.** La más larga es, del fabricante – al agente – al mayorista – al minorista – al consumidor **4.** Los compra del fabricante/productor, o del mayorista **5.** Los obtiene del fabricante/ productor, o del agente **6.** Puede comprar del fabricante/productor, o del minorista

p. 165 Exercise 10 **1.** transporte aéreo, air transportation **2.** mercancía, merchandise **3.** póliza de flete, chartering contract **4.** fletador, charterer **5.** ventilación forzosa, obligatory ventilation **6.** transporte terrestre, road transportation **7.** armador, shipowner **8.** barco o buque, ship or vessel **9.** camiones refrigerados, refrigerated trucks **10.** transporte por ferrocarril, transporation by rail **11.** carga general, general cargo **12.** mercancía valiosa, valuable merchandise

p. 165 Exercise 11 **1.** sucursal; agente – sucursal; importador – mayorista – minorista; agente – transportista – importador – mayorista – minorista **2.** branch/subsidiary; agent – subsidiary; importer – wholesaler – retailer; agent – transporter – importer – wholesaler – retailer

Answers

Grammar

p. 168 Exercise **13** cafetería, papelería, librería, carnicero, panadero, frutero, frutería, zapatero, sastrería, tienda de comestibles, peluquería, peluquero

Your turn to speak

p. 171 Exercise **14** (model text)

-En nuestra compañía tenemos varias formas para llevar nuestros productos a los consumidores en el extranjero.

En primer lugar, en los países donde tenemos nuestras propias sucursales, operamos con una pequeña pero eficiente flota de transporte propia, de lo cual es responsable nuestro Departamento de Transporte.

En segundo lugar, en otros países no podemos operar con tanta facilidad, y necesitamos agentes o representantes, para hacer llegar los productos a nuestras sucursales.

Y, en tercer lugar, en aquellos países donde no tenemos sucursales, y vendemos nuestros productos, entonces, actuamos por medio de exportadores e importadores; quienes a su vez están en contacto con mayoristas y minoristas.

Este último es un proceso más largo, quizá más caro, pero puede ser tan eficiente como los dos anteriores.

11 TALKING ABOUT THE PAST

You will learn
- how to converse at an informal lunch
- how to complain about faulty goods
- about insurance
- about a job interview

Study guide

| Dialogue 1 + Practice what you have learned |
| Dialogue 2 + Practice what you have learned |
| Talk 3 + Practice what you have learned |
| Dialogue 4 + Practice what you have learned |
| Key words and phrases |
| Grammar |
| Read and understand |
| Did you know? |
| Your turn to speak |

Dialogues

1 *Elia and Juan Carlos are having lunch together to close their business agreement. During the meal Elia advises Juan Carlos to see Picasso's famous painting of Guernica before he leaves.*

Elia	¿Aparte de tratar con nosotros, has tenido contacto con otras empresas en España?
Juan Carlos	Sí, algunos contactos he tenido, pero, de momento ... no he llegado a concertar ninguno.
Elia	No te preocupes, aquí en España son ¡muy formales!
camarero	Perdonen los señores, aquí les traigo la botella de vino que habían pedido.
Juan Carlos	Muy bien, estupendo, ¿Rioja del 82, no?
camarero	Sí, por supuesto.
Juan Carlos	Respecto a nuestro negocio, creo que está todo hablado. Ahora, ¿me puedes indicar algún buen sitio para visitar?
Elia	Pero visitar, ¿qué?, ¿algo cultural, de entretenimiento...?
Juan Carlos	Pues, quizá me gustaría ver un buen museo.
Elia	Pues mira, puedes visitar el Museo de Arte Contemporáneo, pero, no se te olvide pasar por El Casón del Buen Retiro, que allí se encuentra el cuadro de Guernica, de Picasso.
Juan Carlos	Estupendo, muy buena idea, gracias.

> **has tenido contacto con...** have you had any contact with...
>
> **no he llegado a concertar ninguno** I haven't managed to arrange any.
>
> ● **no te preocupes** don't worry (yourself).
>
> ● **¡muy formales!** very reliable!
>
> ● **perdonen** excuse me. This comes from the verb **perdonar**, to pardon/excuse.
>
> **aquí les traigo** here is (lit. here I bring you). **Traigo** comes from the verb **traer**, to bring.
>
> **habían pedido** you had asked for/ordered.
>
> ● **¿Rioja del 82, no?** Rioja wine of the '82 vintage, isn't it? *Note:* the region of La Rioja is one of the best wine growing areas in Spain.
>
> ● **respecto a nuestro negocio** with regard to our business.
>
> ● **creo que está todo hablado** I think that we have discussed everything (lit. I believe that it is all spoken).
>
> ● **¿puedes indicar algún buen sitio para visitar?** can you suggest a good place to visit?
>
> ● **¿algo cultural, de entretenimiento...?** something cultural, entertaining...?
>
> ● **quizá me gustaría ver...** perhaps I would like to see...
>
> ● **no se te olvide pasar por** don't forget to go to
>
> **El Casón del Buen Retiro** El Casón (the very large house) is managed by the neighboring Museo del Prado. Here hangs *Guernica*, Picasso's famous painting of the bombing of that Basque town during the Spanish Civil War (1936-1939). **El Buen Retiro** is the name of a park in central Madrid.

Practice what you have learned

1 Listen to the dialogue again and complete the sentences below as you hear them spoken. (Answers p. 187)

(a) ¿... has tenido contacto con ....?
(b) ... no he llegado a ....
(c) No te preocupes, ...
(d) Respecto a nuestro negocio, ...
(e) Ahora, ¿me puedes indicar ....?
(f) Pues, quizá me gustaría ....

2 **'guía de espectáculos'** (entertainment guide)

Listen to an excerpt from a **Comunidad de Madrid** calendar, which the local authority organizes annually for the general public. These are only a few of the events taking place. You will hear about some of the events from June to September, and then from September to October. Answer the questions below in Spanish. (Answers p. 187)

¡Madrid te espera!

(a) ¿Qué clase de calendario es?..
(b) ¿De qué está repleto el calendario?..................................
(c) ¿Cómo se llaman los eventos de junio a septiembre? ....
   ....
(d) ¿Cuáles son las seis actividades artísticas? ....
   ....
(e) ¿Dónde muestran cine de medianoche? ....
(f) ¿Cómo se llaman los eventos de septiembre a octubre? ......
   ....
(g) ¿Qué se inicia en Madrid con estos últimos eventos? ....
   ....
(h) ¿De quién corre a cargo la organización de este festival? ...
   ....

3 You have to organize some outings for a group of visiting delegates. They are interested in typical cultural events and shows. You make inquiries about theater and nightclub bookings at the hotel where they are staying.

You will be prompted with what to say, then you say it in Spanish.

CARTELERA DE ESPECTACULOS

| Cines | Teatros | Musicales | Galerías de arte |

Dialogues

2 *This dialogue is about bad service. Some offices have had work done by a firm of carpenters; it was badly finished, so the secretary who was responsible for supervising the work calls the firm concerned to complain.*

encargado	Buenos días...
secretaria	Hola buenos días, ¿Carpintería Delicias?
encargado	Sí, dígame.
secretaria	Mire, soy la secretaria del señor López, una oficina que hay aquí en Paseo de la Castellana, donde han estado ustedes realizando unos trabajos...
encargado	Sí, sí.
secretaria	Mire, era para quejarme sobre los trabajos que ustedes han realizado aquí, puesto que hay puertas que no se acoplan bien, otras las cerraduras no cierran, el barniz es bastante escaso, y bueno, una cantidad de defectos que esto no puede estar así, entonces, ¿a ver qué solución se toma?
encargado	Yo pienso que el trabajo quedó perfectamente terminado.
secretaria	¡Cómo que perfectamanete terminado!, usted sabe de sobra, ¡que no!, esto no estaba bien terminado, ni muchísimo menos, y a mí me han hecho responsable por no haber supervisado bien esto, así que, ustedes, o vienen y arreglan esto enseguida, o yo les pongo una denuncia.
encargado	Mañana me paso por su oficina, y solucionamos los problemas que hay ¿de acuerdo?
secretaria	De acuerdo, pero ¡no se olviden!

- **realizando unos trabajos** carrying out some work.
- **era para quejarme** it was in order to complain (myself).
- **que ustedes han realizado aquí** that you have carried out here. **puesto que** since/as.
- **hay puertas que no se acoplan** there are doors that don't fit together. **Acoplan** comes from the verb **acoplar**, to fit together.
- **las cerraduras no cierran** the locks don't lock.
- **el barniz es bastante escaso** the varnish is rather thin.
- **una cantidad de defectos** a large number of defects.
- **esto no puede estar así** this can't be tolerated (lit. this cannot be like this).
- **¿a ver qué solución se toma?** what are you going to do about it? (lit. let's see what solution you take?)
- **el trabajo quedó perfectamente terminado** the work was left perfectly finished (lit. the work stayed perfectly finished). **Quedó** comes from the verb **quedar**, to stay/remain.
- **¡cómo que...!** what do you mean! (lit. how that!) **sabe de sobra** you know only too well.
- **¡que no!** no way!/not likely! *Note:* this is an emphatic way of saying no.
- **ni muchísimo menos** far from it.
  me han hecho responsable they have made me responsible.
  o vienen y arreglan esto enseguida either you come and put it right right away
- **o yo les pongo una denuncia** or I'll lodge a complaint against you. **Pongo** comes from the verb **poner**, to put.

Practice what you have learned

4 Match the English terms below with their Spanish equivalents. (Answers p. 187)

1. perfectamente terminado
2. ¡cómo que...!
3. ni muchísimo menos
4. me han hecho responsable
5. realizando unos trabajos
6. las cerraduras no cierran
7. una cantidad de defectos
8. ¿a ver qué solución se toma?
9. ¡no se olviden!
10. yo les pongo una denuncia

(a) they have made me responsible
(b) the locks don't lock
(c) don't forget
(d) perfectly finished
(e) a large number of defects
(f) I'll lodge a complaint against you
(g) carrying out some work
(h) what do you mean!
(i) far from it
(j) what are you going to do about it?

5 Listen to the conversation between these two friends. One has just been to a shop to return a faulty toaster. It seems to have caused several disasters at home.
Fill in the missing words as you hear them spoken. (Answers p. 187)

¿Qué te pasa? ¿de dónde vienes con tan mal humor?

Mira, he tenido que devolver un ....
eléctrico, que era una catástrofe, y casi nos ha incendiado ....
en varias ocasiones.
Por ejemplo, el domingo, Luis Miguel fue a ....
........................, puso unas rebanadas de pan ....
y, ¡claro, empezó a leer los dominicales!
Yo me desperté casi ahogándome, con el humo que había ....
...., además, el sonido de .... del
detector era insoportable.
También .... que despegar tostadas del techo, y de
.... de los armarios y .... del suelo, en
fin ¡un desastre!, ...!
Hoy lo he devuelto .... y, querían ....
....; pero por fin conseguí de ellos
....
Oye, ¿y, dónde lo compraste?
Yo no lo compré, ... de mi suegra.
¡Ah claro!, pues, ¡deberías haberlo sabido...!

6 **¡Estás echando chispas!** You are hopping mad!

Your office has just been decorated, and you notice that the paint the decorators have used is rather thin, the windows are badly finished, some of them can't be opened at all, the cupboards do not fit properly and there are stains on the carpets. You want them to return to fix things.

You will be prompted with what to say, then you say it in Spanish.

Talk

3 *Juan Carlos Palencia Velasco, an insurance expert, works for a very large insurance company in Madrid. He was asked to talk about insurance. To help you the talk has been divided into two parts.*

1ª parte   La probabilidad de que ocurra un evento de condiciones patrimoniales, desfavorables o negativas, y siempre sujetas al azar, da origen al Seguro.
Son partes ineludibles de cualquier Seguro: el tomador, el asegurado, y el beneficiario.
Teniendo esta premisa siempre presente, podemos dividir los Seguros en dos grandes bloques: SEGUROS PATRIMONIALES, en los que cabe destacar: el Seguro de asistencia sanitaria, de enterramiento, robo, hogar, cristales, automóviles, y, hasta de crédito, entre otros.

2ª parte   El otro gran grupo es: el SEGURO SOBRE LA VIDA, entre los que también destacamos: el Seguro de jubilación, el de fallecimiento, incapacidad, orfandad, y, viudedad; todos ellos modificables a través de las condiciones generales y particulares de cada póliza. Muchos de estos Seguros cuentan con unos valores garantizados, en los que se puede, antes de terminar el contrato, hacer uso de su dinero, mediante el rescate, la reducción, y, el anticipo.

1ª parte
- **que ocurra un evento de condiciones patrimoniales**   that an event may occur affecting inheritance.
- **desfavorables o negativas**   unfavorable or negative.
- **sujetas al azar**   subject to chance/fate; **Seguro**   insurance.
- **partes ineludibles**   integral parts.
- **el tomador, el asegurado, el beneficiario**   the proposer, the insured, the beneficiary.
- **teniendo esta premisa**   with this premise.
- **siempre presente**   in mind. **Tener siempre presente** means to have always in mind.
- **Seguros Patrimoniales**   Patrimonial or Hereditary Insurance (e.g., health insurance).
- **en los que cabe destacar**   of which the most important are.
- **Seguro de asistencia sanitaria**   health insurance.
- **enterramiento, robo, hogar**   burial, theft, house contents.
- **hasta de crédito**   even credit.

2ª parte
- **Seguro sobre la vida**   life insurance.
- **entre los que también destacamos**   among which we also single out.
- **Seguro de jubilación**   retirement insurance (pension). *Note*: **la jubilación/jubilarse**, retirement/to retire, can also mean jubilation/to rejoice.
- **fallecimiento, incapacidad, orfandad, viudedad**   death (= life insurance), illness (= permanent disability insurance), orphanhood, widow(er)hood.
- **modificables**   modifiable; **a través de**   through/by means of.
- **póliza**   policy; **póliza de seguro(s)**   insurance policy.
- **mediante el rescate, la reducción, el anticipo**   by means of redemption, reduction, early repayment. *Note*: In parts of Latin America **reducción** can also mean an Indian village converted to Christianity.

Practice what you have learned

7 Based on this talk, answer the following questions in Spanish.
(Answers p. 187)

(a) ¿Qué partes son ineludibles en cualquier Seguro?
....

(b) ¿De qué dos grandes bloques habla Juan Carlos?
....

(c) ¿Qué cabe destacar en los Seguros Patrimoniales?
....

(d) ¿Qué cabe destacar en el Seguro sobre la vida?
....

(e) ¿Con qué cuentan muchos de estos Seguros?
....

8 Your firm wants to develop an insurance package for the company and its employees. You are preparing a provisional list of areas that could be covered, prior to the discussions with an insurance broker (**agente de seguros**). Match the following terms with the Spanish ones below.
(Answers p. 187)

Package – **Concesiones globales**

(a) insurance policy • ....
(b) benefits in kind • ....
(c) health • ....
(d) personal accidents • ....
(e) accidents at work • ....
(f) product liability • ....
(g) house contents, vacation, car • ....
(h) retirement pension • ....
(i) premium • ....

> responsabilidad de producto   prima   beneficios en especie
> sanidad   póliza de seguro   hogar, vacaciones, automóvil
> pensión de jubilación   accidentes de trabajo
> accidentes personales

9 **Seguro de automóvil**, car insurance

As you have already decided to rent a car during your stay in the country, you talk to the agency about the insurance options they offer. You may find these expressions useful.

third party insurance — seguro contra tercera persona
collision waiver — duda de colisión
bail bond — seguro/bono de fianza
passenger liability — responsabilidad de pasajeros
fully comprehensive — a todo riesgo

You will be prompted with what to say, then you say it in Spanish.

Dialogues

4 *In this dialogue Elia is interviewing a candidate for a position in the company. He has brought with him his résumé.*

Elia	Buenas tardes.
aspirante	Hola, buenas tardes.
Elia	Tome asiento, por favor.
aspirante	Muchas gracias.
Elia	¿Me ha traído el curriculum que le solicité?
aspirante	Sí, por supuesto, aquí lo tiene, está totalmente actualizado.
Elia	Veo que trabajó usted en diferentes empresas...
aspirante	Sí, en los últimos años he mejorado bastante mis puestos de trabajo.
Elia	¿Cuáles son sus ambiciones en este momento?
aspirante	Pues, en este momento mis ambiciones son varias, puedo destacarle entre otras, adquirir nuevos conocimientos, trabajar en una empresa con futuro, incluso, la mejora salarial.
Elia	Eh, ¿tiene usted disponibilidad para viajar?
aspirante	Sí, desde luego tengo disponibilidad para viajar, pero, es un tema que me gustaría tratar totalmente aparte.
Elia	Muy bien, creo que con esto es suficiente. Pienso que es usted uno de nuestros posibles candidatos, y le voy a tener en cuenta a la hora de realizar nuestra selección.
aspirante	Muchas gracias, estoy seguro que me gustaría trabajar para ustedes. Espero sus noticias. Gracias.

- **tome asiento** sit down please.
- **¿me ha traído...?** have you brought me...?
  le solicité I asked you for.
- **está totalmente actualizado** it is totally up to date.
  veo que trabajó usted... I see that you worked...
- **he mejorado mis puestos de trabajo** I have been promoted.
- **¿cuáles son sus ambiciones en este momento?** what are your ambitions at the moment?
- **adquirir nuevos conocimientos** to acquire new skills.
- **una empresa con futuro** a firm with a future.
- **la mejora salarial** salary increase.
  ¿tiene disponibilidad para viajar? are you prepared to travel?
- **me gustaría tratar totalmente aparte** I would like to treat it entirely separately.
- **tener en cuenta** to take into account.
- **a la hora de...** at the time when...
  realizar nuestra selección to make our decision.
- **estoy seguro que...** I am certain that...
- **espero sus noticias** I'll wait to hear from you.

Practice what you have learned

10 Listen to the interview again and mark with a ✓ the phrases below that are spoken. (Answers p. 187)

(a) no me ha traído ☐
(b) me ha traído ☐
(c) el curriculum ☐
(d) el historial ☐
(e) no está actualizado ☐
(f) está totalmente actualizado ☐
(g) en pocos años ☐
(h) en los últimos años ☐
(i) no he mejorado nada ☐
(j) mis puestos de trabajo ☐
(k) ¿tiene ambiciones? ☐
(l) ¿cuáles son sus ambiciones? ☐
(m) adquirir nuevos conocimientos ☐
(n) la mejora salarial ☐
(o) no quiero un salario ☐
(p) un posible candidato ☐
(q) me gustaría trabajar para ustedes ☐

11 ofertas de empleo

These are typical exempts from job advertisements in the Spanish press. Listen to our actors reading out loud the four advertisements, and then match up the terms given below with the Spanish equivalents.
(Answers p. 187)

(a) bilingual ....
(b) continuous training ....
(c) write in your own hand ....
(d) qualities of a leader ....
(e) to have charm, a way with people ....
(f) organizational capabilities ....
(g) dynamic personality ....
(h) considerable income ....

CANDIDATOS/AS SOLICITAMOS:
- Personalidad comercial
- Dinamismo y mucha ambición
- Capacidad de relación personal

OFRECEMOS:
- Formación previa y continuada
- Apoyo técnico-comercial constante
- Ingresos importantes
- Posibilidades de promoción a corto plazo

SE REQUIERE:
Profesional joven con iniciativa personal, dotes de mando, conocimientos de inglés y de informática.

SE OFRECE:
Puesto de responsabilidad, integración en un equipo humano con elevadas cualidades técnicas y profesionales. Formación continuada a cargo de la empresa.

Se requiere persona con capacidad de planificación, organización y don de gentes.

El perfil del puesto está pensado para una persona dinámica, dispuesta a viajar y a asumir responsabilidades.

Escribir manuscritamente, con amplio historial.

PERSONA BILINGÜE
De español-inglés, con perfecto dominio, tanto hablado como escrito.

Se requiere persona dinámica, con gran capacidad de organización y dotes personales.

---

12 **hay que tomar la ocasión por los cabellos**, grasp the opportunity when it arises.

Imagine you have seen an interesting job advertised, and you have applied for it. You have been asked to attend an interview, and to bring your résumé with you.

You'll be prompted with what to say, then you say it in Spanish.

Key words and phrases

no te preocupes	don't worry (yourself)
¡muy formales!	very reliable!
perdonen	excuse me
respecto a nuestro negocio	with regard to our business
creo que está todo hablado	I think that we have discussed everything
quizá me gustaría ver...	perhaps I would like to see...
no se te olvide	don't forget
realizando unos trabajos	carrying out some work
era para quejarme	it was in order to complain
las cerraduras no cierran	the locks don't lock
una cantidad de defectos	a large number of defects
esto no puede estar así	this can't be tolerated
¿a ver qué solución se toma?	what are you going to do about it?
el trabajo quedó perfectamente terminado	the work was left perfectly finished
¡cómo que...!	what do you mean!
sabe de sobra	you know only too well!
¡que no!	no way!
ni muchísimo menos	far from it
me han hecho responsable	they have made me responsible
¡no se olviden!	don't forget!
sujetas al azar	subject to chance
Seguro	insurance
el tomador, el asegurado	the proposer, the insured
el beneficiaro	the beneficiary
siempre presente	as a constant
hasta de crédito	even about credit
póliza, póliza de Seguro	policy, insurance policy
el rescate, la reducción	redemption, reduction
el anticipo	advance payment
tome asiento	sit down please
¿me ha traído...?	have you brought me...?
está totalmente actualizado	it is totally up to date
puestos de trabajo	jobs
¿cuáles son sus ambiciones de momento?	what are your ambitions at the moment?
adquirir nuevos conocimientos	to gain new skills
una empresa con futuro	a firm with a future
la mejora salarial	salary increase
tener en cuenta	to take into account
a la hora de...	at the time when...
estoy seguro que...	I am certain that...
espero sus noticias	I'll wait to hear from you

Grammar

Punctuation marks

The punctuation marks used in Castilian Spanish are:

la coma	(,)
el punto y coma	(;)
el punto	(.)
los dos puntos	(:)
los puntos suspensivos	(...)
marcas interrogativas	(¿...?)
marcas de exclamación	(¡...!)
comillas de citación	(«...») and ("...")
paréntesis	( )
guión	(-)
diéresis	(¨)
guión de oración/diálogo	(–)

Verbs that take 'y'

When the infinitive of a verb has two vowels before the final **r**, (e.g. **leer, caer, instruir**) and this is to be changed to a form which would give three vowels together, if the middle one is an **i**, it will change to **y**:

infinitive		gerund		preterite	
leer	to read	**leyendo**	reading	**leyó**	he read
caer	to fall	**cayendo**	falling	**cayó**	he fell
creer	to believe	**creyendo**	believing	**creyó**	he believed
construir	to build	**construyendo**	building	**construyó**	he built
instruir	to instruct	**instruyendo**	instructing	**instruyó**	he instructed
excluir	to exclude	**exluyendo**	excluding	**excluyó**	he excluded

Some irregular verbs

present	**oler** (to smell)	**oír** (to hear)	**caber** (to fit)
yo	huelo	oigo	quepo
tú	hueles	oyes	cabes
él, ella, usted	huele	oye	cabe
nosotros/as	olemos	oímos	cabemos
vosotros/as	oléis	oís	cabéis
ellos/as, ustedes	huelen	oyen	caben
preterite	**oler**	**oír**	**caber**
	olí	oí	cupe
	oliste	oíste	cupiste
	olió	oyó	cupo
	olimos	oímos	cupimos
	olísteis	oísteis	cupisteis
	olieron	oyeron	cupieron

13 Translate the verbs given in brackets to complete the passage below. (Answers p. 188)

El propietario de un buen restaurante, cuyo nombre no debo mencionar, (has been) .... desde hace tiempo muy aficionado a la robótica.

Una vez (he decided) .... animar a sus clientes con una de sus creaciones electrónicas, y (he built) .... en su poco tiempo libre un sistema de conducción por todo el establecimiento, para el nuevo camarero.

Manolito, como (he called) .... al servicial artefacto, (he made) .... presencia un sábado por la noche, ante su mejor clientela.

(He was) .... programado exquisitamente. Al abrirse la puerta de entrada (he went) .... a dar la bienvenida a los clientes, (saying) .... «Bienvenidos a la Casa...», también (he served) .... el pan a las mesas, (offering it) .... de una cesta llena de panecillos calientes, (saying) .... a la vez: «¿desean pan los señores?», con los ojos revoltones y lucientes.

Lo más sensacional (it was) .... cuando (he served) .... el vino en una bandeja que llevaba en la mano.

Ese sábado sigue (being) .... inolvidable para el dueño del restaurante y la clientela.

Al día siguiente, domingo, el restaurante se (filled)............................ , casi en cuanto (they opened) .... las puertas.

Pero, ¡pobre Manolito!, su banco de memoria (it was) .... confuso. (There were) .... momentos cuando su sistema de ajuste (it sent) .... los panecillos (flying) .... por todo lo alto, también, (he gave) .... la bienvenida a otros camareros procedentes de la cocina, y, como (there was) .... que esperar, por culpa de su sensor visual (he decided) .... bautizar a un buen cliente.

Sí, se (they heard) .... muchas risotadas y aplausos, pero esa (it was) .... la última vez que (we saw) .... al simpático Manolito, ¡camarero singular!

Read and understand

«los muros de la patria mía»
                                        Quevedo.

El eco de las inmortales palabras del más notable dramaturgo, eminencia del «siglo de oro», ayuda a entender el resurgimiento de la actualidad nacional.

La penosa realidad de la primera mitad de este siglo forzó al país a asir las posibilidades económicas del turismo en masa. Hasta 1954 el mayor recurso singular de divisas extranjeras había sido el sector de fruta cítrica; mas la llegada en el mismo año de 2 millones de visitantes extranjeros proporcionó 730 millones de pesetas a la economía nacional. Ni que decir tiene que el turismo pasó a ser una industria tan necesaria para la nación, «como la leche para los bebés, antes de echar los dientes».

En principio la atracción fueron el sol y la playa; más tarde éstos y el vino. Sin embargo se debería recordar la importante legitimidad de la hospitalidad española y de su tesoro cultural, éste para muchos completamente desconocido, remoto, o aun peor desdeñado. Tal fenómeno turístico tradicional tuvo su punto álgido en 1989 cuando se registraron 54 millones de visitas extranjeras.

Mas a la par ha tenido su auge el turismo interno, pues centenares de españoles han estado descubriendo su país, visitando, y enterándose a primera mano de su propio patrimonio. En algunas ciudades, Madrid por ejemplo, el ayuntamiento organiza, regularmente para sus ciudadanos, giras con guías quienes les detallan monumentos y sus contenidos.

En la actualidad el turismo cultural lo lideran las artes visuales, como la danza, música, zarzuela, pintura y el teatro. Con ellos se ha empezado a promocionar el turismo independiente; yendo intencionadamente en busca de un turismo de calidad.

Quizá se tendrán que considerar aparte los acontecimientos en 1992, tales como los Juegos Olímpicos en Barcelona y la Exposición Internacional en Sevilla conjunta ésta con el 500 aniversario del Descubrimiento por Cristóbal Colón.

La iniciación por la Comunidad Económica Europea de una designada «ciudad cultural europea» cada año, siendo Madrid la ciudad del 92, ha motivado nueva estructura turística. En lo que indiscutiblemente influirá la proyectada red ferroviaria de alta velocidad que va a unir las mayores ciudades en Europa, y que se espera sea una realidad mucho más cercana que para el estimado año 2.020. Esperemos que ésto no sólo pueda descongestionar saturadas rutas aéreas, sino aperturar una nueva etapa para todos los aficionados trotamundistas.

forzó	(it) forced
asir	to grasp
recurso	resource
divisas extranjeras	foreign currency
ni que decir tiene	needless to say
echar los dientes	to grow teeth/teething
foráneos	outsiders
desdeñado	disdained/ignored
punto álgido	highest point
a la par	at the same time
giras	tours
la zarzuela	Spanish operetta
alta velocidad	high speed
aperturar	to open up
trotamundistas	globetrotters

Did you know?

In the last few years members of the press have awarded two different prizes to chosen personalities.

The prizes are:
Premio de la naranja   for sweetness and pleasantness towards the press;
Premio del limón   for sourness and dislike of the press.

The traffic police (**la policía de tráfico**) in Spain are empowered to levy 'on-the-spot' fines. The offender has the option of accompanying the police to an appropriate establishment and then paying the fine, or, if denying the charge, of going to court.

If you are involved in a car accident in Spain, **la policía de tráfico** may impound your car as security against any fines that may arise from the incident. So it is advisable to take out a 'bail bond' insurance policy (**seguro de fianza**) against such an occurrence.

In order to reduce the number of accidents during peak holiday periods, a law was introduced in 1991 (**la nueva Ley de Seguridad vial**) which means that drivers who commit a serious traffic offense can lose their licenses for a minimum of three months and be fined.

In Spain most theaters offer two evening performances as well as matinées. The evening show may be at 6:30 or 7:00 p.m. and the second starting at 10:00 or 10:30 p.m. And many nightclubs stay open until the early hours.

Yes, Spaniards do sleep occasionally!

Your turn to speak

14 Imagine for this activity that you are a wholesaler. You have problems with one of your suppliers, and already some of the retailers with whom you do business have been complaining about delays and the quality of products.

You say to the supplier in question:
el número de quejas que he recibido hasta ahora es enorme.

Perhaps you might want to tell him/her how important it is for the retailers to have the products delivered on time:
es importante recibir los pedidos a tiempo, as some of the articles are seasonal.

You may wish to say whether the products received were of the right size, color, or properly labelled:
¡incluso algunos llevan las etiquetas equivocadas! and that you might have to look for a different supplier:
¡...voy a tener que tratar con otros fabricantes...! as one retailer has already cancelled a big order from you.

Work out what you want to say in Spanish, and then say it out loud. Listen to our text example on the recording, look at the model text on p. 188 and remember there can be many correct versions.

Answers

Practice what you have learned

p. 175 Exercise 1 (**a**) otras empresas en España (**b**) concertar ninguno (**c**) aquí en España son ¡muy formales! (**d**) creo que está todo hablado (**e**) algún buen sitio para visitar (**f**) ver un buen museo

p. 175 Exercise 2 (**a**) Es un calendario cultural de Madrid (**b**) Está repleto de actividades y eventos (**c**) Se llaman, 'los veranos de la villa' (**d**) Son, la música, danza, ópera, zarzuela y el cine (**e**) Lo muestran en el Parque del Retiro (**f**) Se llaman, 'el Festival de Otoño' (**g**) Se inicia la temporada en la ciudad (**h**) Todo corre a cargo de la Comunidad de Madrid

p. 177 Exercise 4 1. (**d**) 2. (**h**) 3. (**i**) 4. (**a**) 5. (**g**) 6. (**b**) 7. (**e**) 8. (**j**) 9. (**c**) 10. (**f**)

p. 177 Exercise 5 tostador automático; la casa; hacerse el desayuno; en el tostador; por toda la casa; alarma; hemos tenido; las puertas; recogerlas; el aparato era un desastre; a la tienda; darme otro a cambio; una nota de crédito; fue un regalo

p. 179 Exercise 7 (**a**) Son ineludibles, el tomador, el asegurado, y el beneficiario (**b**) Habla de Seguros Patrimoniales y de Seguros sobre la vida (**c**) Cabe destacar, el Seguro de asistencia sanitaria, de enterramiento, robo, hogar, cristales, automóviles y de crédito, entre otros (**d**) Cabe destacar, el Seguro de jubilación, fallecimiento, incapacidad, orfandad, y viudedad (**e**) Cuentan con valores garantizados

p. 179 Exercise 8 (**a**) póliza de seguro (**b**) beneficios en especie (**c**) sanidad (**d**) accidentes personales (**e**) accidentes de trabajo (**f**) responsabilidad de producto (**g**) hogar, vacaciones, automóvil (**h**) pensión de jubilación (**i**) prima

p. 181 Exercise 10 (**b**), (**c**), (**f**), (**h**), (**j**), (**l**), (**m**), (**n**), (**q**)

p. 181 Exercise 11 (**a**) bilingüe (**b**) formación continuada (**c**) escribir manuscritamente (**d**) dotes de mando (**e**) don de gentes (**f**) capacidad de organización (**g**) persona dinámica (**h**) ingresos importantes

Answers

Grammar

p. 184 Exercise **13** ha sido; decidió; construyó; llamó; hizo; estuvo; fue; diciendo; sirvió; ofreciéndolo; diciendo; fue; sirvió; siendo; llenó; abrieron; estuvo; hubo; mandó/envió; volando; dio; había; decidió; oyeron; fue; vimos.

Your turn to speak

p. 187 Exercise **14** (model text)

-Me han puesto ustedes en una situación desesperada.
El número de quejas que he recibido hasta ahora es enorme, y tenemos que mejorar la situación, o las consecuencias van a ser desastrosas.

Hasta ahora no hemos recibido un sólo pedido a tiempo, y algunos minoristas encuentran imposible vender los productos fuera de temporada.
Otras tiendas se están quejando de que mandan ustedes los artículos de colores o tamaños equivocados.
¡Incluso algunos llevan las etiquetas equivocadas!
Pero bueno, ¿esto qué es?
¡O resuelven ustedes la situación inmediatamente, o voy a tener que tratar con otros mayoristas!
Tal como está el asunto ¡se va a arruinar todo el mundo!

A ver, ¿qué solución escogen ustedes...?

12 TALKING ABOUT THE FUTURE

You will learn
- about financial markets
- how to talk about personal plans for the future
- about methods of payment
- how to improve your spoken language

Study guide

Talk 1 + Practice what you have learned
Dialogue 2 + Practice what you have learned
Talk 3 + Practice what you have learned
Talk 4 + Practice what you have learned
Key words and phrases
Grammar
Read and understand
Did you know?
Your turn to speak

Talk

1 *José María Francino is a financier. He has been asked to talk about financial markets, and this is an excerpt from his talk.*

El enorme desarrollo que han adquirido tanto los mercados como los instrumentos financieros en estos últimos años, es un reflejo de la necesidad de cubrir de una forma rápida y barata y efectiva las demandas de estos agentes financieros.

Así por ejemplo, una empresa que necesite fondos, puede, o bien, emitir bonos, con una rentabilidad baja pero segura; puede también emitir acciones, que serán posteriormente negociadas en la Bolsa, que normalmente tiene una rentabilidad alta, pero su seguridad es menor, que es el caso de los bonos; o también puede recurrir a un crédito en los bancos, o bien otros prestatarios.

- **desarrollo** development.
- **un reflejo** a reflection.
- **cubrir** to cover.
- **de una forma rápida, barata y efectiva** in a fast, cheap and effective way.
- **una empresa que necesite fondos** a firm that may be in need of funds.
- **o bien** either.
- **emitir bonos** issue bonds.
- **rentabilidad** profitability.
- **baja pero segura** low but secure.
- **emitir acciones** issue shares.
- **que serán posteriormente negociadas** which will be traded later. *Note:* this future tense of the verb is explained in the Grammar section.
- **la Bolsa** the Stock Exchange (lit. the bag).
- **rentabilidad alta** high profitability.
- **su seguridad es menor** its security is lower.
- **recurrir a** resort to.
- **un crédito** a letter of credit.
- **prestatarios** guarantors. *Note:* in Spain: to lend = **prestar**; lender = **prestamista**; lending/loan = **préstamo**; to borrow = **pedir/tomar prestado**; borrower = **prestatario**; borrowing = **el tomar prestado/un préstamo**. In some Latin American countries, to lend = **prestar**; lender = **prestatario/prestador**; lending/loan = **un prestado/prestamento**; to borrow = **prestar/emprestar**; borrower = **prestatario/reportador**; borrowing = **prestación/préstamo**.

Practice what you have learned

1 Based on the talk you have just heard, answer the following questions in Spanish. (Answers p. 203)

(a) ¿Qué han adquirido en los últimos años los mercados e instrumentos financieros?..

(b) ¿Qué puede emitir una empresa que necesite fondos?
....

(c) ¿A quién más puede recurrir una empresa?
....

(d) ¿Cuál de estos instrumentos tiene una rentabilidad alta?
....

(e) ¿Cuál de ellos puede tener una rentabilidad baja pero segura?
....

(f) ¿Dónde serán negociadas las acciones después de ser emitidas?
....

2 Listen to another talk by José María Francino, this time about specific financial markets. Fill in the missing words as you hear them spoken. (Answers p. 203)

Eh, ..., es el lugar donde se negocian .... de estos ...., pero también existen .... como pueden ser: el Mercado de Divisas, donde acuden los exportadores e importadores .... de ésas divisas.

..................: el Mercado Monetario, donde se acude en demanda o, también .... una liquidez momentánea.

Y por último, podemos hablar del .... también que han tenido los Mercados de Futuros, tanto de instrumentos financieros, como de ....

3 **dinero llama a dinero** (money attracts money)

You are talking to a friend about investments, as you want a little 'nest-egg' for the future. You may find the following terms helpful.

invertir to invest
inversión investment
Cajas de Ahorros savings and loan associations
Bonos del Estado national government bonds
cuenta bancaria bank account

You'll be prompted with what to say, then you say it in Spanish.

| Ptas pesetas | £ libras | $ dólares | Y yenes | M marcos | F_F francos |

Dialogues

2 *Elia, Mercedes and Juan Carlos are now dining together. During the meal they talk about their plans for the next six months.*

Juan Carlos	Bueno, ¿y qué proyectos tenéis para los próximos seis meses?
camarero	Perdonen los señores, aquí tienen las bebidas...
E., M., J.C.	Gracias.
camarero	La comida se les servirá en cinco minutos.
Juan Carlos	Estupendo.
Elia	Bueno, yo dentro de mes y medio tengo que ir a Hamburgo, a una conferencia.
Mercedes	Te va a salir muy caro ¿no?
Elia	No, la empresa paga los gastos; aunque, bueno, ya sabes que las dietas, siempre, fuera de tu país salen mucho más caras.
Juan Carlos	Yo también tengo un curso, empiezo ahora, el mes que viene, y también me lo cubre la empresa, no tengo problemas en cuanto a los gastos; es un curso de especialización muy interesante.
Mercedes	Pues yo voy a hacer algo completamente diferente a los negocios, quiero asistir a un simposio para profesores de español.
Juan Carlos	Como siempre veo que tenemos los seis meses ocupados, y, sin vacaciones, de nuevo.
Mercedes	A mí, me gusta estar así.
Elia	El trabajo es interesante.
Juan Carlos	Sí, ¡desde luego!

---

la comida se les servirá the meal will be served (to you).

te va a salir muy caro it is going to be very expensive for you.

- **la empresa paga los gastos** the firm pays the expenses.
- **ya sabes que...** you already know that...
- **las dietas** the expenses (lit. the diets).

fuera de tu país outside your (own) country.

salen mucho más caras turn out much more expensive.

un curso a course.

el mes que viene next month (lit. the month that comes).

- **me lo cubre la empresa** the firm covers my expenses.
- **en cuanto a los gastos** with regard to the expenses.
- **un curso de especialización** a training course.

completamente diferente a los negocios completely different from business.

- **quiero asistir a...** I want to attend...

un simposio para... a symposium for...

- **como siempre** as always.
- **veo que tenemos** I see that we have.
- **a mí, me gusta estar así** for my part, I like it this way.

sí, ¡desde luego! yes, of course!

Practice what you have learned

4 Based on what you have just heard in the dialogue, make a summary of what was said in the third person. (Answers p. 203)

¿Qué han dicho que van a hacer los tres comensales?

En primer lugar, Juan Carlos ha preguntado qué proyectos tienen Elia y Mercedes para los próximos seis meses.

(a) Elia ha dicho que:

....

(b) Mercedes ha dicho que:

....

(c) Juan Carlos ha dicho que:

....

5 Listen to the excerpt about the IVA tax in Spain. Fill in the missing words in the passage below as you hear them spoken. (Answers p. 203)

> La integración de .... a la CEE ha supuesto la..................
> del Impuesto sobre el Valor Añadido, o ...., sobre el ....
> ....
> Esta clase de .... fue inventada por un ....
> en 1919 y puesto en .... en 1954 en ....
> por primera vez.
> El IVA es un impuesto en .... que grava el ....
> añadido de bienes y de ...., en cada etapa desde su
> .... hasta el ....
> En España se han fijado 3 tipos .... de gravamen:
>
> > de un 6%, que es «el reducido»
> > de un 12%, que es «el general»
> > de un 33%, que es «el incrementado»
>
> Este .... gravámenes ha forzado a que
> hoy día .... debe pedir y guardar las ....
> y .... de sus bienes y ....

6 **agosto y septiembre no duran siempre'**
(all good things must come to an end)

You are talking to some friends about future business ventures, and who will cover the costs.

You'll be prompted with what to say, then you say it in Spanish.

UNIT 12

Talk

3 *In this talk, José María Francino explains about methods of payment for businesses.*

Existen una gran variedad de métodos de pagos en el comercio, distinguiéndose entre sí por su mayor, o menor seguridad y comodidad.
En primer lugar tenemos las alternativas, no monetarias, la más importante de las cuáles es: el trueque o «barter».
En segundo lugar las remesas de documentos comerciales, entre las cuales podemos citar: la letra de cambio, el pagaré, el recibo, los documentos contrapago, o contra-aceptación.
En tercer lugar podríamos citar: el crédito documentario, que es la forma más típica de pago, en el comercio internacional, debido a su seguridad y regulación internacional.
Los créditos documentarios pueden ser irrevocables o revocables, confirmados o no confirmados, transferibles o no, a la vista, o a plazo, utilizables contra pago, o aceptación.
Por último tenemos una serie de formas de pago, como son: el pago en efectivo, o, a través de cuenta corriente, por cheque, transferencia, reembolso, «factoring», o «leasing».

- **métodos de pago** methods of payment.

  distinguiéndose entre sí distinguishable from each other.

- **mayor o menor seguridad y comodidad** higher or lower security and convenience.

- **no monetarias** non-monetary.
- **el trueque** barter/exchange.
- **las remesas** remittances; **letra de cambio** bill of exchange.
- **el pagaré** IOU; **el recibo** the receipt.

  contrapago counterpayment.

  contra-aceptación counter-trade.

  podríamos citar we could point out/quote.

- **crédito documentario** documentary/commercial credit.
- **(créditos) irrevocables o revocables** irrevocable or revocable (credits).

  (créditos) confirmados o no confirmados confirmed or unconfirmed (credits).

  (créditos) transferibles o no transferable or non-transferable (credits).

- **(créditos) a la vista o a plazo** when presented, or in installments/deferred payment.
- **el pago en efectivo** cash payment (lit. in effect/with effect).
- **cuenta corriente** current account.
- **cheque** cheque; **transferencia** transfer.
- **reembolso** reimbursement/refund. *Note:* this latter term is also used when sending something C.O.D. (cash on delivery).

  Note: **factoring** is not normally used in Spain. The usual term is **factura** or **facturar**. **Leasing** is acceptable in some areas.

Practice what you have learned

7 Listen to the talk again and list below, under the relevant headings, the different methods of payment mentioned. (Answers p. 203)

1. no monetarias	2. remesas	3. crédito documentario	4. formas de pago

8 **flujo de caja y pronóstico de beneficios** (cash flow and profits forecast)

Fill in the missing words, choosing them from the chart below, and then listen to the recording to check your sentences. (Answers p. 203)

(a) Tenemos que .... nuestras .... para incrementar el ....

(b) El .... de .... para los 10 .... tiene que estar completo para la semana que viene.

(c) La compañía es muy ...., pero si no mejora nuestro .... podemos hacer ....

(d) Un 10 por ciento de .... en nuestro .... aumentaría nuestros beneficios.

(e) Si no aumenta el .... dramáticamente en el próximo año, no vamos a tener ....

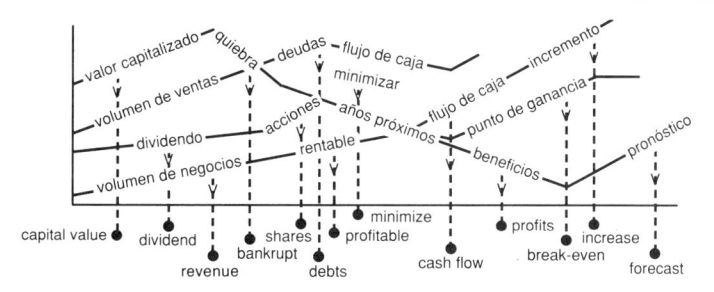

(f) Nuestro reciente .... ha ayudado a mejorar el .... de nuestras ....

valor capitalizado	capital value
quiebra	bankrupt
volumen de ventas	revenue
volumen de negocios	
dividendo	dividend
acciones	shares
deudas	debts
años próximos	
rentable	profitable
flujo de caja	cash flow
minimizar	minimize
punto de ganancia	break-even
incremento	increase
beneficios	profits
pronóstico	forecast

9 **a buen entendedor, pocas palabras bastan**
(for those on the same wavelength, a few words are enough)

You are talking to a **Cámara de Comercio** (Chamber of Commerce) in Spain about their courses, as you would like to take a commercial one. You are interested in business studies and the financial structure of the country.

You'll be prompted with what to say, then you say it in Spanish.

Talk

4 *Mercedes Molina de Palencia is a respected lecturer in Spanish in Madrid. She also teaches Spanish as a foreign language and was asked to give some tips on how foreign students can practice and improve their Spanish. Here is an excerpt from her talk.*

Ahora que ya sabéis un poco de español, os esperamos para mejorar vuestro nivel, aquí podréis convivir con nosotros, entrar en bares, cafeterías, cines...; ésto es fácil, gracias a nuestro carácter tan abierto.

Sería muy práctico leer periódicos en español, seguir programas en la televisión, e incluso acudir a academias, o universidades, donde podréis seguir hasta cursos comercials.

Existen universidades oficiales y privadas, que ofrecen clases, en vacaciones y durante todo el año. Algunas se encuentran en lugares muy atractivos, para disfrutar de la playa y la montaña.

¡Animaos, os estamos esperando!

- **os esperamos para mejorar vuestro nivel** we are waiting for you to improve your standard (of the language).
- **podréis convivir con** you would be able to coexist.
- **ésto es fácil** this is easy.
- **gracias a nuestro carácter tan abierto** thanks to our welcoming character.
- **algunas se encuentran** some are situated (lit. find themselves).
- **¡Animaos, os estamos esperando!** Come on! We are waiting for you!

Practice what you have learned

10 Listen to the talk again and mark with a ✓ which of the following are true or false, as you hear them spoken. (Answers p. 204)

		verdadero	falso
(a)	sabéis un poco de español		
(b)	sabéis mucho español		
(c)	os esperamos		
(d)	podréis convivir con nosotros		
(e)	no entrar en ningún bar		
(f)	ésto será facilísimo		
(g)	ésto es fácil		
(h)	nuestro carácter tan abierto		
(i)	carácter tosco		
(j)	leer periódicos en español		
(k)	no mirar la televisión		
(l)	ofrecen clases en vacaciones		
(m)	lugares apartados		
(n)	lugares atractivos		
(o)	¡animaos...!		
(p)	¡...os estamos esperando!		

11 Listen to these two friends talking about their plans for the next few months. Note down where they are going and what they are doing, then put your notes into the 3rd person (he/she/they) of the verb. (Answers p. 204)

La primera persona dice que:

....
....
....

La segunda persona dice que:

....
....
....

12 **a la corta o a larga, el tiempo todo lo alcanza**
(sooner or later, everything comes to an end)

This speaking exercise is about plans for the future, and how to keep your Spanish fresh and current.

You'll be prompted with what to say, then you say it in Spanish.

UNIT 12   197

Key words and phrases

desarrollo	development
de una forma rápida, barata y efectiva	in a fast, cheap and effective way
una empresa que necesite fondos	a firm that may be in need of funds
o bien	or rather/either
emitir bonos o acciones	to issue bonds or shares
rentabilidad	profitability
baja pero segura	low but secure
la Bolsa	Stock Exchange
la empresa paga los gastos	the firm pays the expenses
ya sabes que...	you already know that...
las dietas	the expenses
fuera de tu país	outside your (own) country
el mes que viene	next month
me lo cubre la empresa	the firm covers the cost
en cuanto a los gastos	with regard to the expenses
un curso de especialización	a training course
a mí, me gusta estar así	for my part, I like it to be like this
métodos de pago	methods of payment
el trueque	barter
las remesas	remittances
letras de cambio	bills of exchange
el pagaré	IOU
créditos a la vista, o la plazo	when presented, or in installments/deferred payment
el pago en efectivo	cash payment
cuenta corriente	current account
reembolso	reimbursement/refund
os esperamos	we will wait for you
carácter abierto	welcoming character
¡animaos...!	come on!

Grammar

The future tense

The future tense of the verb (shall/will) has one form in Spanish for all the regular verbs.

	hablar	*beber*	*recibir*
yo	hablaré	beberé	recibiré
tú	hablarás	beberás	recibirás
él, ella, Ud.	hablará	beberá	recibirá
nosotros/as	hablaremos	beberemos	recibiremos
vosotros/as	hablaréis	beberéis	recibiréis
ellos/as, Uds.	hablarán	beberán	recibirán

Although the endings are just the same for the irregular verbs, some of these will lose, change or add a letter, in order to differentiate or retain the phonetic sound.

irregular future tense of some verbs used in the book:

caber →	cabré,	cabrás,	cabrá,	cabremos,	cabréis,	cabrán
haber →	habré,	habrás,	habrá,	habremos,	habréis,	habrán
hacer →	haré,	harás,	hará,	haremos,	haréis,	harán
poder →	podré,	podrás,	podrá,	podremos,	podréis,	podrán
poner →	pondré,	pondrás,	pondrá,	pondremos,	pondréis,	pondrán
querer →	querré,	querrás,	querrá,	querremos,	querréis,	querrán
saber →	sabré,	sabrás,	sabrá,	sabremos,	sabréis,	sabrán
salir →	saldré,	saldrás,	saldrá,	saldremos,	saldréis,	saldrán
tener →	tendré,	tendrás,	tendrá,	tendremos,	tendréis,	tendrán
valer →	valdré,	valdrás,	valdrá,	valdremos,	valdréis,	valdrán
venir →	vendré,	vendrás,	vendrá,	vendremos,	vendréis,	vendrán
but, **decir** →	diré,	dirás,	dirá,	diremos,	diréis,	dirán

13 Fill in the future tense of the verbs given in the blank spaces. (Answers p. 204)

Joaquín por fin (terminar) .... sus estudios de idiomas el mes que viene; entonces él (hablar) .... tres lenguas extranjeras, lo que (encontrar) .... útil en su nueva carrera.

Como le ha prometido su Compañía, él (tener) .... un puesto de trabajo mejor en el Departamento de Ventas y Exportación, por lo que (esperar) .... viajar y así (poder) .... poner en práctica sus nuevos conocimientos lingüísticos; ello (mejorar) que además su futuro.

Idiomatic 'pearls'

Every language has some, and Spanish is no exception. They often defy logic but are memorable nonetheless.

Here are a few curiosities:

The verb **ser** (denoting a permanent state) is used in **ser soltero/a** 'to be single', whereas

the verb **estar** (denoting a temporary state) is used in **estar casado/a** 'to be married'.

Casarse con... means to marry; **casarse a...** implies 'a shot-gun wedding'.

The word **esposa** in the singular means 'spouse', but in the plural, **esposas** means 'hand-cuffs'.

The terms **déficit** and **superávit** which are *anglicismos* in the language are always used in the singular. The Spanish Academy does not accept the plural form.

One should try to avoid using the word **embarazar** which, apart from meaning 'to embarrass', can also mean 'to make pregnant'. Likewise, **embarazada** means not only 'embarrassed', but also 'to be pregnant'. So watch out (¡**ojo**!).

The word **verde**, apart from meaning green, can also be used as follows: **él está verde**, he is immature, lacks knowledge; **un viejo verde**, a dirty old man; **un chiste verde**, a dirty ('blue') joke.

Words which can have any general meaning, are known as **palabras baúl** ('trunk' words). For example: **cosa**, thing; **pues**, well, so, then.

Make sure you know the difference between **ser** and **estar** or you could end up saying something like **soy aburrido** (I am boring) when what you mean is **estoy aburrido** (I am bored)!

Scientific and technical terms are often adapted from language to language. Here's one example: **elepé**, L.P. (long-playing record).

¡**Enhorabuena**! ('congratulations') is three words rolled into one.

Read and understand

Y ahora, algo completamente diferente

La historia es larga y el espacio es corto, pero quizá sea suficiente para comunicaros que, al menos por unos 50 días del año, una inmensa mayoría de los españoles vive 'con el corazón en la garganta'. Me refiero a los días de sorteo de lotería nacional.

Ciertos aspectos con los que algunos acompañan los sorteos son dignos de conocerse, por su inverosimilitud. Por ejemplo, mucha gente considera el número 13 como 'afortunado'. Pues bien, existe el caso de un despacho de lotería en una calle madrileña de cuyo nombre no debo acordarme, portador del 13 callejero. En dicho local, todo, pero todo el contenido trata de alcanzar casi cada superstición lotera.

Temprano en la mañana del día 13 de diciembre empezará a formarse una cola de aficionados, quizá deshaciéndose del frío con saltitos, pateando la acera, o dándose palmaditas en los brazos y la espalda. Cinco minutos antes de las 13 horas estarán ya todos preparados para el asalto del local. Pasarán entonces por debajo de una herradura de caballo en la puerta, irán derechos a la ventanilla 13, sobre cuyo mostrador habrá un gato negro ronroneando contento de ver tanta imbecilidad humana. El administrador lotero les venderá el número 13, mas deberá entregárselo boca abajo, pues creen también que el azar sólo vendrá a quienes al comprarlo lo miran por primera vez. Para colmo de asombro, habrá en espera una persona con joroba en la espalda, y algunos clientes aun le pasarán su boleto décimo por la chepa, gratificando a la desafortunada.

Mas, lo fascinante no acaba aquí. Ya con sus boletos en mano, los primeros compradores se agolparán hacia la salida, aunque ahora haya variedad de acción. Algunos saldrán del establecimiento a la pata coja, dando saltos sobre un pie; otros con el pie izquierdo por delante, sólo el derecho en el suelo; algunos con uno de los índices apuntando hacia el cielo; aun habrá quienes se aplastarán un dedo contra la nariz, y más disparatado todavía, habrá quienes estarán a la espera, en el umbral de la puerta, de ver acercarse por la calle a un transeúnte, no hasta entonces abandonarán el establecimiento disparados, para de un salto plantarse cara a cara ante el atónito caminante y sacarle la lengua. A veces en la distancia se vea a alguien, de camino a casa o al trabajo, tratando de no pisar las rayas de la acera.

Todas estas loterías están bajo la administración general del Estado español, siendo algunas benéficas, como la de 'la Cruz Roja' y la 'del Niño'. Mas como dice el refrán: 'ser pobre y rico en un día, milagro de la lotería' pero también ha dado pie al síntoma de, 'la ludopatía', que de por sí indica hasta qué punto llegarán algunos para atraer la dama de la suerte.

'con el corazón en la garganta'	with their hearts in their mouths
sorteo	draw
portador	bearer
pateando	kicking
palmaditas	slapping/clapping
herradura de caballo	horseshoe
ronroneando, boca abajo	purring, face down
el azar	chance/luck
para colmo de asombro	as a height of surprise
jaroba/chepa	hump
boleto/décimo	lottery ticket (each number divided into a series of ten)
a la pata coja	hopping/limping
se aplastarán	they will press against
caminante	walker
sacarle la lengua	to stick out the tongue at him
las rayas de la acera	the cracks on the pavement
la ludopatía	addiction to the lottery

Did you know?

If, having finished and signed a letter, you want to add a post-script, in Spanish you write **'PD'** for **posdata**.

ONCE, the **Organización Nacional de Ciegos de España**, is the name of a lottery administration for the blind, the partially sighted, and recently also handicapped people, **minusválidos**.

It was founded in 1939 and its objectives are to provide protection, employment, personal income, and social and educational services to its members. It now employs about 30,000 people, most of whom are blind, **invidentes**. The organization's sales figures are among those of the top 10 companies in Spain. It is a market leader (**una compañía puntera**) in its use of publicity

The ticket for this particular lottery is called a **cupón** and it can be purchased for participation in a daily, weekly or monthly draw. The latter is called a **cuponazo**, as the first prize is for about 100 million pesetas. Tickets can be obtained from special street kiosks and from the blind vendors who operate from specially allocated venues.

After the state has received its cut, the remaining profits are used to fund rehabilitation centers, vocational training, educational colleges and social services for the organization's members, all run by ONCE.

Acuerdo Iberoamericano (Ibero-American Agreement)

In conjunction with Portugal and 13 Latin American counties, Spain has been working towards minting a total of 14 silver coins, in the style of the old **real de a ocho**.

These coins will carry on the reverse side the coat of arms of the participant countries which, in alphabetical order, are: Argentina, Bolivia, Brazil, Chile, Colombia, Cuba, Ecuador, Mexico, Nicaragua, Peru, Portugal, Spain, Uruguay and Venezuela. Designed and minted by the **Fábrica Nacional de Moneda y Timbre**, they will be in circulation from 1992.

Your turn to speak

14 Imagine you have to gain further knowledge of the language, perhaps because your work demands it, or you are after a promotion –
sería muy conveniente e importante para mí...
or you are looking ahead for further opportunities.

You are talking to a college or university about your aims and requirements –
necesito un buen conocimiento de la lengua...

You might want to say that you speak the language a bit, and you are aiming perhaps to expand your vocabulary. You could say that you are very interested in the cultural background of the country –
quiero aprender sobre todos los aspectos socio-culturales...

Or you might prefer to take an intensive course –
quizá un curso intensivo...
or you may think that attending a class once or twice a week would be more profitable –
quiero asistir a una clase una o dos veces por semana...

Work out what you want to say, and then say it out loud. Then listen to the recorded example, look at the model text on p. 204 and remember there can be many correct versions.

Answers

Practice what you have learned

p. 191 Exercise 1 (**a**) Han adquirido un enorme desarrollo (**b**) Puede emitir, bonos o acciones (**c**) Puede recurrir a un crédito en los bancos, o a otros prestatarios (**d**) Tienen una rentabilidad alta, las acciones (**e**) Pueden tener una rentabilidad baja pero segura, los bonos (**f**) Serán negociadas en la Bolsa

p. 191 Exercise 2 la Bolsa; la mayor parte; instrumentos financieros; otros mercados; en demanda o en oferta; Tenemos también; ofreciendo; enorme desarrollo; materias primas

p. 193 Exercise 4 (**a**) dentro de un mes tiene que ir a Hamburgo, a una conferencia; la empresa paga los gastos, y las dietas fuera del país siempre salen más caras. (**b**) va a hacer algo completamente diferente a los negocios, quiere asistir a un simposio para profesores de español. (**c**) tiene un curso que empieza ahora en el mes que viene, también lo cubre la empresa, y no tiene problemas en cuanto a los gastos; es un curso de especialización muy interesante.

p. 193 Exercise 5 España; introducción; IVA; consumo; impuesto; alemán; práctica; Francia; cascada; valor; servicios; producción; consumidor; distintos; mecanismo progresivo; todo español; facturas; recibos; consumo

p. 195 Exercise 7 **1.** el trueque **2.** la letra de cambio; el pagaré; el recibo; documentos contrapago; contra-aceptación **3.** créditos revocables; créditos irrevocables; créditos confirmados; créditos no confirmados **4.** el pago en efectivo; por cuenta corriente; transferencia; reembolso; factura

p. 195 Exercise 8 (**a**) minimizar; deudas; flujo de caja (**b**) pronóstico; beneficios; años próximos (**c**) rentable; flujo de caja; quiebra (**d**) incremento; volumen de negocios (**e**) el volumen de ventas; punto de ganancia (**f**) dividendo; valor capitalizado; acciones

Answers

Practice what you have learned

p. 197 Exercise **10** (**a**) verdadero (**b**) falso (**c**) verdadero (**d**) verdadero (**e**) falso (**f**) falso (**g**) verdadero (**h**) verdadero (**i**) falso (**j**) verdadero (**k**) falso (**l**) verdadero (**m**) falso (**n**) verdadero (**o**) verdadero (**p**) verdadero

p. 197 Exercise **11** **La primera...** tiene unos planes interesantes para los próximos meses; Primero va de vacaciones a Méjico por tres semanas; Pero no vuelve directamente a Inglaterra, pues debe asistir a una conferencia en Nueva York **La segunda...** Sus planes tampoco están mal, aunque no va a viajar tanto como la otra persona; Debe terminar un curso de especialización; También, ésta preparando unos folletos publicitarios y empiezan con la campaña dentro de un mes

Grammar

p. 199 Exercise **13** terminará, hablará, encontrará, tendrá, esperará, podrá, mejorará

Your turn to speak

p. 203 Exercise **14** (model text)

-Respecto a mi trabajo, necesito un buen concocimiento de la lengua, pues somos una compañía multinacional, y sería muy conveniente e importante el poder tratar con clientes directamente, sin intermedios. La empresa cubriría los gastos de algunos cursos intensivos, especialmente si son éstos de comercio.
Por mi parte, quiero aprender sobre todos los aspectos socio-culturales, pues lo creo ser indispensable para entender la mentalidad de las personas quienes hablan ese idioma.
Mas también existe una tercera razón; de cara al futuro, sería bastante positivo para mi carrera, incluso en cuanto a promoción o especialización.

Grammar summary

Unit 1   The written accent. Capital letters. The article, definite and indefinite. Gender of nouns. Plurals. Adjectives. Some personal pronouns, I, You, He/She etc. The verb: formation of the three regular conjugations, *-ar, -er, -ir*. Indicative present tense. The present continuous (...ing). Numbers 1-19. Use of the decimal point and comma.

Unit 2   Forms of: where, who, what, how, how much, etc. Opposites: something, nothing, etc. Double negatives. More personal pronouns: me, to me, etc. Tener que, hay que; present tense of root-changing verbs: tener, poder, encontrar. Ordinal numbers: 1st – 10th.

Unit 3   Demonstrative adjectives and pronouns. Note on the use of: 'y' and 'o'. Possessive adjectives and pronouns. Irregular comparatives and superlatives. Present tense of root-changing verbs: querer, venir. Numbers 20–100.

Unit 4   The auxiliary verb, haber. Past participle (gerund) as adjective. Formation of the perfect tense. Note on irregular gerunds. The superlative. Numbers 100–900.

Unit 5   The diminutives ...*ito*, ...*illo*. Impersonal 'se'. The verb **gustar** and how to use it. **Para mí** etc. Numbers 1,000–10,000 and a note about millions.

Unit 6   Colors. Adverbs. Use of: 'con + persona'. Reflexive verbs and personal pronouns.

Unit 7   The verb **saber**. Imperatives.

Unit 8   Comparatives of equality and inequality. The conditional tense.

Unit 9   Use of 'cualquier'. The imperfect tense.

Unit 10   Shops and shopkeepers. Use of **estar** + gerund. The preterite tense of regular verbs and of **estar, dar, ser, querer** and **ir**.

Unit 11   Punctuation marks. Verbs which take 'y'. Some irregular verbs: **oler, oír, caber**.

Unit 12   The future tense. Idiomatic 'pearls'.

Verb table

Ser
Estar
Haber
Regulars ending in: -**ar**
Regulars ending in: -**er**
Regulars ending in: -**ir**
Irregular forms of: caber, dar, decir, hacer, poder, poner, saber, salir, tener, traer, venir, volver.
Irregular: **ir**
Irregular: **oír**

The verb **ser**, to be (something)

Infinitive: **ser** (to be)
Gerund: **siendo** (being)
Past participle: **sido** (been)
Imperative: **sé, sea, seamos, sean**

Indicative:

Present	Imperfect	Preterite	Future	Conditional	Perfect
(I am)	(I was/ used to be)	(I was)	(I will be)	(I would be)	(I have been)
soy	**era**	**fui**	**seré**	**sería**	**he sido**
eres	**eras**	**fuiste**	**serás**	**serías**	**has sido**
es	**era**	**fue**	**será**	**sería**	**ha sido**
somos	**éramos**	**fuimos**	**seremos**	**seríamos**	**hemos sido**
sois	**erais**	**fuisteis**	**seréis**	**seríais**	**habéis sido**
son	**eran**	**fueron**	**serán**	**serían**	**han sido**

The verb **estar**, to be (somewhere)

Infinitive: **estar** (to be)
Gerund: **estando** (being)
Past participle: **estado** (been)
Imperative: **está, esté, estemos, estad, estén**

Indicative:

Present	Imperfect	Preterite	Future	Conditional	Perfect
(I am)	(I was/ used to be)	(I was)	(I will be)	(I would be)	(I have been)
estoy	**estaba**	**estuve**	**estaré**	**estaría**	**he estado**
estás	**estabas**	**estuviste**	**estarás**	**estarías**	**has estado**
está	**estaba**	**estuvo**	**estará**	**estaría**	**ha estado**
estamos	**estábamos**	**estuvimos**	**estaremos**	**estaríamos**	**hemos estado**
estáis	**estabais**	**estuvisteis**	**estaréis**	**estaríais**	**habéis estado**
están	**estaban**	**estuvieron**	**estarán**	**estarían**	**han estado**

The auxiliary verb **haber**, to have

Infinitive: **haber** (to have)
Gerund: **habiendo** (having)
Past participle: **habido** (had)
Imperative: **he, haya, hayamos, habed, hayan**

Indicative:

Present	Imperfect	Preterite	Future	Conditional	Perfect	
(I have)	(I had/used to have)	(I had)	(I will have)	(I would have)	(I have had)	
he	**había**	**hube**	**habré**	**habría**	**he**	**habido**
has	**habías**	**hubiste**	**habrás**	**habrías**	**has**	**habido**
ha	**había**	**hubo**	**habrá**	**habría**	**ha**	**habido**
hemos	**habíamos**	**hubimos**	**habremos**	**habríamos**	**hemos**	**habido**
habéis	**habíais**	**hubisteis**	**habréis**	**habríais**	**habéis**	**habido**
han	**habían**	**hubieron**	**habrán**	**habrían**	**han**	**habido**

Impersonal form of **haber**

hay (there is/are)   **había** (there was/were)   **hubo** (there was/were)

Regular verbs ending in **-ar**

Infinitive: **hablar** (to speak)
Gerund: **hablando** (speaking)
Past participle: **hablado** (spoken)
Imperative: **habla, hable, hablemos, hablad, hablen**

Indicative:

Present	Imperfect	Preterite	Future	Conditional	Perfect	
(I speak)	(I was speaking/used to speak)	(I spoke)	(I will speak)	(I would speak)	(I have spoken)	
hablo	**hablaba**	**hablé**	**hablaré**	**hablaría**	**he**	**hablado**
hablas	**hablabas**	**hablaste**	**hablarás**	**hablarías**	**has**	**hablado**
habla	**hablaba**	**habló**	**hablará**	**hablaría**	**ha**	**hablado**
hablamos	**hablábamos**	**hablamos**	**hablaremos**	**hablaríamos**	**hemos**	**hablado**
habláis	**hablabais**	**hablasteis**	**hablaréis**	**hablaríais**	**habéis**	**hablado**
hablan	**hablaban**	**hablaron**	**hablarán**	**hablarían**	**han**	**hablado**

GRAMMAR SUMMARY

Regular verbs ending in -**er**

Infinitive: **beber** (to drink)
Gerund: **bebiendo** (drinking)
Past participle: **bebido** (drunk)
Imperative: **bebe, beba, bebamos, beban**

Indicative:

Present	Imperfect	Preterite	Future	Conditional	Perfect	
(I drink)	(I was drinking/ used to drink)	(I drank)	(I will drink)	(I would drink)	(I have drunk)	
bebo	bebía	bebí	beberé	bebería	he	bebido
bebes	bebías	bebiste	beberás	beberías	has	bebido
bebe	bebía	bebió	beberá	bebería	ha	bebido
bebemos	bebíamos	bebimos	beberemos	beberíamos	hemos	bebido
bebéis	bebíais	bebisteis	beberéis	beberíais	habéis	bebido
beben	bebían	bebieron	beberán	beberían	han	bebido

Regular verbs ending in -**ir**

Infinitive: **recibir** (to receive)
Gerund: **recibiendo** (receiving)
Past participle: **recibido** (received)
Imperative: **recibe, reciba, recibamos, reciban**

Indicative:

Present	Imperfect	Preterite	Future	Conditional	Perfect	
(I receive)	(I was receiving/ used to receive)	(I received)	(I will receive)	(I would receive)	(I have received)	
recibo	recibía	recibí	recibiré	recibiría	he	recibido
recibes	recibías	recibiste	recibirás	recibirías	has	recibido
recibe	recibía	recibió	recibirá	recibiría	ha	recibido
recibimos	recibíamos	recibimos	recibiremos	recibiríamos	hemos	recibido
recibís	recibíais	recibisteis	recibiréis	recibiríais	habéis	recibido
reciben	recibían	recibieron	recibirán	recibirían	han	recibido

Irregular verbs

Caber (to fit)

Present	Imperfect	Preterite	Future	Conditional	Participle
(I fit)		(I fit)	(I will fit)	(I would fit)	
quepo		**cupe**	**cabré**	**cabría**	

Dar (to give)

Present	Imperfect	Preterite	Future	Conditional	Participle
(I give)		(I gave)			
doy		**dí**			

Decir (to say/tell)

Present	Imperfect	Preterite	Future	Conditional	Participle
(I say)		(I said)	(I will say)	(I would say)	(said)
digo		**dije**	**diré**	**diría**	**dicho**

Hacer (to do/make)

Present	Imperfect	Preterite	Future	Conditional	Participle
(I do)		(I did)	(I will do)	(I would do)	(done)
hago		**hice** **hiciste** **hizo**	**haré**	**haría**	**hecho**

Poder (to be able)

Present	Imperfect	Preterite	Future	Conditional	Participle
(I can/am able)		(I could)	(I will be able)	(I would be able)	
puedo		**pude**	**podré**	**podría**	

Poner (to put)

Present	Imperfect	Preterite	Future	Conditional	Participle
(I put)		(I put)	(I will put)	(I would put)	(put)
pongo		**puse**	**pondré**	**pondría**	**puesto**

Saber (to know)

Present	Imperfect	Preterite	Future	Conditional	Participle
(I know)		(I knew)	(I will know)	(I would know)	
sé		**supe**	**sabré**	**sabría**	

Salir (to go out)

Present	Imperfect	Preterite	Future	Conditional	Participle
(I go out)			(I will go out)	(I would go out)	
salgo			**saldré**	**saldría**	

Tener (to have)

Present	Imperfect	Preterite	Future	Conditional	Participle
(I have)		(I had)	(I will have)	(I would have)	
tengo		**tuve**	**tendré**	**tendría**	

Traer (to bring)

Present	Imperfect	Preterite	Future	Conditional	Participle
(I bring)		(I brought)			
traigo		**traje**			

Venir (to come)

Present	Imperfect	Preterite	Future	Conditional	Participle
(I come)		(I came)	(I will come)	(I would come)	
vengo		**vine**	**vendré**	**vendría**	

Volver (to turn)

Present	Imperfect	Preterite	Future	Conditional	Participle
(I turn)					(turned)
vuelvo					**vuelto**

Irregular verb **ir**, (to go)

Infinitive: **ir** (to go)
Gerund: **yendo** (going)
Past participle: **ido** (gone)
Imperative: **ve, vaya, vayamos, id, vayan**

Indicative:

Present	Imperfect	Preterite	Future	Conditional	Perfect	
(I go)	(I was going/ used to go)	(I went)	(I will go)	(I would go)	(I have gone)	
voy	**iba**	**fui**	**iré**	**iría**	**he**	**ido**
vas	**ibas**	**fuiste**	**irás**	**irías**	**has**	**ido**
va	**iba**	**fue**	**irá**	**iría**	**ha**	**ido**
vamos	**íbamos**	**fuimos**	**iremos**	**iríamos**	**hemos**	**ido**
vais	**íbais**	**fuisteis**	**iréis**	**iríais**	**habéis**	**ido**
van	**iban**	**fueron**	**irán**	**irían**	**han**	**ido**

Irregular verb **oír**, (to hear)

Infinitive: **oír** (to hear)
Gerund: **oyendo** (hearing)
Past participle: **oído** (heard)
Imperative: **oye, oiga, oigamos, oíd, oigan**

Indicative:

Present	Imperfect	Preterite	Future	Conditional	Perfect	
(I hear)	(I was hearing/ used to hear)	(I heard)	(I will hear)	(I would hear)	(I have heard)	
oigo	**oía**	**oí**	**oiré**	**oiría**	**he**	**oído**
oyes	**oías**	**oíste**	**oirás**	**oirías**	**has**	**oído**
oye	**oía**	**oyó**	**oirá**	**oiría**	**ha**	**oído**
oímos	**oíamos**	**oímos**	**oiremos**	**oiríamos**	**hemos**	**oído**
oís	**oíais**	**oísteis**	**oiréis**	**oiríais**	**habéis**	**oído**
oyen	**oían**	**oyeron**	**oirán**	**oirían**	**han**	**oído**

Vocabulary

Spanish-English

a to
a menudo often
abajo below
abandonar to abandon
abarcar to cover, to take on, to embrace
abierto open
abrazo (m.) hug, embrace; with love (letters)
abreviado shortened, brief
abreviamiento (m.) shortening
abrir to open
acá here
acceso (m.) access, approach (road)
acciones (com.) shares, stocks
accionista (m.) shareholder, stockholder
aceituna (f.) olive
acogedor welcoming
acompañante (m.) accompanying
aconsejar to advise
acontecimiento (m.) event
acordar to agree, to resolve
acostar to put to bed
actividad (f.) activity
actualizado brought up to date
acuerdo (m.) agreement, understanding
adelante forward
¡adelante! come in!
además besides, in addition
adiós goodbye
administración (f.) administration
administrado administered
administrativo administrative
admitir to admit, to accept, to grant
adonde where
adónde where?, where
adquirir to acquire
aéreo aerial
aeropuerto (m.) airport
afeitar to shave
aficionado keen, fond; fan
afortunado lucky
agencia (f.) agency
agosto (m.) August
agradable pleasant, agreeable
¡ah! oh!
ahí there
ahora now
ahora mismo right now/right away
aire acondicionado (m.) air conditioning
aire libre (m.) open air
ajuste (m.) adjustment; assessment
albarán (m.) delivery slip; invoice
alcanzar to reach
alemán German

Alemania Germany
alfarería (f.) pottery
algo something, somewhat
alguien someone
algún, alguno some, any
almacén (m.) warehouse
almacenar to store
almacenista (m.) warehouse operator; shopkeeper
almendra (f.) almond
almorzar to have lunch
almuerzo (m.) lunch
alquilar to rent
alquiler (m.) renting, hiring
alrededor around
alto high, tall
allá there
allí over there
ama de casa (f.) housewife
amable kind, pleasant
amarillo yellow
ambiente (m.) atmosphere
americano American
amigo friend
amplio wide, full
amplitud (f.) width, fullness
ángulo (m.) angle, bend
animar to encourage, to enliven
anteayer the day before yesterday
antepasado before last, previous
antes before, earlier
anticipo (m.) advance; payment on account
antiguo ancient, former
anuncio (m.) advertisement
año (m.) year
aparato (m.) appliance, device
apellido (m.) last name
apertura (f.) opening
apetecer to long for
apoyo (m.) support
apretar to press, to push
apropiado appropriate
aproximadamente approximately
apuntar to point (at/out)
aquel that over there
aquél that one over there
aquí here
armador (m.) shipowner
armario (m.) wardrobe, cupboard
arraigado rooted
arreglar to arrange
arrendamiento (m.) leasing
arriba above
artesanía (f.) craftsmanship
artesano artisan, craftsman
ascensor (m.) elevator
asegurado insured

aseo (m.) cleanliness; toilets/rest room
asequible available, accessible
asesor consultant
asesoramiento (m.) advising
así thus
asiento (m.) seat
asistencia (f.) audience, attendance
asistir to attend
asombro (m.) astonishment
asunto (m.) matter
atraer to attract
atravesar to cross over
atrayente attractive
auge (m.) boom
aula (f.) classroom
aumentar to increase, add to
Australia Australia
australiano Australian
autobús (m.) bus
autónomo autonomous
auxiliar auxiliary
avanzar to advance
avenida (f.) avenue
avión (m.) airplane
¡ay! oh!
ayer yesterday
ayuda (f.) help
ayuntamiento (m.) city hall; town council
azafata (f.) stewardess, air hostess
azar (m.) chance
azul blue

baile (m.) dance; ballroom
bajar to descend, to go down
bajo low; below
bancario banking; bank
bandera (f.) flag
bañar to bathe/have a bath
baño (m.) bath
barato cheap, inexpensive
barniz (m.) varnish
bastante quite, rather
beber to drink
bebida (f.) drink
Bélgica Belgium
beneficio (m.) profit
beneficio bruto (m.) gross profit
beneficio en especie (m.) benefit in kind
biblioteca (f.) library
bien well, good
bienes goods (property)
bienes de consumo consumer goods
bienestar (m.) well-being, welfare
bienvenida (f.) welcome
billete (m.) ticket; bank note; bill
billón trillion
blanco white
blusa blouse
bocadillo (m.) sandwich
boleto (m.) ticket (lottery)
bollería (f.) rolls

bollo (m.) bun, roll; bump, punch
bolsa (f.) bag
Bolsa Stock Exchange
bolsillo (m.) handbag
bonito pretty
bono (m.) bond; voucher
bono de fianza (m.) bail bond
boquerón (m.) fresh anchovy
bordado embroidered
borrador (m.) draft
bota boot
botones (m. pl.) buttons; porter
broche (m.) brooch, fastener, clasp
¡buena suerte! good luck!
bueno good
buscar to search for, look for
butaca (f.) easy chair, armchair

caballero (m.) gentleman, knight
caber to fit, hold
cabo (m.) end, stub; cape (geogr.)
cada every, each
cadena (f.) chain
caer to fall
café (m.) coffee
caja, Caja (f.) box, Savings Bank
calamar (m.) squid
calcetín (m.) sock
calidad (f.) quality
caliente warm
calle (f.) street
calor (m.) heat; ardor
calzado (m.) footwear
cámara (f.) chamber
camarero (m.) waiter
cambiar to change
cambio (m.) change; rate of exchange
caminante (m.) walker
camión (m.) truck
camisón (m.) nightgown
campaña (f.) campaign
campo (m.) country(side)
Canadá Canada
canal (m.) channel
cansado tired
cantidad (f.) quantity
caña (f.) cane; glass of beer
capa (f.) cape, cloak
capacidad (f.) capacity
capital (f.) capital city; capital wealth
capital-riesgo (m.) risk capital
capucha (f.) hood
cara (f.) face
carácter (m.) character
característico characteristic
cargo (m.) charge
carne (f.) meat; flesh
carnet, carné (m.) identity card
carnicería (f.) butcher's shop
caro expensive, dear
carpintería (f.) carpentry
carretera (f.) main road
Cartera (f.) Research & Development

casa (f.) house
casado married
casco (m.) hull (ship); helmet
casi almost
caso (m.) case
castaño chestnut-brown
castellano Castilian, Spaniard
castillo (m.) castle
categoría (f.) category
catorce fourteen
cazar to hunt
cebolla (f.) onion
cena (f.) dinner/supper
cenar to dine, to have dinner/supper
central; Casa central (adj.) central, head office
centro (m.) center
cercanía proximity
cercano nearby
cerrado closed
cerradura (f.) lock
cerrar to close
cerveza (f.) beer
cien, ciento hundred
cierto certain
cinco five
cincuenta fifty
cinta (f.) ribbon
cinturón (m.) belt
circular to circulate, to flow
cita (f.) appointment, date
citar to quote, cite, arrange to meet
ciudad (f.) city
ciudadano de a pie ordinary citizen (man in the street)
¡claro! of course!
claro clear, bright
clasificado classified
cliente (m./f.) client
clima (m.) climate; weather
coche (m.) car
coche-cama (m.) sleeper, sleeping-car
cocina (f.) cooking; kitchen
código (m.) code
coger to take, to grasp, to catch
cola (f.) line; tail
coleccionista (m./f.) collector
colegio (m.) college, school
colgar to hang
comarcal regional, local (road, radio)
comensal (m.) companion at table
comer to eat
comerciante (m.) trader
comerciar to trade
comercio (m.) commerce
comida (f.) meal
¡cómo no! why not!
como as, like
cómo how?
comodidad (f.) comfort, commodity
cómodo comfortable, convenient
compañero companion/friend/colleague
compañía (f.) company

complejidad (f.) complexity
completo full, complete
comprador (m.) buyer
comprar to buy
  a plazos in installments
  al contado for cash
  al pormayor wholesale
  al pormenor retail
  con pérdida at a loss
  fiado on credit
comprender to understand
comprobar to check, observe
común common, mutual; vulgar
comunicar to communicate, convey, connect
comunidad (f.) community, togetherness
con with
concertado arranged; concerted (action)
concertar to effect, to plan
concretar to specify, to state
conducir to drive, to conduct, to direct
confección (f.) manufacture, assembly
confirmar to confirm
confitura (f.) jam
conformidad (f.) conformity, approval
conjunto combined, joint
conmigo with me
conocer to know (someone)
conocido known
conseguir to attain, reach
consejo (m.) advice, counsel; Council
conserje (m.) porter
conservador conservative (pol)
consigo with him/her/you (polite)
constitución (f.) constitution
construir to build, construct
consultar to consult
consumición (f.) consumption
consumidor (m.) consumer
contabilidad (f.) accounting, book-keeping
contener to contain, hold, restrain
contento contented
contestador automático (m.) answering machine
contigo with you
contrapago (m.) counterpayment
contraste (m.) contrast, diversity
contratar to sign a contract
controlar to control
convenio (m.) agreement
conversación (f.) conversation
convivir to coexist
copa (f.) glass (with stem)
copia (f.) copy
corazón (m.) heart
corbata (f.) tie
correcto correct

correo (m.) mail, post office
Correos (m.) Post Office
correr to run, to rush; to flow
correspondencia (f.) correspondence, letters, mail
correspondiente corresponding
corriente common, usual, current
cortar to cut
Cortes Generales Spanish Parliament
corto short, brief
cosa (f.) thing
coser to sew
costumbre (f.) custom, habit
cotidiano daily
crear to create
creatividad (f.) creativity
crecimiento (m.) growth, increase
crisis (f.) crisis
cristiano (m.) Christian
cuadro picture, painting; frame
cual which, what
cuál which one?
cualquier whatever, whichever
cualquiera anyone, anybody
cuando when
cuanto how much
cuánto how much?
cuarenta forty
cuarto fourth; quarter
cuatro four
cuatrocientos four hundred
cubrir to cover, protect; repay
cuchara (f.) spoon
cuello (m.) collar; neck
cuenta (f.) account, bill, counting
cuenta corriente (f.) checking account
cuidado (m.) care, caution

chaleco (m.) vest
chaqueta (f.) jacket
Chile Chile
China China
chorizo (m.) seasoned sausage

danés Danish
de of, from
de nada you are welcome, not at all
debajo underneath
deber to owe, to have to
décimo tenth
decir to say
definición (f.) definition
dejar to leave (behind)
delante in front
delegado delegate
deleitar to delight, to please
demanda (f.) demand, claim, request
demasiado too much
demócrata democratic
demostración (f.) demonstration
dentro inside, within, in

denuncia (f.) reporting, denunciation, accusation
denunciar to report, denounce
departamento (m.) department, section, administrative district
derecho right, straight
derivar to derive, to come from
desarrollo (m.) development
desayunar to have breakfast
desayuno breakfast
descolgar to take down; pick up (telephone)
desconocido unknown
descuento (m.) discount
desde from, since
¡desde luego! of course!
desear to wish
desenredar to untangle
desenvolver to unroll, to unwrap, to expound
deshacer to get rid of
despacho (m.) private office
despacio slowly
despegar to detach, take off; unstick
despertar to wake (up), awake, arouse
después afterwards, later
destacar to detail, to underline, to detach
destruidor destroyer
detalle (m.) detail
detallista (m./f.) retailer
detrás behind, on the back
devolver to return, give back
día (m.) day
día de cierre (m.) closing day
día de trabajo (m.) workday
día festivo (m.) non-work day
día laboral (m.) workday
diálogo (m.) dialogue
diario daily
dibujar to draw, sketch
diciembre (m.) December
diecinueve nineteen
dieciocho eighteen
dieciséis sixteen
diecisiete seventeen
dieta (f.) diet; allowance; emolument
diez ten
diferencia (f.) difference
diferente different
difícil difficult
¿diga?/¿dígame? hello? (telephone)
dilema (m.) dilemma
dinero (m.) money
diputado (m.) deputy, delegate, representative
dirección (f.) direction, directorship
directamente directly
directo straight, direct
director (m.) director
discusión (f.) discussion
diseñar to design

diseño (m.) design
disponibilidad (f.) availability
dispuesto ready, inclined, prepared
distancia (f.) distance
distinguido distinguished
distintivo distinctive
distribuidor distributor, dealer, agent
divisas (Com) (f. pl.) foreign exchange, currency
doble double
doce twelve
domicilio (m.) residence, home, domicile
domingo (m.) Sunday
donde where
¿dónde? where?
dos two
doscientos two hundred
dosier (m.) file, dossier, summary
dotado fitted, equipped; gifted
dote (f.) quality, gift, talent
duchar to shower
duda (f.) doubt
durar to last, to continue

ebanistería (f.) cabinetmaking
Ecuador Ecuador
edad (f.) age
edificio (m.) building, edifice
eficiencia (f.) efficiency
ejemplo (m.) example
ella she
ello it
embalaje (m.) packing, packaging
embalar to pack, to package
embarque (m.) loading, shipping (merchandise)
embozo (m.) fold
emergencia (f.) emergency
emitir to issue, to emit, to give off
empezar to begin
empleo (m.) employment
empresa (f.) firm, company; enterprise
empuje (m.) force, push
en in, into
encantado enchanted, delighted
encima above, on top
encontrar (m.) to find, to encounter
encuadre setting, framing
enero (m.) January
enfrente opposite, in front
ensaimada (f.) Mallorcan baked bun
enseguida/en seguida at once, right away
enseñar to teach, show, point out
entender to understand
enterarse to find out, to become aware
entidad (f.) society, company; entity
entonces then, at that time
entorno (m.) surroundings, ambience

entrada (f.) entrance
entre between, among
entrega (f.) delivery, handing over
entregar to deliver, to hand over
entretenimiento (m.) entertainment
enviar to send
envío (m.) dispatch; shipment; remittance
equipado equipped
equipaje (m.) luggage
equipo (m.) equipment; team
escalafón (m.) register
escaso scarce
escenario (m.) stage, scene
escoger to choose, to select
escribir to write
escrito written
ese that
ése that one
esfuerzo (m.) effort
España Spain
español Spanish, Spaniard
especial special
específico specific
esperar to wait, to hope
esposo spouse
establecido established
Estado (m.) State; Government
Estados Unidos United States
estar to be
estatal State
este this
éste this one
estilo (m.) style
estimado esteemed, respected; Dear (letters)
estrella (f.) star
estropeado damaged, spoiled
estupendo fantastic, stupendous
etapa (f.) stage, phase
evolucionar to evolve, to develop
excepcional exceptional
excluir to exclude, shut out
exigir to demand, require
existencia (f.) existence
explicación (f.) explanation
explicar to explain
exportar to export
extranjero foreigner, stranger

fabricación (f.) manufacture
fabricante (m.) manufacturer, maker
fabricar to manufacture
fácil easy
facilidad (f.) facility
factoraje (m.) factoring
factura (f.) bill, invoice
falda (f.) skirt
fallar to fail, to let down
fallecimiento (m.) death, demise
falso false
faltar to lack, be missing

familia (f.) family
familiarmente familiarly
favor (m.) favor
febrero (m.) February
fecha (f.) date
federación (f.) federation
feliz happy
fénix (m.) phoenix
feria (f.) fair
ferrocarril (m.) railway
ficha (f.) index, filing card
fijar to fix, fasten
filial affiliated, subsidiary
final final, last, end
financiero financial
firma (f.) signature
fletador (m.) charterer, freighter, shipper
flete (m.) freight, cargo
floristería (f.) florist
fluidez (f.) fluidity, flow, fluency
folleto (m.) pamphlet, brochure
fondo (m.) bottom; background (depth)
fondos (m. pl.) funds
formación (f.) formation
formal reliable, serious; formal
forro (m.) lining
fortalecer to fortify, to strengthen
fotocopiadora (f.) photocopier
francés (m.) French
Francia France
franquicia (f.) franchise
fresco fresh; cool
frío cold
frutería (f.) fruit store
fuente (f.) fountain, spring, serving dish
fuera out, outside, abroad
fuerte strong
fumador (m.) smoker
función (f.) function
funcionamiento (m.) functioning, performance
funcionario (m.) official
fundador (m.) founder

gama (f.) range, scale
gamba (f.) prawn
ganar to profit, to gain
garantizado guaranteed
garantizar to guarantee, to assure
gastar to spend
gasto (m.) expense, expenditure
gemelo twin
género (m.) sort, type, kind; genre
generosidad (f.) generosity
gente (f.) people, folk
geográfico geographical
gerente (m.) manager, director
gira (f.) tour; outing
girar to go around, to rotate
glorieta (f.) small square

gobierno (m.) government
gozar to enjoy, to rejoice
gracias thank you
graduar to adjust, to graduate
grande big
gratificar to reward, to tip
gratuito free, gratuitous, unwarranted
gravamen (m.) tax, burden
gravar to levy, to impose a tax
Grecia Greece
gremio (m.) guild
gris grey
guardar to keep
gustar to like, taste
gusto (m.) pleasure, taste

haber to have
habilitado suitable for
habitación (f.) room
habitual habitual, customary
hablar to speak
hacer to make, to do
hambre (f.) hunger, famine
hartar to weary, to bore, to satiate, to tire
harto fed-up, tired, satiated, full
hasta up to, until, as far as
hay there is, there are
hecho a mano hand-made
hecho made, done
hermano (m.) brother
hijo (m.) son
hindú Indian, Hindu
historia (f.) history
histórico historical
hogar (m.) home
hola hello
Holanda Holland
hombre (m.) man
hombro (m.) shoulder
hora (f.) hour
horario (m.) timetable
horma (f.) last (shoe mold)
hostelería (f.) hotel management
hotel (m.) hotel
hoy today
huella (f.) imprint
huevo (m.) egg
humano human

ida (f.) going, outward journey
ida y vuelta round-trip ticket
idóneo suitable, able, capable
igual equal, even, level
ilimitado unlimited, limitless
imaginar to imagine
importe (m.) price, cost; total value
imprescindible essential, indispensable
impuesto (m.) tax, rate, duty
incendiar to set on fire
incluso even, including
increíble incredible

incremento (m.) increase, growth
indeciso undecided, hesitant
indicacíón (f.) indication, suggestion, direction
indiscutible unquestionable, indisputable
individual individual
indulgencia (f.) indulgence
industria (f.) industry
informar to inform
informática (f.) computer science
Inglaterra England
inglés English
instrucción (f.) instruction
intentar to attempt, to try
interés (m.) interest
interesante interesting
interminable endless, interminable
internacional international
introducir to introduce, to insert
inversión (f.) investment
invertir to invest
invierno (m.) winter
invitado invited, guest
ir to go
Irlanda Ireland
irlandés Irish
izquierdo left

jamón (m.) ham
Japón Japan
japonés Japanese
jefe (m.) chief, head, boss
jerez (m.) sherry
jornada (f.) working day
jubilación (f.) retirement; jubilation
judéa Jewish
jueves (m.) Thursday
julio (m.) July
junio (m.) June
junta (f.) meeting, assembly
junto joint, together
jurídico legal, judicial

kilometraje (m.) mileage, distance in kilometers
kilómetro (m.) kilometer

laborista Labor Party
lana (f.) wool
lanzamiento (m.) launching
lanzar to launch; throw, fling
lápiz (m.) pencil
largo long, lengthy
lavandería (f.) laundry, laundromat
lavarse to wash oneself
leche (f.) milk
lector (m.) reader
lectura (f.) lecture, reading passage
leer to read
legislación (f.) legislation
lejos far, far away
lencería (f.) ladies' underwear, linen

lengua (f.) language, tongue
lento slow
letra (f.) letter, character, writing
letra de cambio (f.) bill of exchange
levantar to raise, to lift
levantarse to get up, to stand up
liberar to liberate
libertad (f.) freedom
libre free
librería (f.) bookstore
libro (m.) book
licenciado graduate
liderazgo (m.) leadership
limpiar to clean
línea (f.) line
lingüístico linguistic
liquidez (f.) liquidity
litera (f.) bunk bed
localidad (f.) seat, ticket; locality
Londres London
luego then, later
lugar (m.) place
luminotecnia (f.) lighting, illumination
lunes (m.) Monday

llamada (f.) call; an invitation to
llamado known as
llamar to call, to summon, to call in
llave (f.) key, wrench
llegar to arrive, to reach
lleno full of
llevar to carry, to take away, to wear
llover to rain
lluvia (f.) rain

madre (f.) mother
madrileño (m.) of Madrid
magnitud (f.) magnitude, size, order
mal, malo bad, poor, wrong
manchar to stain
mandadero (m.) messenger
mandar to send, mail, order
mandato (m.) mandate, order
mando (m.) control, command
manera (f.) manner, way
manjar (m.) tasty dish, exquisite dish
mano (f.) hand
mansión (f.) mansion
mantener to maintain, to support, to keep
mantenimiento (m.) maintenance
mantequilla (f.) butter
mañana (f.) morning
máquina (f.) machine
mar (m.) sea
maravilloso marvelous
marca (f.) trademark, brand, mark
marcar to dial, to mark, to brand
marido (m.) husband
marisco (m.) shellfish
marquetería (f.) marquetry
marrón brown

martes (m.) Tuesday
marzo (m.) March
más more
mas but
materia prima (f.) raw material
mayor bigger
mayoría majority
mayorista (m.) wholesaler
medalla (f.) medal
mediano medium, average
medianoche (f.) midnight
medida (f.) measurement
medio (m.) medium
medio half
mediodía (m.) midday, noon
megafonía (f.) public-address system
mejicano Mexican
Méjico, México Mexico
mejillón (m.) mussel
mejor better
mejora (f.) improvement
menor smaller
menos less, minus
¡menos mal! what a relief! thank heavens!
mensaje (m.) message
mensual monthly
menudo small, minute
mercadeo (m.) trading, trade
mercadería (f.) commodity, article (merchandise)
mercado (m.) market
mercadotécnia (f.) marketing
mercancía (f.) merchandise
mes (m.) month
mesa (f.) table
mezcla (f.) mixture, mixing
mi my
miembro (m.) member
miércoles (m.) Wednesday
mil thousand
millón million
minorista (m./f.) retailer
mío mine
mismo same
mixto mixed
moda (f.) fashion
moderno modern
modista (f.) dressmaker
momento (m.) moment
moneda (f.) coin; coinage
montaje (m.) setting up, mounting, assembly
montaña (f.) mountain
montar to ride
mostrador (m.) counter
mostrar to show, to display; to indicate
mucho much, a lot of
muestra (f.) sample, show, display
muestrario (m.) collection of samples
mujer (f.) woman
multinacional multinational
mundo (m.) world
musulmán Muslim
muy very

nación (f.) nation
nacional national
nacionalidad (f.) nationality
nada (f.) nothing, none
nadie no one
naviero (m.) shipowner
naranja (f.) orange
necesario necessary
necesitar to need
negociación (f.) negotiation
negociado (m.) department
negocio (m.) business, trade
negro black
nevar to snow
niebla (f.) fog, mist; (mental) fogginess
nieve (f.) snow
ningún/ninguno no, not any
nivel (m.) level, height
no not, no
noche (f.) night
nombrar to name, to appoint
nombre (m.) name, noun
Norte (m.) North
nosotros we
noticia (f.) news
novecientos nine hundred
novedad (f.) novelty, newness
noveno ninth
noventa ninety
noviembre (m.) November
nublado cloudy, overcast
nuestro our
nueve nine
nuevo new
número (m.) number
nunca never

o or
obra (f.) piece of work
obstaculizado hindered, blocked
ocasión (f.) occasion
ochenta eighty
ocho eight
ochocientos eight hundred
octavo eighth
octubre (m.) October
ocupado busy, occupied
ocurrir to occur, to happen
oferta (f.) offer, tender, bid, present
oficial official, skilled worker
oficina (f.) office
oficio (m.) trade
ofrecer to offer
¡oh! oh!
oír to hear
ojo (m.) eye
oler to smell, to scent
olvidar to forget

once eleven
operación (f.) operation, deal, transaction
optar to opt for
óptimo very best, optimum
orador (m.) speaker, orator
ordenanza (f.) orderly, office boy
organigrama (m.) chart
órgano (m.) organ, body
orgulloso proud, arrogant
otoño (m.) autumn
otorgar to grant, to give, to award
otro another, other

paciencia (f.) patience
padre (m.) father
pagar to pay
pagaré (m.) promissory note, IOU
página (f.) page
pago (m.) payment, retribution
pago en efectivo (m.) cash payment
país (m.) country
Países Bajos Netherlands
palabra (f.) word
palacio (m.) palace
pan (m.) bread
panadería (f.) bakery, bread shop
Panamá Panama
panameño Panamanian
paño (m.) cloth
pantalla (f.) screen
pantalón (pantalones) (m.) trousers, slacks, pants
pañuelo (m.) handkerchief, scarf
papel (m.) paper; role (theater)
papelería (f.) stationery store
paquete (m.) packet
par even number, equal, similar
para for, to, towards
parada (f.) stop, halt
parador (m.) state-run hotel
parar to stop
parecer to seem, to look, appear
parque (m.) park
parte (f.) part
participio pasado (m.) past participle
partido party
partir to depart, to part from, to split
pasado mañana the day after tomorrow
pasado past
pasajero (m.) passenger
pasaporte (m.) passport
pase (m.) pass, permit, permission
pasear to stroll, to go for a walk
pasillo (m.) passage, corridor
patrimonio (m.) patrimony, heritage
patrón (m.) pattern (for measurement); patron
pedido (m.) order, request
pedir to ask for, request
peinar to comb
peluquería (f.) hairdresser

pendiente pending, outstanding
península (f.) peninsula
penoso laborious
pensar to think
peor worse
pequeño small
perchero (m.) clothes rack
perdón (m.) pardon, excuse
perdurable lasting
perecedero perishable
perfecto perfect
periódico (m.) newspaper
período (m.) period
pero but
persona (f.) person
pertenecer to belong
pertenencia (f.) possession, ownership
Perú Peru
peruano Peruvian
pescadería (f.) fish store
pescado (m.) fish (for the table)
pie (m.) foot
piel (f.) skin
pierna (f.) leg
pimienta (f.) pepper
pincho moruno (m.) shish kebab
pisar to tread on, to stand on
plan (m.) plan
planchar to iron
plano (m.) map, guide
plano plain, flat, level
planta (f.) floor, flat level, plant
planteamiento (m.) layout, focus, approach
plata (f.) silver
plato (m.) plate, dish
playa (f.) beach
plaza (f.) square
plazo (m.) period, time; installment
pleno full
pluralismo (m.) pluralism
población activa (f.) working population
poblado populated, full of
pobre poor
poco little
poder to be able to
político political
póliza (f.) policy, contract; stamp
poner to put, to place, to set
por by, through, via, for
por favor please
¡por supuesto! but of course!, naturally!
portador (m.) bearer, carrier
portugués Portuguese
posibilidad (f.) possibility
potenciar to empower, to make possible
precio (m.) price
prefijo (m.) area code, prefix
prenda (f.) item, token, deposit

prensa (f.) press
preparar to prepare
presentación (f.) presentation, introduction
presidente (m.) president
prestar to lend, to render, to be of service
presupuesto (m.) budget
previo previous, preliminary
prima (f.) premium
primavera (f.) spring
primero first, leading, front
primordial essential
Príncipe (m.) Prince
principio (m.) principle, beginning
prisa (f.) haste, hurry, rush
privado private, confidential
problema (m.) problem
procedimiento (m.) procedure, process
producción (f.) production
producir to produce
producto (m.) product
productor producer
profesión (f.) profession
profesor (m.) teacher
promoción (f.) promotion
promocionar to promote
pronóstico (m.) prediction, forecast
pronto soon
propietario (m.) owner, proprietor
propina (f.) tip, gratuity
propio own, proper
proteger to protect
protestante protestant, Protestant (religion)
prototipo (m.) prototype
proveedor (m.) supplier, purveyor
provenir to come from, to originate
próximo near, close, next
proyector projector, spotlight
prueba (f.) test, proof
publicar to publish, to publicize, to announce
publicidad (f.) publicity
público public
pueblo (m.) people; village
puerta (f.) door, gate
pues since, then
¡pues! well!
puesto (m.) job, position; stall, stand
puesto placed, set out
pulpo (m.) octopus
punto point

qué what
que that
quedar to remain, to retain
quejarse to complain, to moan
querer to want, to want to
queso (m.) cheese
quien who
quince fifteen

quinientos five hundred
quinto fifth
quiosco (m.) kiosk
quizá perhaps, maybe

ración (f.) portion
ramificar to branch out/off, to ramify
rápido fast, swift, speedy
razón (f.) reason, ratio, message
recado (m.) message
recepción (f.) reception
recepcionista (m./f.) receptionist
recibir to receive
recinto (m.) enclosure, precinct
reclamación (f.) demand, claim, complaint
recordar to remind, to remember
rector (m.) principal, leading person
recurrir to turn, to appeal, to resort
red (f.) net; network
reducido reduced, limited
reembolso (m.) repayment, reimbursement
referencia (f.) reference, report
reflejo (m.) reflex; reflection
refrán (m.) saying, proverb
refresco (m.) refreshment, soft drink
refrigerio (m.) small snack
región (f.) region, area, zone
regresar to return, to come back
reina (f.) queen
relación (f.) relation, account, report
religión (f.) religion
remesa (f.) payment, remittance
rentabilidad (f.) profitability
repleto full, packed
representar to represent
republicano republican
rescate (m.) redemption, rescue
reserva (f.) reservation
reservado reserved
reservar to reserve
respaldo (m.) backing
respectivo as regards
responsabilidad (f.) responsibility, liability
restaurante/restorán (m.) restaurant
resultado (m.) result
resurgimiento (m.) revival, reappearance
retener to retain
retrasar to delay, to postpone
reunión (f.) reunion, gathering
revista comercial (f.) trade journal
rey (m.) king
rico rich
rincón (m.) corner
riqueza (f.) richness
robo (m.) robbery
rodeado surrounded
rogar to request, to ask, to plead
rojo red
romano Roman

ropa (f.) clothes
rubí (m.) ruby
Rusia Russia

sábado (m.) Saturday
saber to know (something)
sabor (m.) taste
sacar to take out
sal (f.) salt
sala (f.) spacious room
salado salted, savory
salario (m.) salary
salida (f.) exit, way out
salir to leave
sandalia (f.) sandal
sangüiche (m.) sandwich
sastrería (f.) tailoring, tailor's
satisfecho satisfied
sección (f.) section
secretariado (m.) secretariat, Secretaryship
secretario (m.) secretary
sector (m.) sector
sed (f.) thirst
seguir to follow, to continue
según according to
segundo second
seguridad (f.) security
seguro (m.) insurance; (adj.) sure, secure
seis six
seiscientos six hundred
semana (f.) week
semanal weekly
senador (m.) senator
sencillo (f.) single, individual; (adj.) simple
señor Mr.
señora Mrs.
señorita young lady, Miss
sepia (f.) cuttlefish
septiembre, setiembre (m.) September
séptimo seventh
ser to be
servicio (m.) service
servir to serve
sesenta sixty
setecientos seven hundred
setenta seventy
sexto sixth
si if
sí yes
sidra (f.) cider
siempre always
siesta (f.) afternoon nap
siete seven
sigla (f.) abbreviation, initials
significar to signify
siguente following, after, next
simultáneo simultaneous
sin without, with no
sin embargo however, nevertheless

sinceridad (f.) sincerity
sistema (m.) system
sitio (m.) place, spot, location
situado situated
sobrar to be left over
sobre on, upon
sociedad (f.) society
socio (m.) partner; member
solamente only
soleado sunny
soler to be accustomed to
sólo only
solo alone
solucionar to solve, to resolve, to settle
sopa (f.) soup
sorteo (m.) draw
subalterno assistant, subordinate
subastar to auction
subir to go up, to climb
sucio dirty
sucursal (f.) branch, subsidiary
suegro (m.) father-in-law
suelto loose, undone
sueño (m.) sleep, dream
suerte (f.) luck
sufragio (m.) vote, suffrage, help
Suiza Switzerland
sujeto subject (to); fastened
surgir to emerge

tabernero (m.) innkeeper
tal such
talla (f.) size (clothes), height (stature), carving
tallar to carve (wood)
taller (m.) workshop
tamaño (m.) size, volume, capacity
también also
tampoco nor, neither, not either
tan so
tanto so much, such, all
tapa (f.) appetizer
tapeo (m.) tasting 'tapas'
taquígrafo (m.) shorthand writer, stenographer
taquilla (f.) small ticket window
tardar to take (time), to delay, to linger
tarde (f.) afternoon, evening, late
tarea (f.) chore, task
tarifa (f.) tariff, rate
tarjeta (f.) card
té (m.) tea
techo (m.) ceiling
tecla (f.) key (instrument/machine)
técnica (f.) technique, technology
técnico technical, technician
telefonista (f.) operator
televisor (m.) television set
telón curtain, drop curtain
tema (m.) theme
templado lukewarm, temperate

temprano early
tener to have, to hold
tener que to have to
tentempié (m.) a bite to eat
tercero third
terciopelo (m.) velvet
terminar to finish
término (m.) end, conclusion
termostato (m.) thermostat
territorio (m.) territory
tesorería (f.) treasury
tiempo (m.) time; weather
tienda (f.) shop, store
típico typical
tipo (m.) type, kind
todavía still, yet
todo all, entirely
tomar to take
tono (m.) tone
topografía (f.) topography, surveying
torcer to twist, to turn
tormenta (f.) storm
tortilla (f.) omelette
tosco uncouth, crude
tostada (f.) toast
trabajador (m.) worker, working person
traducción (f.) translation
traer to bring, to contain
tráfico (m.) traffic
traje (m.) suit
tranquilamente calmly, quietly
transeunte (m.) pedestrian
transferencia (f.) transfer
transición (f.) transition
transparencia (f.) transparency, slide
transporte (m.) transportation
tratar to deal, to handle, to treat
través (m.) setback; inclination
trayectoria (f.) path, direction, trajectory
trece thirteen
treinta thirty
tren (m.) train
tres three
trescientos three hundred
triángulo (m.) triangle
trotamundista (m./f.) globetrotter
trueque (m.) barter, exchange
tu your
tú you
turismo (m.) tourism
turista (m./f.) tourist
tutear to address as tú
tuteo (m.) use of tú

último last
un a

unánime unanimous
unir to join, to unite
uno one
urgencia (f.) urgency
usted you

vacación (f.) vacation
valer to be worth, to cost, to mean
valioso valuable
valorización (f.) valuation, valuing
variedad (f.) variety
vario several, diverse
vaso (m.) glass (for drinking)
veinte twenty
veinticinco twenty-five
vendedor (m./f.) seller
vender to sell
venir to come
venta (f.) selling, marketing
ventanilla (f.) small window
ver to see
verano (m.) summer
verdad (f.) truth
verdadero true, real, genuine
verde green
verse to see one another
vestíbulo (m.) entrance hall
vestido (m.) dress
vestir to dress
vez (f.) time, turn
viajar to travel
viaje (m.) journey, trip
viajero (m.) traveler
vida (f.) life
viento (m.) wind
viernes Friday
vigente prevailing
vínculo (m.) bond, link
visita (f.) visit
vista (f.) view
visto in view of, considering
vitícola wine growing, viticultural
vivir to live
volumen (m.) volume
vosotros you
vuelo (m.) flight
vuelta (f.) return, round

y and
ya already
yo I

zapatería (f.) shoeshop
zapato (m.) shoe
zona (f.) zone, area
zumo (m.) juice

Vocabulary
English—Spanish

abandon, to abandonar
able, to be poder
above arriba
above encima
access acceso (m.)
according to según (m.)
account cuenta (f.)
accounting contabilidad (f.)
acquire, to adquirir
activity actividad (f.)
adjust, to graduar
adjustment ajuste (m.)
administration administración (f.)
admit, to admitir
advance, to avanzar
advance payment anticipo (m.)
advertisement anuncio (m.)
advice consejo (m.)
advise, to aconsejar
advising aesoramiento (m.)
advisor asesor (m.)
after-dinner (de) sobremesa (f.)
afternoon tarde (f.)
afterwards después
age edad (f.)
agency agencia (f.)
agree, to acordar
agreement convenio (m.); acuerdo (m.)
air conditioning aire acondicionado (m.)
airplane avión (m.)
airport aeropuerto (m.)
all todo
almond almendra (f.)
almost casi
alone solo
already ya
also también
always siempre
ambience ambiente (m.)
American americano
ancestral ancestral
anchovy boquerón (m.)
ancient antiguo
and y
angle ángulo (m.)
Anglican anglicano
anglicism anglicismo (m.)
Anglo-American angloamericano
another otro
answering machine contestador automático (m.)
anyone cualquiera
appliance aparato (m.)
appointment cita (f.)
appropriate apropiado
approximately aproximadamente

area code prefijo (m.)
armchair butaca (f.)
around alrededor
arrange, to arreglar
arrive, to llegar
as como
ask for, to pedir
assembly junta (f.)
assessment ajuste (m.)
assistant auxiliar (m.)
astonishment asombro (m.)
attain, to conseguir
attempt, to intentar
attend, to asistir
attendance asistencia (f.)
attract, to atraer
attractive atrayente
auction, to subastar
August agosto (m.)
Australia Australia
Australian australiano
autonomous autónomo
autobus autobús (m.)
autonomy autonomía (f.)
autumn otoño (m.)
availability disponibilidad (f.)
avenue avenida (f.)

backing respaldo (m.)
bad mal
bag bolsa (f.)
bail bond bono de fianza (m.)
baked buns bollería (f.)
bakery panadería (f.)
banking bancario
barter trueque (m.)
bath baño (m.)
bathe, to bañar
be, to estar, ser
beach playa (f.)
bearer (Com.) portador (m.)
beer cerveza (f.)
before antes
begin, to empezar
behind detrás
Belgium Bélgica
belong, to pertenecer
below abajo
belt cinturón (m.)
benefit in kind beneficio en especie (m.)
besides además
better mejor
between entre
big grande
bigger mayor
bill of exchange letra de cambio (f.)
bill factura (f.)

VOCABULARY 223

billion mil millones
bite (to eat) tentempié (m.)
black negro
blouse blusa (f.)
blue azul
bond bono (m.)
book libro (m.)
bookstore librería (f.)
boom auge (m.)
boot bota (f.)
bottom fondo (m.)
box caja (f.)
branch out, to ramificar
branch sucursal (f.)
bread pan (m.)
breakfast desayuno (m.)
bring, to traer
brooch broche (m.)
brother hermano (m.)
brought up-to-date actualizado
brown marrón
budget presupuesto (m.)
build, to construir
building edificio (m.)
bun ensaimada (f.)
bunk litera (f.)
business negocio (m.)
business & administration
  negociado (m.)
busy ocupado
but pero, mas
butcher's shop carnicería (f.)
butter mantequilla (f.)
buy, to comprar
  in installments comprar a plazos
  on credit comprar fiado
  retail comprar al pormenor
  wholesale comprar al pormayor
  at a loss comprar con pérdida
  with cash comprar al contado
buyer comprador (m.)
by por

cabinetmaking ebanistería (f.)
call llamada (f.)
call, to llamar
calmly tranquilamente
campaign campaña (f.)
Canada Canadá
capacity capacidad (f.)
cape capa (f.)
capital capital (f.)
car coche (m.)
card tarjeta (f.)
care cuidado (m.)
carpentry carpintería (f.)
carry, to llevar
carve (wood), to tallar
case caso (m.)
cash payment pago en efectivo (m.)
Castilian castellano
castle castillo (m.)
catch, to coger

category categoría (f.)
ceiling techo (m.)
center centro (m.)
certain cierto
chain cadena (f.)
chamber cámara (f.)
chance azar (m.)
change cambio (m.)
change, to cambiar
channel canal (m.)
character carácter (m.)
characteristic característico
charge cargo (m.)
chart organigrama (m.)
charterer fletador (m.)
cheap barato
check, to comprobar
checking account cuenta corriente (f.)
cheese queso (m.)
chestnut-brown castaño
chief jefe (m.)
Chile Chile
China China
choose, to escoger
chore tarea (f.)
Christian cristiano
cider sidra (f.)
circulate, to circular
city ciudad (f.)
civil servant funcionario (m.)
classified clasificado
clean, to limpiar
clear claro
client client (m./f.)
climate clima (m.)
close, to cerrar
closed cerrado
cloth paño (m.)
clothes ropa (f.)
clothes rack perchero (m.)
cloudy nublado
code código (m.)
coexist, to convivir
coffee café (m.)
coin moneda (f.)
cold frío
collar cuello (m.)
collection (of samples) muestrario (m.)
collector coleccionista (m./f.)
college colegio (m.)
comb, to peinar
combined conjunto
come from, to provenir
come in! ¡adelante!
come, to venir
comfort comodidad (f.)
comfortable cómodo
commerce comercio (m.)
commodity mercadería (f.)
common común
communicate, to comunicar
community comunidad (f.)

companion (at table) comensal (m.)
company compañía (f.); empresa (f.)
complain, to quejarse
complete completo
complexity complejidad (f.)
computer science informática (f.)
concerted concertado
conclusion término (m.)
confirm, to confirmar
conformity conformidad (f.)
conservative conservador
constitution constitución (f.)
consult, to consultar
consumer consumidor (m.)
consumer goods bienes de consumo (m. pl.)
consumption consumición (f.)
contain, to contener
contented contento
contrast contraste (m.)
control mando (m.)
control, to controlar
conversation conversación (f.)
cooking cocina (f.)
copy copia (f.)
corner rincón (m.)
correct correcto
correspondence correspondencia (f.)
corresponding correspondiente
counter mostrador (m.)
counterpayment contrapago (m.)
country país (m.)
countryside campo (m.)
cover, to cubrir
craftsmanship artesanía (f.)
craft artesano
create, to crear
creativity creatividad (f.)
crisis crisis (f.)
cross over, to atravesar
custom costumbre (f.)
curtain telón (m.)
cut, to cortar
cuttlefish sepia (f.)

daily diario, cotidiano
damaged estropeado
dance baile (m.)
dance, to bailar
Danish danés
date fecha (f.)
daughter hija (f.)
day día (m.)
day after tomorrow pasado mañana
day before yesterday anteayer
day, closing día de cierre (m.)
day, non-work día festivo (m.)
day, work día laboral (m.)
day of work día de trabajo (m.)
deal, to tratar
death fallecimiento (m.); muerte (f.)
December diciembre (m.)
definition definición (f.)

delay, to retrasar
delegate diputado (m.)
delight, to deleitar
deliver, to entregar
delivery entrega (f.)
delivery slip albarán (m.)
demand reclamación (f.), demanda (f.)
demand, to exigir
Democratic demócrata
demonstration demostración (f.)
denounce, to denunciar
depart, to partir
department departamento (m.)
derive, to derivar
descend, to bajar
design diseño (m.)
design, to diseñar
destroyer destruidor (m.)
detach, to despegar
detail detalle (f.)
development desarrollo (m.)
dial, to marcar
dialogue diálogo (m.)
diet dieta (f.)
difference diferencia (f.)
different diferente
difficult difícil
dilemma dilema (m.)
dine, to cenar
dinner cena (f.)
direction dirección (f.)
directly directamente
director director (m.)
dirty sucio
discount descuento (m.)
discussion discusión (f.)
dish manjar (m.)
dispatch despacho (m.)
distance distancia (f.)
distinguished distinguido
distinctive distintivo
distributor distribuidor (m.)
do, to hacer
door puerta (f.)
double doble
doubt duda (f.)
draft borrador (m.)
draw sorteo (m.)
draw, to dibujar
dress vestido (m.)
dress, to vestir
dressmaker modista (f.)
drink, to beber
drink bebida (f.)
drive, to conducir

each cada
early temprano
easy fácil
eat, to comer
Ecuador Ecuador
efficiency eficiencia (f.)

effort esfuerzo (m.)
egg huevo (m.)
eight ocho
eight hundred ochocientos
eighteen dieciocho
eighth octavo
eighty ochenta
elevator ascensor (m.)
eleven once
embroidered bordado
emergency emergencia (f.)
emphasize, to destacar
employment empleo (m.)
enchanted encantando
encounter, to encontrar
encourage, to animar
end cabo (m.)
endless interminable
England Inglaterra
English inglés
enjoy, to gozar
entertainment entretenimiento (m.)
entrance entrada (f.)
entrance hall vestíbulo (m.)
equal igual
equipment equipo (m.)
equipped equipado
era era (f.)
essential primordial; imprescindible
established establecido
esteemed estimado
evolve, to evolucionar
example ejemplo (m.)
exceptional excepcional
exclude, to excluir
existence existencia (f.)
exit salida (f.)
expense gasto (m.)
expensive caro
explain, to explicar
explanation explicación (f.)
export, to exportar
expound, to desenvolver
eye ojo (m.)

face cara (f.)
facility facilidad (f.)
factoring factoraje (m.)
fail, to fallar
fair feria (f.)
fall, to caer
false falso (m.)
familiarly familiarmente
family familia (f.)
fancy, to apetecer
fantastic fantástico
far lejos
fashion moda (f.)
fast rápido
father padre (m.)
father-in-law suegro (m.)
favor favor (m.)
February febrero (m.)

fed-up harto
federation federación (f.)
fifteen quince
fifth quinto
fifty cincuenta
file dosier (m.)
final final
financial financiero
find out, to enterarse
finish, to terminar
first primero
fish pescado (m.)
fish store pescadería (f.)
fit, to caber
five cinco
five hundred quinientos
fix, to fijar
flag bandera (f.)
flight vuelo (m.)
floor suelo (m.); planta (f.)
florist floristería (f.)
flow fluidez (f.)
fog niebla (f.)
fold embozo (m.)
follow, to seguir
following siguiente
foot pie (m.)
footwear calzado (m.)
for para; por
foreign exchange divisas (f. pl.)
foreigner extranjero
forget, to olvidar
formation formación (f.)
fortify, to fortalecer
forty cuarenta
forward adelante
founder fundador (m.)
fountain fuente (f.)
four cuatro
four hundred cuatrocientos
fourteen catorce
fourth cuarto
France Francia
franchise franquicia (f.)
free libre; gratuito
freedom libertad (f.)
freight flete (m.)
French francés
fresh fresco
Friday viernes (m.)
friend amigo (m.)
from desde
fruit shop frutería (f.)
full lleno
full up repleto
function función (f.)
functioning funcionamiento (m.)
funds fondos (m. pl.)

generosity generosidad (f.)
gentleman caballero (m.)
geographical geográfico
German alemán

Germany Alemania
get rid of, to deshacer de
gift dote (f.)
give power, to potenciar
glass vaso (m.)
glass of beer caña (f.)
globetrotter trotamundista (m./f.)
go, to ir
go around, to girar
go out, to salir
go up, to subir
good bueno
goodbye adiós
goods bienes (m. pl.)
government gobierno (m.)
graduate licenciado (m.)
grant, to otorgar
Greece Grecia
green verde
grey gris
growth crecimiento (m.)
guarantee, to garantizar
guaranteed garantizado
guild gremio (m.)

habitual habitual
hairdresser peluquería (f.)
half medio
ham jamón (m.)
hand mano (f.)
hand-made hecho a mano
handbag bolsillo (m.)
handkerchief pañuelo (m.)
hang, to colgar
happening acontecimiento (m.)
happy feliz
have, to tener
have to, to tener que
he él
hear, to oír
heart corazón (m.)
heat calor (m.)
hello hola
hello? ¿diga?/¿dígame? (telephone)
helmet casco (m.)
help ayuda (f.)
here aquí, acá
heritage patrimonio (m.)
high alto
hindered obstaculizado
hire, to alquilar
historical histórico
history historia (f.)
holiday día de fiesta (m.)
Holland Holanda
home hogar (m.)
hood capucha (f.)
hope, to esperar
hotel hotel (m.)
hotel management hostelería (f.)
hour hora (f.)
house casa (f.)
housewife ama de casa (f.)

how much cuanto
however sin embargo
hug abrazo (m.)
hull (ship) casco (m.)
human humano
hunger hambre (f.)
hunt, to cazar
hurry prisa (f.)
husband marido (m.)

I yo
identity card carnet, carné (m.)
if si
imagine, to imaginar
imprint huella (f.)
improvement mejora (f.)
in en
in front delante
in view of visto
including incluso
increase incremento (m.)
increase, to aumentar
incredible increíble
Indian hindú
indication indicación (f.)
individual individual
indulgence indulgencia (f.)
industry industria (f.)
inform, to informar
innkeeper tabernero
inside dentro
instruction instrucción (f.)
insurance seguro (m.)
insured asegurado
interest interés (m.)
interesting interesante
international internacional
introduce, to introducir
invest, to invertir
investment inversión (f.)
invited invitado
Ireland Irlanda
Irish irlandés
iron, to planchar
issue, to emitir
it ello
item prenda (f.)

jacket chaqueta (f.)
jam confitura (f.)
January enero (m.)
Japan Japón
Japanese japonés
Jewish judío
job puesto (m.)
join, to unir
joint junto
journey, outward ida (f.)
journey, round-trip ida y vuelta
juice zumo (m.)
July julio (m.)
June junio (m.)

keen aficionado
keep, to guardar
key llave (f.)
key (instrument/machine) tecla (f.)
kilometer kilómetro, quilómetro (m.)
kind amable
king rey (m.)
kiosk quiosco (m.)
know s.o., to concocer
know, to saber
known conocido

laborious penoso
Labor (Party) laborista
lack, to faltar
language lengua (f.)
last último
last name apellido (m.)
last (shoe) horma (f.)
last, to durar
lasting perdurable
launch, to lanzar
launching lanzamiento (m.)
laundry lavandería (f.)
leadership liderazgo (m.)
leasing arrendamiento (m.)
leave (behind), to dejar
lecture lectura (f.)
lecture room aula (el) (f.)
left izquierdo
leg (human) pierna (f.)
legal jurídico
legislation legislación (f.)
lend, to prestar
less menos
letter letra (f.)
level nivel (m.)
levy, to gravar
liberate, to liberar
library biblioteca (f.)
life vida (f.)
lighting luminotecnia (f.)
like, to gustar
line línea (f.)
line cola (f.)
linguistic lingüístico
lining forro (m.)
link vínculo (m.)
liquidity liquidez (f.)
little poco
live, to vivir
loading embarque (m.)
lock cerradura (f.)
London Londres
long largo
long for, to apetecer
loose suelto
low bajo
luck suerte (f.)
lucky afortunado
luggage equipaje (m.)
lukewarm templado

lunch almuerzo (m.)
lunch, to almorzar

machine máquina (f.)
made hecho
Madrilenian madrileño
magnitude magnitud (f.)
mail correo (m.)
main road carretera (f.)
maintain, to mantener
maintenance mantenimiento (m.)
majority mayoría (f.)
make, to hacer
man hombre (m.)
manager gerente (m.)
mandate mandato (m.)
manner manera (f.)
manufacture fabricación (f.), confección (f.)
manufacture, to fabricar
manufacturer fabricante (m.)
map plano (m.)
March marzo (m.)
market mercado (m.)
marketing mercadotécnia (f.)
marquetry marquetería (f.)
married casado
marvelous maravilloso
matter asunto (m.)
me mí
meal comida (f.)
measurement medida (f.)
meat carne (f.)
medal medalla (f.)
medium medio (m.)
member miembro (m.)
merchandise mercancía (f.)
message recado (m.), mensaje (m.)
messenger mandadero (m.)
Mexican mejicano
Mexico Méjico, México
midday mediodía (m.)
midnight medianoche (f.)
mileage kilometraje/quilometraje (m.)
milk leche (f.)
million millón
mine mío
mixed mixto
modern moderno
moment momento (m.)
Monday lunes (m.)
money dinero (m.)
month mes (m.)
monthly mensual
more más
morning mañana (f.)
mother madre (f.)
mountain montaña (f.)
much mucho
multinational multinacional
Muslim musulmán
mussel mejillón (m.)
my mi

nationality nationalidad (f.)
name nombre (m.)
nap (afternoon) siesta (f.)
nation nación (f.)
national nacional
near próximo
nearby cercano
nearness cercanía (f.)
necessary necesario
need, to necesitar
negotiation negociación (f.)
net; network red (f.)
Netherlands Países Bajos
never nunca
new nuevo
news noticias (f. pl.)
newspaper periódico (m.)
night noche (f.)
nightgown camisón (m.)
nine nueve
nine hundred novecientos
nineteen diecinueve
ninth noveno
ninety noventa
no ningún, ninguno
nobody nadie
nor tampoco
North Norte (m.)
North American norteamericano
nothing nada (f.)
novelty novedad (f.)
November noviembre (m.)
now ahora
number número (m.)

occasion ocasión (f.)
occur, to ocurrir
October octubre (m.)
octopus pulpo (m.)
of de
of course! ¡claro!; ¡desde luego!
offer oferta (f.)
offer, to ofrecer
office oficina (f.)
office automation ofimática (f.)
official oficial
often a menudo
oh! ¡ay!
olive aceituna (f.)
omelette tortilla (f.)
on sobre
one uno
one hundred cien/ciento
onion cebolla (f.)
only solamente; sólo
open air aire libre (m.)
open, to abrir
opening apertura (f.)
operation operación (f.)
opposite enfrente
opt for, to optar
or o
orange naranja (f.)

order pedido (m.)
orderly ordenanza (f.)
organ (body) órgano (m.)
our nuestro
owe, to deber
own propio
owner propietario (m.)

pack, to embalar
packet paquete (m.)
packing embalaje (m.)
page página (f.)
palace palacio (m.)
pamphlet folleto (m.)
Panama Panamá
Panamanian panameño
paper papel (m.)
pardon perdón (m.)
park parque (m.)
part parte (f.)
partner socio (m.)
party (political) partido (m.)
pass pase (m.)
passage pasillo (m.)
passenger pasajero (m.)
passport pasaporte (m.)
past pasado
past participle participio pasado (m.)
path trayectoria (f.)
patience paciencia (f.)
pattern patrón (m.)
pay, to pagar
payment pago (m.), remesa (f.)
pedestrian transeunte (m.)
pencil lápiz (m.)
pending pendiente
peninsula península (f.)
people gente (f.), pueblo (m.)
pepper pimienta (f.)
perfect perfecto
perhaps quizá
period período (m.); plazo (m.)
perishable perecedero
person persona (f.)
Peru Perú
Peruvian peruano
phoenix fénix (m.)
photocopier fotocopiadora (f.)
pick up (telephone), to descolgar
picture cuadro (m.)
place lugar (m.), sitio (m.)
plain plano
plan plan (m.)
plate plato (m.)
pleasant agradable
please por favor
pleasure gusto (m.)
pluralism pluralismo (m.)
point punto (m.)
point (at/out), to apuntar
policy póliza (f.)
political político
poor pobre

populated poblado
porter conserje (m.), botones (m. pl.)
portion ración (f.), porción (f.)
Portuguese portugués
possession pertenencia (f.)
possibility posibilidad (f.)
Post Office Correos (m.)
pottery alfarería (f.)
prawn gamba (f.)
precinct recinto (m.)
prediction pronóstico (m.)
premium prima (f.)
prepare, to preparar
presentation presentación (f.)
president presidente (m.)
press, to apretar
press prensa (f.)
pretty bonito
prevailing vigente
previous previo
price precio (m.), importe (m.)
prince príncipe (m.)
princess princesa (f.)
principal rector (m.)
principle principio (m.)
printing edition tirada (f.)
private privado
private office despacho (m.)
problem problema (m.)
procedure procedimiento (m.)
produce, to producir
producer productor (m.)
product producto (m.)
production producción (f.)
profession profesión (f.)
profit beneficio (m.)
profit, to ganar
profitability rentabilidad (f.)
projector proyector (m.)
promissory note pagaré (m.)
promote, to promocionar
promotion promoción (f.)
protect, to proteger
protestant protestante
prototype prototipo (m.)
proud orgulloso
public público
public-address system megafonía (f.)
publicity publicidad (f.)
publish, to publicar
push empuje (m.)
put to bed, to acostar
put, to poner

quality calidad (f.)
quantity cantidad (f.)
quarter cuarto (m.)
queen reina (f.)
queue cola (f.)
quote, to citar

railroad/railway ferrocarril (m.)
rain lluvia (f.)
rain, to llover

raise, to levantar
range gama (f.)
rather bastante
raw material materia prima (f.)
reach, to alcanzar
read, to leer
reader lector (m.)
ready dispuesto
reason razón (f.)
receive, to recibir
reception recepción (f.)
receptionist recepcionista (f.)
red rojo
redemption rescate (m.)
reduced reducido
reference referencia (f.)
reflection reflejo (m.)
refreshment refresco (m.)
region región (f.)
regional comarcal
register escalafón (m.)
relation relación (f.)
reliable formal
religion religión (f.)
remain, to quedar
remember, to recordar
remind, to recordar
renting alquiler (m.)
repayment reembolso (m.)
represent, to representar
Republican republicano
request, to rogar
Research and Development Cartera (f.)
reservation reserva (f.)
reserve, to reservar
residence domicilio (m.)
resource recurso (m.)
respective respectivo
responsibility responsabilidad (f.)
restaurant restaurante (m.), restorán (m.)
result resultado (m.)
retailer detallista (m.)
retailer minorista (m./f.)
retain, to retener
retirement jubilación (f.)
return vuelta
return, to regresar
reunion reunión (f.)
revival resurgimiento (m.)
reward, to gratificar
ribbon cinta (f.)
rich rico
richness riqueza (f.)
ride, to montar
right derecho
right away enseguida/en seguida
risk capital capital-riesgo (m.)
robbery robo (m.)
roll (edible) bollo (m.)
Roman romano
room habitación (f.); sala (f.)

rooted arraigado
ruby rubí (m.)
run, to correr
Russia Rusia

salt sal (f.)
salted salado
same mismo
sample muestra (f.)
sandal sandalia (f.)
sandwich bocadillo (m.), sangüiche (m.)
satisfied satisfecho
Saturday sábado (m.)
say, to decir
saying refrán (m.)
scarce escaso
screen pantalla (f.)
sea mar (m.)
search, to buscar
seasoned sausage chorizo (m.)
seat asiento (m.)
second segundo
secretariat secretariado (m.)
secretary secretario
section sección (f.)
sector sector (m.)
security seguridad (f.)
see, to ver
seem, to parecer
sell, to vender
seller vendedor (m.)
senator senador (m.)
send, to enviar
September septiembre, setiembre
serve, to servir
service servicio (m.)
set fire, to incendiar
set off, to partir
setback través (m.)
setting encuadre (m.)
seven siete
seven hundred setecientos
seventeen diecisiete
seventh séptimo
seventy setenta
several varios
sew, to coser
shareholder accionista (m.)
shares acciones (f. pl.)
shave, to afeitar
shellfish marisco (m.)
sherry jerez (m.)
shipowner armador, naviero (m.)
shish kebab pincho moruna (m.)
shoe zapato (m.)
shoestore zapatería (f.)
shop tienda (f.), almacén (m.)
short corto
shortened abreviado
shortening abreviamiento (m.)
shorthand writer taquígrafo (m.)
shoulder hombro (m.)

show, to mostrar
shower, to duchar
sign a contract, to contratar
signature firma (f.)
signify, to significar
silver plata (f.)
simultaneous simultáneo
sincerity sinceridad (f.)
single sencillo (f.)
situated situado
six seis
six hundred seiscientos
sixteen dieciséis
sixth sexto
sixty sesenta
size talla (f.); tamaño (m.)
skin piel (f.)
skirt falda (f.)
sleep sueño (m.)
sleeper/sleeping car coche-cama (m.)
slow lento
slowly despacio
small menudo; pequeño
smaller menor
smell, to oler
smoker fumador (m.)
snack tentempié (m.); refrigerio (m.)
snow nieve (f.)
snow, to nevar
so así
so much tanto
society sociedad (f.)
sock calcetín (m.)
solve, to solucionar
some algún
somebody alguien
something algo
son hijo (m.)
soon pronto
sort género (m.)
soup sopa (f.)
Spain España
Spanish español
Spanish Parliament Cortes Generales (f. pl.)
speak, to hablar
speaker orador
special especial
specific específico
specify, to concretar
spend, to gastar
spoon cuchara (f.)
spouse esposo
spring primavera (f.)
square plaza (f.)
square (small) glorieta (f.)
squid calamar (m.)
stage escenario (m.); etapa (f.)
stain, to manchar
stand up, to levantarse
star estrella (f.)
State Estado (m.), estatal (adj.)

State-run hotel parador (m.)
stationery store papelería (f.)
stewardess azafata (f.)
still todavía
Stock Exchange Bolsa (f.)
stop parada (f.)
stop, to parar
store almacén (m.), tienda (f.)
store, to almacenar
storm tormenta (f.)
street calle (f.)
stroll, to pasear
strong fuerte
style estilo (m.)
subordinate subalterno
subsidiary filial
such tal
suit traje (m.)
suitable idóneo
suitable (for) habilitado
summer verano (m.)
Sunday domingo (m.)
sunny soleado
supplier proveedor (m.)
support apoyo (m.)
sure seguro
surrounded rodeado
surroundings entorno (m.)
Switzerland Suiza
system sistema (m.)

table mesa (f.)
tailoring sastrería (f.)
take, to tomar
take (time), to tardar
take out, to sacar
tariff tarifa (f.)
taste, to probar
taste sabor (m.)
tax gravamen (m.), impuesto (m.)
tea té (m.)
teach, to enseñar
teacher profesor (m.)
technical técnico
technique técnica (f.)
telephone operator telefonista (f.)
television set televisor (m.)
ten diez
tenth décimo
territory territorio (m.)
test prueba (f.)
thank you gracias
theme tema (m.)
then luego; pues; entonces
there allá, allí, ahí
there is/are hay
thermostat termostato (m.)
thing cosa (f.)
think, to pensar
third tercero
thirst sed (f.)
thirteen trece
thirty treinta

this este
thousand mil
three tres
three hundred trescientos
Thursday jueves (m.)
ticket window taquilla (f.)
ticket billete (m.), boleto (m.)
tie corbata (f.)
time tiempo (m.); vez (f.)
timetable horario (m.)
tip propina (f.)
tired cansado
to a (prep)
toast tostado (f.)
today hoy
toilets aseo (m.)
tone tono (m.)
too much demasiado
topography topografía (f.)
tour gira (f.)
tourism turismo (m.)
tourist turista (m./f.)
town council ayuntamiento (m.)
trade oficio (m.)
trade journal revista comercial (f.)
trade, to comerciar
trademark marca (f.)
trader comerciante (m.)
trading mercadeo (m.)
traffic tráfico (m.), tránsito (m.)
train tren (m.)
transfer transferencia (f.)
transition transición (f.)
translation traducción (f.)
transparency transparencia (f.)
transportation transporte (m.)
travel, to viajar
traveler viajero (m.)
tread, to pisar
treasury tesorería (f.)
triangle triángulo (m.)
trillion billón
trousers pantalones (m. pl.)
truck camión (m.)
true verdadero
truth verdad (f.)
Tuesday martes (m.)
turn, to recurrir
twelve doce
twenty veinte
twin gemelo
twist, to torcer
two dos
two hundred doscientos
type tipo (m.)
typical típico

unanimous unánime
uncouth tosco
undecided indeciso
underneath debajo
understand, to entender; comprender
underwear (ladies') lencería (f.)

United States Estados Unidos
unknown desconocido
unlimited ilimitado
unquestionable indiscutible
untangle, to desenredar
until hasta
urgency urgencia (f.)
usual corriente

valuable valioso
valuation valorización (f.)
variety variedad (f.)
varnish barniz (m.)
velvet terciopelo (m.)
very muy
vest chaleco (m.)
view vista (f.)
visit visita (f.)
volume volumen (m.)
vote sufragio (m.)

wage salarial
wages salario (m.)
wait, to esperar
waiter camarero (m.)
wake (up), to despertar
walker caminante (m.)
want, to querer
wardrobe armario (m.)
warehouse worker almacenista (m.)
warm caliente
wash, to lavarse
we nosotros
weary, to become hartar
Wednesday miércoles (m.)
week semana (f.)
weekly semanal
welcome bienvenida (f.)
welcoming acogedor
well bien
well-being bienstar (m.)
what qué; que
what a relief! ¡menos mal!

whatever cualquier
where donde; dónde
which cual; cuál
white blanco
who quien; quién
wholesaler mayorista (m.)
why not! ¡cómo no!
wide amplio
width amplitud (f.)
wind viento (m.)
window (tickets) ventanilla (f.)
wine-growing vitícola
winter invierno (m.)
wish, to desear
with con
without sin
woman mujer (f.)
wool lana (f.)
word palabra (f.)
work freelance, to trabajar por cuenta propia
worker trabajar (m.)
working day jornada (m.)
working population población activa (f.)
workshop taller (m.)
world mundo (m.)
worse peor
worth, to be valer
write, to escribir
written escrito

year año (m.)
yellow amarillo
yes sí
yesterday ayer
you tú; vosotros; usted, ustedes
young lady señorita
your tu; vuestro
yours tuyo/el tuyo, tuya/la tuya; el vuestro/la vuestra

zone zona (f.)

Index

abbreviations, 39
accent, written 17
acronyms, 39
adjectives
  use of, 18, 29, 47
  comparatives, 53
  demonstratives, 53
  possessives, 53
adverbs, use of, 11, 36, 63, 101
advertising, 142, 146, 147, 153
airport, at the, 14
answering machine, use of, 111, 116, 120
article, the, 17
artisans, *see* crafts
'autonomías españolas', 38

bar codes, 170
bars, *see* cafeteria/tapas
bill, paying, 82, 88
bonds, *see* finances
brand names, 169, 170
breakfast, *see* hotel services
business appointments, 12, 94, 98, 124
business meetings, initial, 46, 126
buyer and seller, terms, *see* traders

'cafetería', 78, 80, 81
capes, styles, making of, *see* clothing
capital letters, 17
car rental, 40, 179
cards, visiting, 56
cash flow, 195
cheeses, types of, 160, 161
clothing
  capes, 126, 128, 130, 132
  designer, 148
  fashion terms, 148, 149
colors, 101
companies, types of, 55
company, structure, 48
comparatives, *see* adjectives
complaints, 88, 176, 177
conference centers, 71
countries, 15, 17
courtesies, *see* etiquette
crafts and artisans, 137, 138
customs, *see* etiquette

dairy products, *see* cheeses
days and weeks, 17, 66, 67
decimals, 19
'denominación de origen', *see* brand names
diminutives, use of, 85
directions, 28, 30

distribution of products, 163, 164, 165
'don/doña', use of, 21
drinks and snacks, *see* cafeteria/tapas

elevator, 42
'empresas', *see* firms
entertainment, 174, 175, 186
etiquette, 22, 73, 120
exclamations, *see* interrogatives

family, the, 97
fax, use of, 113, 158
'ferias', *see* trade fairs
finances, 190, 194, 195
financial markets, 191
firms, structure of, 48, 55
footwear, 144
fractions, 19

greetings, 9, 22

have, to (haber), 69, 207
have, to (tener), 43, 79, 99
have to, to (tener que), 37
here/there, 11
hotel
  booking, 8, 10
  conference facilities, 64, 66
  room, 8, 10, 62
  services, 60, 61, 76, 77
hours, 93

Ibero-American Agreement, 202
idioms and colloquialisms, 200
initials, 39
insurance policies, types of, 178, 179
interrogatives, 36
interview, preliminary, 180
introductions, personal, *see* etiquette
investment/investing, *see* finances
'IVA', 193

job ad, 181

know, to (saber), 118

language, improvement of, 196
languages, Spanish, 38
last names, 21
laundry, *see* hotel services
letters, writing of, 125, 159
'libro de reclamaciones', *see* complaints
like, to (gustar), 85
lottery, 201, 202

make/do, to (hacer), 99
Mexico DC, airport, 39
money, Spanish, 88, 120
months, 17
must (hay que), 37
nationalities, 11
negatives/double negatives, 36
nouns
  gender of, 17
  plural of, 18
numbers
  cardinals, 19, 54, 70, 86
  ordinals, 33, 37

'paradores' (State-run hotels), 20
payment methods, 192, 194
percentage, 19
Press, use of terms, 147
profits forecast, 195
pronouns
  demonstratives, 53
  personal, 18, 36, 86, 101
  possessives, 53
  reflexives, 102
publicity, *see* advertising
punctuation marks, 183

railways, 92, 104
reception, co., 12, 32, 64, 66, 124

'saludas, los', 56
'se', use of, 85
'seguros', *see* insurance policies
'señor/a/ita', use of, 21
shares, *see* finances
shops and shopkeepers, 167
'siglas', *see* initials
'sobremesa, la', (after-dinner), 73
social conversation, 14, 22, 42, 44, 174, 192
superlatives, 53, 70

'tapas, las', 78, 80, 81, 87
tax, *see* IVA
telephone, using the, 98, 108, 109, 110, 112, 114, 120, 162
telephone booth, use of, 114, 115
'tener', use of, 43, 79
'tener que' (to have to), see have to
there is/was, use of, 151
time, saying the, *see* hours
tipping, 88
tourism in Spain, 185
trade fairs, 143, 154
trade logos, marks, names, 170
traders and trading, 95, 127, 137, 138, 154, 158, 160, 163, 165, 167
traffic police, 186
transportation systems of, 164
'tú', use of, 21

VAT, *see* IVA
verb, tenses of
  conditional, 135
  conjugations, 18
  future, 199
  imperatives, 118
  imperfect, 151
  irregular, 183, 199, 206, 208, 209, 210
  past participle, 69
  perfect, 69
  present, 19
  present continuous, 19
  preterite, 167
  radical changing, 37, 54, 210
  reflexives, 102

weather, the, 99
work, advertisements, 181
  interview, 180
work hours, 96, 97, 103, 105